学び続けるプロフェッショナルの必携書

Personal MBA

ジョシュ・カウフマン
三ツ松 新 監訳
渡部典子 訳

英治出版

The Personal MBA

Master the Art of Business

by

Josh Kaufman

This edition published by arrangement with Portfolio, a member of Penguin Group(USA) Inc.
through Tuttle-Mori Agency, Inc., Tokyo

大きなことであれ小さなことであれ、
人々の生活をよりよくするために働いている
世界中のプロフェッショナルたちへ

監訳者まえがき

「自己教育」の時代——三ツ松 新

ビジネスの世界では、常にフロントガラスより、バックミラーの方がよく見える。
——ウォーレン・バフェット（投資家）

●パーソナルMBAとは何か？

ある日あなたは出かけようと車に乗ります。するとフロントガラスが真っ黒で前が見えません。なんとバックミラーさえなくなっています……。この状態で出発する人はいないでしょう。でも、残念ながらビジネスの世界ではこのような現象がたびたび起こります。

本書は、ビジネスにおける、（未来を見通す）フロントガラスをより透明に近づけ、（過去を振り返る）バックミラーの役割をしてくれる知恵がたくさん詰まっています。この一冊にあなたが成功するために必要なすべてのことが網羅されている、と言っても過言ではありません。もちろん「これを読んでおけば必ず成功します」と言うのは非科学的で、それこそ「ＭＢＡ的」ではありませんが、先人の知恵から学ぶことで、しなくてもいい失敗を格段に減らせます。

さてご存知のとおり、ＭＢＡは「Master of Business Administration」の略です。Masterは修士号、Businessは商売、そしてAdministrationは管理、という意味なので、直訳すると商売・管理・修士号、となります。就職や転職で有利に働くことが多く、今では世界的に人気の高い学位です。理系の研究所では昔から修士号以上を持っていなければ採用してもらえない、ということが珍しくありませんでしたが、ビジネスの世界でもＭＢＡかそれと同等の知識が求められる時代が来ています。本書はそのような時代に「自己学習」によって、ＭＢＡ級の能力を身につけるための本なのです。

●パーソナルＭＢＡ物語

本書の著者であるジョシュ・カウフマンはＭＢＡを持っていません。理科教師の父と図書館司書の母に育てられ、商売とは縁のない生活でしたが、世界的な消費財メーカーであるＰ＆Ｇに就職したことでビジネスと出会います。

Ｐ＆Ｇはフォーチュン誌で「社員の能力」が世界ランキング一位（業種を問わず）に選ばれるなど人材育成に定評があり、ＧＥ、マイクロソフト、ディズニー、アマゾンなど、数々の大企業のＣＥＯや創業者、経営幹部を輩出しています（そしてそれらの人々が皆、ＭＢＡを持っているわけではありません）。ジョシュはそんな会社でビジネスの基礎訓練を受けたのです。

小さい頃から本の虫だった彼は何千冊ものビジネス書と数百のビジネスブログを読み、独学で高いビジネス能力を身につけていきます。「ビジネス書」と簡単に言っても、アメリカ議会図書館にあるだけでも、すべて読もうと思ったら八〇〇年以上かかるそうです。このような膨大な量の中で、彼は体系的に良書を紹介するウェブサイトを探してみたものの見つからず、自ら選書をしていくことになります。

そして、二〇〇五年、ビジネス書の体系化とP&Gでの実務経験をもとに、独学でMBA級の能力を習得することを目的とした「パーソナルMBA」というウェブサイトを立ち上げます。

このウェブサイトがかなりの反響を呼びます。火付け役はセス・ゴーディンというベストセラー作家で、彼が自身のブログで紹介したことでまたたくまに広まっていったのです。私もセス・ゴーディンのブログでこのサイトの存在を知り、当時からかなり注目していました。なぜならジョシュと私はいくつかの共通点があったからです。

私もP&G出身で、MBAホルダーではありません。ジョシュは大学で経営学を専攻していましたが、私のほうはずっと理系で学生時代はビジネスの「ビ」の字も知らない素人でした。そんな私がP&Gでのトレーニングと自己学習をもとに独立し、経営コンサルタントをしながら、ビジネススクールでMBAクラスの教鞭をとっていました。私も彼と同じように本については随分と試行錯誤を重ねてきました。先日シンガポールへの引っ越しを機に蔵書を処分したところ、その数は一〇〇〇冊以上にもなりました。

ジョシュが「パーソナルMBA」のサイトを立ち上げてから、その活動はニューヨークタイムズ、ビジネスウィーク、タイム、フォーチュン、ハーバード・ビジネス・レビュー、ライフハッカーをはじめとする、数多くの大手メディアに取り上げられます。そしてその勢いはアメリカに留まらず、ヨーロッパ、さらにインドをはじめとする新興国からも多くのアクセスを集めます。MBAの取得に対して、距離・時間あるいは経済的に制約がある人にとって「パーソナルMBA」はいわば救世主のような存在で、世界中の一大トレンドへと発展していきます。

その後、「パーソナルＭＢＡ」はウェブ上で精査され、進化を続け、六年の歳月を経てようやく書籍化されます。今ではスタンフォード大学やニューヨーク大学をはじめとするトップクラスのＭＢＡでもテキストとして使用されるまでになり、そして、こうして日本語となって、今あなたの手元にやって来ました。

●ＭＢＡの背景

ＭＢＡコースを設置した世界最古の学校は、一八八一年設立のペンシルバニア大学ウォートンスクールです。

ＭＢＡそのものについては賛否両論がありますが、混沌とした商売の世界に科学的手法を取り入れ、経営を近代化してきた功績は非常に大きかったと言えるでしょう。一方で、管理業務の教育による創造性の欠如、成果至上主義によるモラルの低下などが、近年指摘されている問題点です。

そして、何より大きな問題は時間と費用です。働きながらＭＢＡを取得するためには、多くの場合には約二年間の休職が必要であり、高額の学費と生活費が重くのしかかってきます。企業派遣でなければ無給ですから、機会損失も考えるとかなりの投資です。最近では土日や夜間、またはオンラインで取得できるプログラムも増えてきましたが、それでも決して気安く挑戦できるものではありません。

アメリカでのＭＢＡの平均的な学費は、ここ一〇年で五万から八万ドルに跳ね上がりました。その他のコストも入れると約一二万ドルが必要だと言われます。その一方で、修了生の初任給はほとんど変わっていません。ＭＢＡを取得する多くの人はローンを組みますが、五人に一人が債務不履行に陥っています。また、修了生の一二％は元の職場に戻りますが、職に就けない人も増加しており、五年前に七％だったＭＢＡ修了生の失業率は毎年数％ずつ上がり、昨年度は一四％になっています。これらはあくまで平均の話ですが、これだけ見るとＭＢＡを取得する意味を改めて考えてしまうでしょう。

もちろん、金銭的リターンよりも自分の夢の実現のために学位を取得する人も多いでしょうし、それを否定するつもりはまったくありません。ですが、誰もが気軽にトライできるようなものでないことは、これらの数字からも裏づけられるでしょう。

●何のために学ぶのか

「ＭＢＡを取ろう」とする理由は人によっていろいろあると思います。起業したい、転職したい、ビジネスの力をつけたいなどが多い理由でしょう。

大切なのは、この理由、つまりはＭＢＡ取得の「目的」を見失わないことです。

仮に「よい会社に転職する」のが目的だとしましょう。目的の下位概念の「目標」として「〇年までＡ社に入り、給与が二〇％上がる」と置きます。目標を実現する「戦略」として「ＭＢＡ取得」が登場し、その戦略を実現するための「戦術」は学校を調べたり、レジュメを書いたりすることになります。

「目的↓目標↓戦略↓戦術」と落ちていくわけですが、これがときどき「絵に描いた餅」になったり矛盾したりすることがあります。これを検証するためには、「戦術↓戦略↓目標↓目的」と下から上に積み上げて考えることがお薦めです。

上記の例であれば、「レジュメを書き→MBAを取得し→○年までA社に入って給与が二〇%上がり→よりよい会社への転職に成功する」というシナリオが成り立てばよいわけです。ですが、ここで、転職したいA社がMBAにまったく重きを置いていない会社だったとすれば、このロジックは崩壊するでしょう。

また「目的」の中でも上位と下位のものがあります。たとえば、転職ひとつをとっても、何のためにしたいのか、もう一段突っ込んで考えることが必要でしょう。より上位の概念をクリアにするには、「なぜ?」と聞くよりも、「何のため?」と自問自答してみます。

「そもそも何のために転職したいのか?」

ここまで来ると、人生目的という壮大なテーマになってきます。

お金持ちになりたいのか?

権力が欲しいのか?

有名になりたいのか?

人に尊敬されたいのか?

自由が欲しいのか?

知的好奇心を満たし続けたいのか?

社会貢献したいのか?

成長欲求を満たしたいのか?

世の中を変えたいのか?

こうして考えていくと、先ほどの「転職」は既に「目的」ではなく、「戦術」に近くなります。そして、実はそれがあまりよい戦術ではない、という可能性もあるでしょう。

「何のため？」というのは難しい質問ですが、これを常に意識することが大切です。

ＭＢＡの学位が必須の職種に就きたい、あるいはその資格取得そのものが目的、という人はＭＢＡ取得を目指すしかありません。しかし、多くの人にとってＭＢＡ取得は戦術であり、その先にそれを使って何かより大きな目的を達成したい、と考えているのではないでしょうか。

そうであれば、この「パーソナルＭＢＡ」は魅力的な選択肢となるはずです。

●パーソナルＭＢＡの構成要素

ビジネスの要素は「人」「モノ」「金」とそれらを統合する「戦略」に分類できます。

本書には、そのほかに、栄養科学、生理学、心理学、脳科学やシステム思考といった一見するとＭＢＡには馴染みのない分野も扱われています。これは学位取得とは無縁であるが故の、本書の特徴であり強みでもあると言えるでしょう。

働く意味、場所などが大きく変わっている現状に対応するために、これまでの人材管理や組織運営の方法だけでは事足りなくなってきています。企業は現場のビジネスパーソンに、より高い自由度を与えていく必要がありますが、実現するには肉体的、精神的に高い自主管理能力が要求されます。またマーケティングにおいても、先進国では物質的な豊かさのみならず、より精神面の満足を高めることが重要になっています。異なる分野において共通の現象が見られるとき、本質的な理解を深めるために新たな学問領域が設置されます。心理学や脳科学の領域を取り入れるのも、その一つだと言えるでしょう。

さらに、システム思考は、まだ歴史の浅い学問分野でビジネスに取り入れられ始めたのは比較的最近のことです。この領域をカバーしていないMBAコースもまだまだ多いことでしょう。しかし本書ではこの項目に三章も割いています。なぜでしょうか?

システム思考は全体的に物事をとらえる能力のことです。私はこれを還元主義の対極にある集散主義の一種だと解釈しています。

還元主義は「全体は細かい要素に分けられ、それを統合すれば元に戻る」という考え方です。それに対して集散主義では「全体はその要素を足していったものよりも大きい」と考えます。ある意味、還元主義は西洋的、集散主義は東洋的な考え方だとも言えるでしょう。

どちらがいいというわけではなく、どちらも必要な考え方ですが、旧来のMBAは還元主義に偏り過ぎたという反省があります。MBAで好まれるフレームワークの考え方がまさにそうです。フレームワークは広義では考え方の枠組みであり、思考を整理するためのもので、状況を理解する上では非常に便利なツールですが、フレームワーク万能主義になると、現実をありのままに見る視点を失うことにもなりかねません。

繰り返しになりますが、還元主義が悪いわけではありません。多くのビジネスで使われるフレームワークも色あせていないものがたくさんあり、本書でも紹介されています。ただそれだけでは十分ではないのです。

著者がシステム思考を重要な要素として本書に取り入れたのはP&Gでの経験が強く影響したのでしょう。P&Gは理論的（還元主義的）に物事をとらえるのを好む社風ではありますが、それと同時にビッグピクチャー、ランドスケープといった思想的（集散主義的）な言葉も飛び交います。そして、これはP&Gに限ったことではなく、古今東西・規模にかかわらず、よい会社と言われるところは両方の思考パターンを共存させています。

一歩一歩理詰めにした末の最後の意思決定は、理屈を超えたものになります。そして、システム思考はそのような状況において大きな手助けとなります。このような現状を鑑みて、著者はシステム思考についても多くの紙幅を割いたのでしょう。

●本書をより意味あるモノにする2つのこと

「パーソナルMBA」をベースにして学び続ける中では、次の二つのことを意識するとよりよい自己学習ができると思います。

一つめは、「ケーススタディ」と「ディスカッション」の機会をつくること。

ビジネススクールでは、クラスの中でのこうした時間が、知識を実践に移すために大きな役割を果たしています。既に起業している人であれば、学んだことを実践する機会は日々あることでしょう。ビジネスパーソンでも、意識すれば実践と振り返りの機会はつくれるはずです。学生や専門職の人は若干ハードルが上がるかもしれませんが、最近はビジネスを学ぶサークル活動や勉強会も多くありますから、こうしたものを利用するのもよいでしょう。いずれの場合もよいメンターがいればなおよいと思います。

二つめは、「人脈」を広げること。

ビジネススクールの大きな利点の一つが、世界のトップビジネスパーソンとのつながりができることです。ですが実際のところ、人脈は学校に行かなくても獲得できるのです。

人脈には、「幅」「高さ」奥行」があります。

「幅」は知っている人の数、「高さ」は知っている人の社会的インパクトの大きさ、「奥行」は自分がどれくらいその人と親密か、を表します。最近では、SNSの出現で「幅」を広げ、これまでは知り合えないような「高さ」の人とも簡単にコンタクトをとれるようになりました。

さらに「奥行」を深めていくことが重要になりますが、今も昔も、どんなツールを使っても、これは簡単なことではありません。「奥行」のある関係を持つためには、双方にとって何らかの「メリット」が必要です。メリットと言っても金銭的なものとは限りません。「高い」ところで「奥行」を持たすためには、自分が「面白い人間」、つまりは相手に興味を持ってもらえるような「何か」を持っていることが必要です。そして、それは地道に挑戦し、続け、積み上げていくしかないのです。

ビジネススクールに通えば、人脈の「幅」と「高さ」は獲得できますが、それを本物のつながりとする「奥行」をつくれるかどうかは自分次第。現在の環境下では、仕事や様々な活動を通じて、この「奥行」を出す努力を重ねることが、人脈づくりの最短コースになっているのです。

●パーソナルMBA取得に向けて

最後にドラッカーの『企業と何か』（ダイヤモンド社、二〇〇八年）の一節を紹介したいと思います。

経営政策を含め人間社会に関わる事柄において重要なことは、正しいか間違いかではない。うまくいくかいかないかである。

常々いっていることだが、マネジメントは神学ではない。臨床的な体系である。マネジメントの値打ちは、医療と同じように、科学性によってではなく患者の回復によって判断しなければならない。

（上田惇生訳）

本書を読むことで、強力なツールを得ることができます。しかしドラッカーが言うように、マネジメントとは実学です。学んだことを使いながら、常に何がうまくいって、何がうまくいかなかったのかを検証しながら進めることで、はじめて身についていくのです。読み終えて「はい、おしまい」ではなく、この本で学んだことをぜひ実践していってほしいと思います。

それでは、「パーソナルＭＢＡ」の取得、頑張ってください。

CONTENTS

＊原注は本文脇に番号を振り、巻末に注釈を掲載。
＊訳注は本文の［］に注釈を記載。

Personal MBA

WHY READ THIS BOOK?

第1章 本書を読む理由

人生は過酷なものだ。愚かであれば、なおさら過酷になる。
——ジョン・ウェイン（ウェスタン映画のスター）

この本を読んでいるということは、おそらく皆さんは、起業、昇進、新しい創造など、何か重要なことが起こることを望んでいるのだろう。だが、夢の実現へと向かっていくのに、つい二の足を踏んでしまうような状況があるのかもしれない。いくつか例を挙げてみよう。

ビジネスは怖い……。「ビジネスのことをよく知らない」から、自分の会社を立ち上げられない、現在のポストでもっと責任の重い職務は荷が重い、という感覚。未知の恐怖に直面するよりも、現状維持のほうがマシだ、と思っている。

自分の能力を証明するものがない……。「ビジネスは本当に複雑だ」から、熟練の「専門家」に任せるのが最善策だという考え。MBAなどの高級な資格を取得していないのに、自分に何ができるだろう？と思っている。

実力不足がバレるかもしれない……。既に「自分の実力以上の」ポジションにあり、にせ者だとバレるのは時間の問題だという恐怖。ペテン師にはなりたくない！　と思っている。

朗報がある。こうした根拠のない恐怖は誰もが抱くものだが、すぐに払拭できる。皆さんに必要なのは、ビジネスの仕組みに対する考え方を変えるいくつかの単純な概念を学ぶことだけだ。いったん恐怖を克服すれば、何事もやり遂げられる。

この本は、理にかなったビジネス手法の基礎を習得したいと思っている起業家、デザイナー、学生、プログラマー、プロフェッショナルに向けたものだ。皆さんが誰であれ、どんなことをしていようとも、新しい有用なビジネスの捉え方が見つかり、恐怖と戦うことよりも、有効なものを生み出すことに、もっと時間が使えるようになるだろう。

すべてを知る必要はない You Don't Need to Know It All

方法論は一〇〇万通り以上あるかもしれないが、原則はごくわずかだ。原則を知る人は、自分なりのやり方を上手に選ぶことができる。方法論に飛びつき、原則を無視する人は、間違いなく苦労することになる。

――ラルフ・ウォルドー・エマソン（思想家、詩人）

どのようなテーマを学ぶときでも素晴らしいのは、何もかも知る必要はない、という事実である。価値の大半をもたらす、決定的に重要な概念をいくつか知るだけでよいのだ。コア（中核）となる原則でしっかりと足場を固めれば、知識を構築し前進していくのはぐっと簡単になる。

「パーソナルＭＢＡ」は、物事をやり遂げるときに活用できる、一連の基礎的なビジネスの概念だ。本書を読めば、実用的なビジネス知識の基礎を身につけることができる。基礎知識をしっかりと習得すれば、最も難しいビジネス上の目標でさえ驚くほど簡単に達成できる。

私は過去五年間で何千冊ものビジネス書を読み、何百人ものビジネスプロフェッショナルにインタビューし、フォーチュン誌が選ぶ世界の優良企業五〇社（フォーチュン五〇）の一社で働き、自ら起業し、個人事業から大勢の従業員と巨額の売上高を誇る多国籍企業まで幅広くコンサルティングを行ってきた。その中で発見したことを集め、本質を抽出し、精緻化させて、本書で紹介する概念へとまとめていった。こうした基本原則を理解しておくと、よりよいビジネス上の意思決定をするための頼もしいツールとなる。これらの概念を学ぶために時間とエネルギーを投じれば、次のことを知っている上位一％のエリートの仲間入りができる。

- ビジネスの実際の仕組み
- 新しいビジネスの始め方
- 既存のビジネスの改善方法
- 個人目標の達成に向けたビジネス関連スキルの使い方

この本は、そこら中にある膨大なビジネス情報のフィルターとして考えていただきたい。本書を読めば、あらゆる情報を吸収しなくても、最重要事項を学習できるので、皆さんは本当に重要な部分──「何かを実現させること」に集中できる。

未経験者でもOK No Experience Necessary

ビジネスは複雑なものだと過大評価されることが多いが、決して難解なものではない──私たちは世界で最も単純な職業の一つを選んできたのだ。

──ジャック・ウェルチ（GE元CEO）

ビジネスの素人でも心配はご無用。他の多くのビジネス書と違ってこの本では、あらかじめビジネスの知識や経験を持っている必要はない。読者として想定しているのは、数百万ドル規模の意思決定を日々行っている大企業のCEOではない（もちろん、そういう人にとってもこの本はとても有用だが）。

皆さんにビジネス経験があるなら、世界中の私の顧客たち（トップスクールのMBAホルダーたち）の言うことに耳を傾けてほしい。この本の情報は、MBAの学位をとるために学ぶよりも、ずっと貴重で実用的だ。

まったく新しい方向でビジネスを捉えるのに役立つ、シンプルな概念を一緒に見ていこう。この本を読み終わった後は、ビジネスの実態と成功している企業が実際に行っていることについて、より包括的かつ正確に理解していることだろう。

答えよりも、質問力が大切 Questions, Not Answers

教育は答えではなく、問いである。教育はすべての質問に答えるための手段である。

——ビル・アリン（社会学者、教育活動家）

ほとんどのビジネス書は、答えばかりを教えようとする。これをするためのテクニック、あれをするための方法、というように。

この本は違う。この本では答えを与えない。それよりも、よりよい質問をするのに役立つはずだ。どのようなビジネスでも、何が極めて重要かを知ることが、ビジネス上の意思決定をうまく行う第一歩となる。

現状で問うべき基本的な質問をたくさん知れば知るほど、前進するために欠かせない答えをより早く見つけられるようになる。

方法論ではなく、メンタルモデルが大切

Mental Models, Not Methods

自分の言語の限界が、自分の世界の限界となる。
——ルートヴィヒ・ヴィトゲンシュタイン（哲学者）

ビジネススキルの向上には、何もかもを学ぶ必要はない。基礎を習得すれば、驚くほど広範囲のことがわかるようになる。私はこうした基礎的なビジネス概念を**メンタルモデル**と呼んでいる。そして、これらはよい意思決定に役立つ、しっかりしたフレームワークとなる。

メンタルモデルは、「どのような仕組みか」に対する自分の理解度を表す概念だ。たとえば、車を運転するとしよう。右側ペダルを踏むと、どうなるか。車が失速したら、きっとびっくりするだろう。右のペダルはアクセルで、加速するはずだからだ。これが、現実の世界で物事の仕組みを知るということであり、メンタルモデルである。

日々の経験の中でパターンに気づくことにより、脳は自動的にメンタルモデルを形成する。しかし、自分一人で作るメンタルモデルは往々にして、完全に正確ではない。人間は自分一人だけではないので、その知識と経験には限りがある。教育とは、他の人々が生活の中で集めた知識や経験を内在化させて、自

分のメンタルモデルをより正確なものにするための方法だ。最高の教育は、新しい、より生産的な形で世の中を見ることを学ぶ助けとなる。

たとえば、「起業はリスクが高い」、「起業するためには、事業計画を山ほど作成し、多額の資金を借りなくてはならない」、「ビジネスとは、何を知っているかよりも、誰を知っているかだ」といったことを、多くの人が信じている。これらはいずれも、一つのメンタルモデル、つまり世の中の仕組みを説明する一つの方法ではあるが、決して正確とは言えない。メンタルモデルを修正すれば、自分の行為をより明確に考えられるようになり、よりよい意思決定ができるようになる。

私の顧客の多くは、本書でメンタルモデルを学ぶと、自分のビジネス観やビジネスの仕組みの捉え方が不正確だったことや、冒険を始めることは当初の想像よりもはるかに簡単なことに気づいた。怯えたり、ためらったりして、貴重な時間やエネルギーを浪費する代わりに、こうした概念を学べば、無用な心配をせずに前に向かって進み出せる。

不正確なメンタルモデル	正確なメンタルモデル
起業はリスクが高い	不確実性はビジネスに常につきまとうが、対処可能で、リスクは最小化できる
起業で成功するためには、事前に事業計画を山ほど作成しなくてはならない	計画書類は事業の重要な機能を理解するための補助的なもので、どれほど準備しても、常に途中で思いもよらないことが起きる
事業を始める前に、多額の資金を調達しなくてはならない	資金調達が必要なのは、（工事建設のように）それ以外の方法では実現できない場合だけだ

本書ではビジネスの基本原則をすぐに学べる形にして、実用的なこと、つまり重要なことを想像し、注意を喚起し、より多くの取引をまとめ、より多くの顧客に対応し、宣伝活動を行い、より多くのお金を儲け、世の中を変えることに、時間とエネルギーを集中できるようにする。

他の人々のために、もっと多くの価値を創造したり、自分の財務状況を改善したりするだけでなく、その過程でより多くの楽しさも感じることだろう。

資格は「パーソナル」MBAで十分

My "Personal" MBA

独学は身近にある唯一の教育だと、私は固く信じている。
——アイザック・アシモフ（生化学者、作家）

私は「MBAを持っているか」と尋ねられることが多いが、そういうときには「持っていないが、ビジネススクールには行った」と答えることにしている。

私はシンシナティ大学で、基本的に学部レベルのMBAに相当する、カール・H・リンドナー優秀者プログラムに参加する機会に恵まれた。そのプログラムは潤沢な奨学金で支えられていたので、私は借金に苦しむことなく、ビジネススクールで教えることをおおかた経験する、という素晴らしい機会を得ることができた。

私は「会社で成功するための出世街道」にも乗っていた。大学二年生のときに、産学共同教育プログラムを通じて、フォーチュン五〇に入るP&GでマネジメントのМ仕事に携わった。二〇〇五年に卒業するまでに、P&Gからホームケア部門のアシスタント・ブランド・マネジャー職が提示された。それは通常、トップ校のMBAプログラム修了者向けに用意されているポジションだった。

大学四年目になると、履修科目はそっちのけで、将来のことに専念した。新しい仕事では、ビジネスをきちんと理解していることが求められ、大半の同僚やマネジャーはトップ校のMBAホルダーだろう。MBAを取ることも少し考えたが、既に手に入れた類の就職先のために、高い金をかけて証明書を求めるなんてナンセンスだ。私はパートタイムのプログラムに参加していたので、履修科目の負荷を増やさずにいるだけでも、十分に大変だった。

私が進路の選択で迷っていると、P&Gで最初の直属の上司となったアンディ・ウォルターがキャリア上のアドバイスをしてくれた。「MBAを取るために使うのと同じだけの時間とエネルギーを、よい仕事やスキルの向上に振り向ければ、それで十分やっていける」（アンディは大学で電子工学を学び、MBAは持っていない。彼は今、P&Gのトップ・グローバルITマネジャーの一人で、最大規模のプロジェクトの多くを任されている）。

最終的に、私はビジネススクールをスキップしたが、ビジネス教育はあきらめなかった。学校でMBAプログラムを受ける代わりに、書籍を読みあさり、私自身の**パーソナルなMBA**を創り出した。

自発的なビジネス短期集中コース A Self-Directed Crash Course in Business

多くの独学者は、有名大学の博士、修士、学位取得者よりもはるかに優れている。
――ルートヴィヒ・フォン・ミーゼス（経済学者、『ヒューマン・アクション』〔春秋社、二〇〇八年〕著者）

私は昔から本の虫だったが、ビジネスをとことん学ぼうと決める前は、小説ばかり読んでいた。私が育ったのはオハイオ州北部にある、農業と軽工業が主力産業という小さな田舎町ニュー・ロンドンだ。私の母は子どもたちの図書館司書、父は小学校の理科教員で、後に校長になった。本は私の生活の大部分を占めていたが、ビジネスはそうではなかった。

私は就職するまで、ビジネスがどんなもので、どんな仕組みかということを、まるでわかっていなかった。会社とは給料をもらうために皆が毎日通う場所、くらいにしか思っていなかった。企業の世界に入るまでは、P&Gのような企業が存在していることすら知らなかった。

P&Gで働くこと自体が勉強になった。その事業の大きさや領域の広さ――そのレベルや事業のマネジメントに求められる複雑さに、私は圧倒された。入社して最初の三年間、私はビジネス・プロセスのあらゆる部分に関する意思決定に参加した。新製品を創り、増産し、マーケティングに何百万ドルも投じて、ウォルマート、ターゲット、クロガー、コストコなどの主要な小売業者を相手に販路を確保した。

私はアシスタント・ブランド・マネジャーとして、P&Gの社員、契約社員、代理店スタッフから成る三〇～四〇人のチームを率いていた。チームの誰もが、プロジェクト、計画、優先順位で競い合っていた。

リスクは膨大で、プレッシャーも激しかった。今日でも、田舎のスーパーマーケットの棚に並ぶ、シンプルな食器用洗剤を作るのに、何千もの工数、何百万ドルもの資金、非常に複雑なプロセスが必要だということに、私は驚嘆の念を抱かずにはいられない。ボトルの形から中身の香りに至るまで、各店舗に出荷するのに使うダンボール箱上の文字も含めて、何もかもが最適化されているのだ。

しかし、私の関心事はP&Gでの仕事だけではなかった。ビジネススクールを省略して独学しようという決意は、空き時間の活動の域を超えており、私はいささか取りつかれたようになっていた。毎日、読書や研究に何時間も当てて、ビジネスの世界の仕組みを理解するのに役立ちそうな知識を少しでも仕入れようと探しまくった。

卒業後の夏は、休暇としてリラックスして過ごす代わりに、地元の本屋でビジネス書を手当たり次第に読み、できる限り吸収しようとした。二〇〇五年九月にP&Gで正式に働き始める頃には、ビジネススクールで教える全領域の本を何百冊も読破していた。心理学、自然科学、システム理論など、ビジネススクールではカバーしていない領域の本も含まれていた。ついにP&Gでの初日を迎えたときには、私は誰にも負けないくらい戦略を練る準備ができていると感じていた。

結果的に、私の独学は十分に通用した。価値のある仕事をして、変化を起こし、よい評価を得ることになった。しかし、私はやがて三つの非常に重要なことに気づいた。

1　**大企業の動きは遅い。**あまりにも大勢の人々から承認を得なくてはならないために、よいアイデアが実を結ばないことが多かった。

2 **出世階段を昇ることは、偉大な仕事には障害となる。**私は常に出世を意識して身を処すことよりも、何かを行って改善を図ることに集中したかった。社内政治と縄張り争いは、大企業での日々の職務経験では避けられない要素となっている。

3 **欲求不満は燃え尽きにつながる。**私は日々の職務経験を満喫したかったのだが、それどころか、毎日が非難の矢面に立たされているように感じられた。そのせいで健康、幸福感、人間関係に影響が及ぶようになった。企業の世界に長くいればいるほど、そこから抜け出したいという気持ちが強くなった。私は起業家として、心の赴くままに働いてみたいと切実に願うようになっていた。

玉石混交の中から価値あるものを見つけ出す The Wheat and the Chaff

学生が研究のために、無作法な裸足の浮浪児を連れて来るのは重要なことだ。彼らはわかっていることを賛美するためではなく、質問をするためにここにいるのだ。

——ジェイコブ・ブロノフスキー（数学者、生物学者）

私に得意なことが一つあるとすれば、それは大量の情報を把握し、要点を抽出することだ。もともと統合するのが得意で、ビジネス関連文献の世界をさっと旅して、玉石の区別をするようになった。

毎日発表されるビジネス情報量の多さには圧倒される。この本の執筆時点で、アメリカの国会図書館は、一般蔵書として約一二〇万冊のビジネス関連書を保有している。書籍一冊が平均六万語で、平均で毎分二五〇語を読むとすれば、全蔵書を読み終えるのに年中無休で五二八年、食事や睡眠という贅沢を許すなら八二二年はかかる。

出版業界向けにISBN番号を割り当てているバウカー社によると、世界中で毎年一万一〇〇〇冊以上の新しいビジネス書が出版される。一九〇〇年代初めから数えれば、数百万冊ものビジネス書が新たに登場している。アマゾンは六三万冊のビジネス関連書を揃えており、オーディオブック、電子書籍、ISBNなしの出版物も数えきれないほどある。

もちろん、本が唯一の利用可能なビジネス情報源ではない。たとえば、雑誌や新聞がある。現在、ウィルソン社ビジネス定期刊行物索引(WBPI)に収められている主要な定期刊行物は五二七種類にのぼる。WBPIでは毎年、一六〇万件のデータベースに九万六〇〇〇件以上の記録が追加される。この数字にはブログは含まれていない。グーグル・ブログ検索によると、インターネット上には現在、一億一〇〇〇万件以上のビジネス関連ブログが投稿されており、その数は日々増え続けている。確かに、ブログの世界ではビジネス・ライターに事欠かない。ブログ検索エンジンの〈テクノラティ〉は、ビジネス関連のテーマを書いている四〇〇万人以上のブロガーにインデックスを付与した。

膨大な量のビジネス情報を厳密に調べることは明らかに、とてつもなく難しい。私の初期のビジネス調査はほとんど行き当たりばったりで、ただ本屋に行って面白そうな本を手に取っていた。素晴らしい本を一冊見つけるためには、本当に役に立つ情報を提供することよりも三〇〇ページの名刺(自己アピール)

作りに関心があるコンサルタントが急いでまとめた本を、一〇冊も読まなくてはならなかった。

　私は不思議に思い始めた。量はたくさんあるが、本当に知りたいのは、そこにどれだけのものがあるかだ。どうやって、ゴミの中から価値ある情報を分類すればいいのか。時間とエネルギーがあり余っていた私は、有用な知識へと導き、屑から遠ざけてくれるフィルターを探し始めた。探せば探すほど、そんなものは存在しないことがわかった。そこで、自ら作ってみることにした。

　私はどの資料が重要で、どの資料に価値がなかったかを追跡し始めた。その後、一つの成果として、また興味を持ってくれる誰かのために、自分のウェブサイトで調査結果を公表した。それは個人的な試みで、それ以上でも以下でもなかった。まさに大学生が役立つことを一生懸命に学ぼうとするのと同じで、他の人々に研究結果を公表することは、時間とエネルギーの有効な使い方のようだと思ったのだ。

　しかし、ある運命の日の朝、「パーソナルＭＢＡ」を何気なく発表したとたんに、私の人生は永久に変わることになった。

パーソナルMBAが世界に広がった
The Personal MBA Goes Global

誰であれ、その問題を最もきちんと説明できる人が、それを解決する可能性が最も高い。

──ダン・ローム（経営コンサルタント、『描いて売り込め！ 超ビジュアルシンキング』〔講談社、二〇〇九年〕著者）

読書に加えて、私は数百ものビジネスブログをフォローしていた。最も優れたビジネスの知見の一部は、出版物になる何カ月（ときには何年）も前からインターネット上で公開されており、発表直後にすべて読みたいと私は思っていた。

私が熱心にフォローしていたブロガーの一人は、セス・ゴーディンだった。ゴーディンは、『パーミッション・マーケティング』（海と月社、二〇一一年）、『「紫の牛」を売れ！』（ダイヤモンド社、二〇〇四年）、『新しい働き方』ができる人の時代』（三笠書房、二〇一一年）などを発表したベストセラー作家で、初期に最も成功したオンライン・マーケターの一人だ。彼はより多くのことをよりよく行い、現状を疑い、変化を起こすように人々を刺激する、大きな構想を大胆な文章で表現することに長けている。

ある日の朝、ゴーディンは最近のニュース記事についてコメントしていた。ハーバード大学が、MBAの学生になるはずだった一一九人の入学許可を事前に取り消したというニュースだ。[★1] 正式な入学許可書が交付される前に、入学予定者がハーバードの管理部門のウェブサイトに倫理的に問題のあるやり方で侵入していたことが発覚したのだ。この話はすぐにメディアで大騒ぎとなり、MBAの学生たちはもともと嘘つきで、カンニングをしたり、盗んだりしようと思ったのか、あるいは、ビジネススクールが彼らにそういう方法をとらせたのか、という議論に移っていった。

ゴーディンは（驚くことではないが）、入学予定者の不正行為に憤るのではなく、異なる見解を持っていた。ハーバードはこの学生たちに贈り物を与えた、というのだ。入学を取り消したことで、ハーバードは彼らに重要な機会を与えた。つまり、紙切れ同然のことを探究する代わりに、一五万ドルと二年間の人生を返した。「MBAを取るなんて理解に苦しむ。三、四〇冊の書籍をよく読み、実体験を積むほうが、有効な時間とお金の使い方だ」と、彼は書いていた。

「なんということだ。それはまさに私がやっていることだ」と、私は思った。

その翌日から二日間かけて、私は調査してきたものの中から、最も重要な書籍と資料のリストを作成した[★2]。その後、私は自分のブログ上でゴーディンへのリンクをつけて、リストを公開した。そうすれば、ゴーディンの提案をどう実践すればいいか知りたい人がその方法を見つけられるだろうと思ったのだ。その後すぐに、ゴーディン宛てに自分のウェブにリンクを張ったことを知らせる電子メールを送った。

二分後、ゴーディンのブログに、私の読書リストへと導く投稿がされ、世界中から読者が私のウェブサイトに殺到し始めた。ライフハッカー（Lifehacker.com）のような、自己啓発と生産性に関する人気ブログがその話を取り上げ、その後、Reddit、Digg、Deliciousのようなソーシャルメディア・サイトへと広がった。パーソナルMBAをアップした最初の週に、三万人がネット上の私の小さなコーナーに、私が取り組んできた成果物を見にやってきた。それだけではなく、彼らは話し始めたのだ。

どこから着手したらいいかと質問してくる読者もいれば、自分が読んだ素晴らしい本を推薦して私の調査を手伝ってくれる読者もいた。私の試みはすべて稚拙で、時間の無駄だとコメントした人はごく少数だった。その間ずっと、私は余暇に読書や調査を続け、「パーソナルMBA」を拡大していった。そして、ビジネスを独学する動きが、雪だるま式に増え始めた。

「パーソナルMBA・マニフェスト[★3]」は、新しい訪問者向けに私のプロジェクトを理解しやすくするために作成したエッセイだが、世界中の読者に数十万回も閲覧され、五年経った時点でも、ChangeThis.comが発表するマニュフェスト・トップ一〇に入っている。パーソナルMBAが推奨する読書リストはビジネスウィーク誌で紹介され[★4]、二〇〇五年以降は毎年、私の最新の調査結果を掲載している。世界中の何千人ものビジネス独学生たちが、パーソナルMBAコミュニティ・フォーラム[★5]で日々、互いに助け合って学習や成長をしている。

驚くほど短期間のうちに、「パーソナルMBA」は個人のサイド・プロジェクトから、大きな世界的な運動へと発展していった。パーソナルMBAを作り、クライアントと一緒にフルタイムで働くことに専念するために、私はP&Gを去った。

世界的なパーソナルMBAコミュニティの活動を導くことを楽しむ一方で、私はすぐに読書リストを提供するだけでは十分ではないことに気づいた。特定の課題を解決したり、具体的な方法で自分を向上させたりするために、人々はビジネス書を読む。彼らは解決策を探しており、本のリストは重要だが、貢献できることは限られている。

書籍そのものは、そこに含まれているアイデアや知識ほど重要ではないが、ページをめくって内容を把握するのに時間がかかるせいで、多くの読者が脱落していた。熱意を持って始めたものの、一、二冊読むとやめてしまうのだ。見返りを得るまでに長くかかるので、仕事や家庭生活の中では、中断を余儀なくされてしまう。そうした人々を支援するために、私にはもっとやるべきことがあった。

そんな時に、たまたま知ったのが、投資家のウォーレン・バフェットと投資会社バークシャー・ハサウェイを共同経営しているチャーリー・マンガーの考え方だった。彼も独学者だが、ビジネスの仕組みを体系的に理解し、自分なりのメンタルモデルを構築し、それをビジネス上の意思決定に活用することで、成功を遂げていた。そのことに勇気づけられた私は、成功しているビジネスパーソンが活用している基本原則を、自分なりにまとめてみようと思い立った。

本書を執筆する前に、私はクライアントや読者とともに数年かけて、本書で紹介する原則や概念をテストしてきた。彼らはこの「ビジネス・メンタルモデル」を理解し適用して、実際に、新しいキャリアを始めたり、実業界やアカデミックの名門組織に就職したり、昇進したり、起業したりしている。いくつかの案件では、製品開発の全プロセス（アイデアから、最初の販売まで）を経るまでに四週間もかからなかった。

本書で紹介する概念や原則は重要で実用的だ。他の人々のためにより多くの価値を創出し、自分自身の財務状況を改善できるだけでなく、着手したことがとても達成しやすくなることがわかり、その過程も楽しめるようになるだろう。

本書で学べること　What You'll Learn in This Book

ある分野を初めて学ぶとき、膨大な事柄を暗記しなければならないように見える。しかし、そうではない。必要なのは、その分野を司るコアの原則、通常は三～一二程度の原則を見極めることだ。暗記しなければならないと思った何百もの事柄は、単にコアの原則が様々な形で組み合わさったにすぎない。

——ジョン・T・リード（不動産投資の専門家、『Succeeding（成功すること）』著者）

本書は、できるだけ迅速かつ効率的に、理にかなったビジネス慣行の基礎を教えることを意図している。学ぶ内容をおおまかに挙げてみよう。

ビジネスの仕組み。成功しているビジネスは概ね、①価値あるもの、つまり②他の人々が欲しがったり、必要としたりするものを、③彼らが支払っても構わないと思う価格で、④顧客ニーズや期待を満たす方法で提供し、それによって、⑤そのビジネスからオーナーが業務を続けることに価値を見出せるだけの収益がもたらされる。それとともに、第二章から第六章で紹介する概念は、あらゆるビジネスの仕組みと、結果を改善するための手段について説明している。

人々の動き方。すべてのビジネスは人々が生み出すもので、それが他の人々の役に立つなら存続していく。ビジネスの仕組みを理解するためには、人々がどのように意思決定し、それを実行し、他の人々に伝えるかについて、きちんと理解する必要がある。第七章から第九章では、心理学の主要な概念を紹介し、人間の心は世の中にどう対応し、どうすればもっと効率よく働くことができ、どのように職務上の人間関係を築き強化していけるかについて解説していく。

システムの仕組み。ビジネスは、産業、社会、文化、政府などさらに複雑なシステムの中に存在する多数の変動要素を含んだ、複雑なシステムである。第一〇章から第一二章では、複雑なシステムの働きについて理解を深めつつ、既存のシステムを分析し、想定外の結果を招くことなく改善する方法を見つけられるようにする。

本書では取り上げないものは、以下の通りだ。

マネジメントとリーダーシップに関する詰込み型の知識。多くのビジネス資料(と、すべてのビジネススクール)は、マネジメントとリーダーシップのスキルを、ビジネススキルと混在させているが、これらは同じものではない。マネジメントとリーダーシップはビジネスの実践場面で重要だが、ビジネス教育の究極の目的ではない。確かなビジネスの知識なしに、間違った目的の達成に向けて、チームを組織し導くことにもなりかねない。ビジネスは収益をもたらす創造であり、お金を払ってくれる顧客に価値あるものを提供することだ。マネジメントとリーダーシップは、そのための手段にすぎない。第九章で効果的なマネジメントとリーダーシップの基礎に言及するが、適切なコンテクスト(文脈)の中で語っている。

財務と会計の詳細。資金管理の方法の学習は、第六章で扱う非常に重要なテーマだが、管理会計と財務分析のノウハウは本書の対象外となっている。基礎を学んだ後に、このテーマについてもっと詳しく知りたければ、マイク・パイパーの『Accounting Made Simple(わかりやすい会計)』、R・N・アンソニーとレスリー・K・ブレイトナーの『アンソニー英文会計の基礎』(ピアソン・エデュケーション、二〇〇八年)、ロバート・クックの『The McGraw-Hill 36-Hour Course in Finance for Nonfinancial Managers(マグロウヒルの財務経験のない管理者向け36時間財務講座)』、ジョン・A・トレイシーの『How to Read a Financial Report(財務諸表の読み方)』をぜひ読んでいただきたい。

定量分析。同じく、本書を読んでも、表計算ソフトの達人にはなれない。統計や定量分析は適切な使い方をすれば非常に有用なスキルだが、解析手法そのものの使い方は状況次第で、本書の対象外だ。定量分析に興味がある人には、M・G・ブルマーの『Principles of Statistics（統計学の原則）』、ジョナサン・G・クーメイの『Turning Numbers into Knowledge（数字を知識に変える）』をお薦めする。

本書の活用法 How to Use This Book

本というものの最大の効果は、読者に自主的な行動を起こさせることにある。
――トーマス・カーライル（歴史家、評論家）

本書を最大限に活用するために役立つヒントをいくつか示そう。

ざっと目を通す。 信じられないかもしれないが、本を最初から最後まで読み通す必要はない。おおまかに目を通せば、より少ない労力でよりよい結果が得られる。定期的に本書に目を通し、気になった項目があれば、二、三日間、その概念を仕事に適用してみるとよい。「ビジネスパーソンらしく考える」能力が身につき、仕事の品質面でも大きな変化があることに気づくはずだ。

ノートとペンを手元に用意しておく。 本書の目的は、物事をよりよくする方法のヒントを見つけることにあるので、浮かんできたアイデアを書き留める準備をしておく。そうすれば、後から主要な概念を見直しやすくなる。頭に浮かんだことをノートに書き留めておけば、詳細なアクションプランの作成に移りやすい。

本書を定期的に二〇回は見直す。特に、新しいプロジェクトを始める前に、身近な場所に置いて、何度も参照できるようにしておく。反復は必ず熟達へとつながり、これらの概念を自分のものにしていくほど、よりよい結果が得られる。理解を深め、新しい発想を得るために、スケジュール表のリマインダ機能を用いて、二、三カ月ごとに本書をレビューするのもよいやり方だ。

探究すべきことは常に尽きない。これらのメンタルモデルにはそれぞれ非常に広範囲に及ぶ用途があり、たった一冊の本で各概念のあらゆる効果を探求することは不可能だ。特定のメンタルモデルをより深く学びたい場合、ビジネス書の世界には多数の素晴らしいリソースがある。パーソナルMBAのサイト(personalmba.com)に参加して、これらの概念をさらに詳しく知り、日常生活や仕事で活用する方法を学んでほしい。さあ、始めよう。

VALUE CREATION

第2章
価値創造

人々が欲しがるものを作れ。(中略)まさに解決できそうな、満たされていないニーズほど価値あるものはない。大勢の人のために解決できる欠陥部分が見つかったなら、それは金鉱を発見したということだ。
——ポール・グレアム(Yコンビネーターの創業者、ベンチャーキャピタリスト)

成功しているビジネスはすべて、価値あるものを生み出している。世の中には、何らかの方法で他の人々の生活を向上させる機会に満ちあふれている。ビジネスパーソンの仕事は、人々にとって十分ではないものを特定し、それを提供する方法を見つけることだ。

創出する価値は様々な形をとりうるが、その目的は常に変わらない。誰かの生活を少しだけよくすることだ。価値創造なくして、ビジネスはありえない。売買に値するものがなければ、人々と取引することはできない。

世界最高のビジネスは、人々のために最も多くの価値を創出する。多くの人々に価値を少し提供して成功するビジネスもあれば、たくさんの価値をごく少数の人々にのみ提供することに特化しているビジネスもある。いずれにせよ、人々のために真の価値を創り出せば出すほど、よりよいビジネスとなり、儲けも増えていく。

ビジネスの五つの構成要素 The Five Parts of Every Business

ビジネスは、金儲けにつながる反復可能なプロセスだ。それ以外はすべて趣味にすぎない。

——ポール・フリート（起業家）

おおまかに定義すると、ビジネスとは反復可能なプロセスだ。

1 価値あるものを創って届ける。
2 それは人々が望んだり、必要としたりするものである。
3 人々が払ってもよいと思う価格である。
4 顧客のニーズや期待を満たす方法で提供される。

5　それによって、所有者が事業を続ける価値を見出せるだけの事業収益がもたらされる。

単独でベンチャー会社を経営していようとも、何十億ドルもする高級ブランドを保有していようとも、そんなことは関係ない。これら五つの要素を一つでも欠いたら、ビジネスとして成り立たず、別物になってしまう。人々のために価値を創り出さないベンチャーは趣味にすぎない。注意を向けてもらえないベンチャーは失敗する。創出した価値を販売しないベンチャーは非営利団体、約束を守らないベンチャーは詐欺師だ。そして、事業を続けているだけで儲けを出せないベンチャーは、必然的に廃業に追い込まれる。

すべてのビジネスは基本的に五つの相互依存プロセスが集まったもので、それぞれ以下のような流れをとる。

1　**価値創造。**人々が必要としたり、欲しがったりするものを見つけ、それを創り出す。
2　**マーケティング。**自分が創出したものに注意を喚起し、需要を高める。
3　**販売。**潜在顧客を、実際にお金を払ってくれる顧客へと変える。
4　**価値提供。**約束したものを顧客に提供し、確実に顧客を満足させる。
5　**ファイナンス。**ビジネスを続け、努力が報いられるだけのお金を生み出す。

この五つの要因が単純なことのように聞こえたら、実際にその通りなのだろう。ビジネスは難解なロケット工学ではない（これまでもそうだった試しはない）。ビジネスはただ問題を特定し、関係者に恩恵をもたらすような問題解決の方法を探るプロセスだ。それ以上に複雑そうに見えるビジネスを手掛けている人は、あなたに感銘を与えようとしているか、必要のないものを売りつけようとしているかだろう。

ビジネスの五つの構成要素は、すべての優れた事業案や事業計画の基礎となる。五つのプロセスをそれぞれ明確に定義できれば、それらがどう機能するかを完全に把握することができる。新規事業を検討しているなら、これらのプロセスがどのように見えるかを考えることから始めよう。事業プランの中でコア・プロセスの詳しい説明や図解ができていないとすれば、事業の仕組みをまだ十分に理解していないということだ。[★1]

中核となる人間の欲動 Core Human Drives

人間のニーズを満たす作業の半分は、それを理解することだ。
——アドレー・スティーブンソン（政治家、元イリノイ州知事）

成功するビジネスを構築したいなら、人々が望んでいることについて、基本的な理解をしておくと役立つ。ハーバード・ビジネススクールの教授で『Driven（動機付け）』を執筆したポール・ローレンスとニティン・ノーリアによると、すべての人間は、自分の意思決定と行動に重大な影響を及ぼす四つの**中核となる欲動**を持っているという。

1　**獲得の欲動。**地位、権力、影響力のような無形の属性だけではなく、物理的なものを獲得・収集したいという願望。獲得の欲動に基づいた事業には、小売、証券取引、政治コンサルティングなどがある。私たちを裕福にしたり、有名にしたり、影響力を持たせたり、権力を強化したりすることを約束する企業は、この欲動に関わっている。

2　**結合の欲動。**プラトニックであれ、ロマンチックであれ、他の人々との関係を築くことによって、評価され、愛されたいという願望。結合の欲動に基づいた事業として、レストラン、会議、デート・サービスなどがある。私たちが魅力的になったり、好感を持たれたり、高く評価されたりすることを約束する企業は、この欲動に関わっている。

3　**学習の欲動。**好奇心を満たしたいという願望。学習の欲動に基づく事業は、学術プログラム、出版、研修やワークショップなどである。私たちがさらに知識を獲得したり、有能になったりすることを約束する企業は、この欲動に関わっている。

4　**防衛の欲動。**自分や愛する人々、自分の財産を守りたいという願望。防衛の欲動に基づく事業として、家庭用警報システム、保険商品、格闘技のトレーニング、法律サービスなどがある。私たちの安全を守り、問題を取り除き、悪いことの発生を防ぐことを約束する企業は、この欲動に関わっている。

ローレンスとノーリアが見逃した五つめの中核となる欲動がある。

5 **感覚の欲動。**新しい感覚刺激、激しい感情的な経験、喜び、興奮、エンタテインメント、期待を求める願望。感覚の欲動に基づく事業には、レストラン、映画、ゲーム、コンサート、スポーツ大会などがある。私たちに喜びを与えたり、スリルを感じさせたり、期待感を持たせたりすることを約束する提案は、この欲動に関わる。

これらの分野の一つ以上で、満たされていないニーズを持った人々が大勢いる場合は、いつでもそのニーズを満たすために市場が形成される。その結果、あなたの提案の中で関連する欲動が多いほど、潜在市場はより魅力的になる。

核心に迫ると、あらゆる成功している事業は金、地位、権力、愛、知識、保護、喜び、興奮をいくつか組み合わせて販売している。自分の製品がこれらの欲動の一つ以上をどのように満たしているかをより明瞭に表現するほど、その提案はさらに魅力的になる。

市場を評価するための一〇項目 Ten Ways to Evaluate a Market

みんな往々にして、間違ったことに一生懸命に取り組んでいる。正しいことに取り組むことは、一生懸命にやることよりもおそらく重要である。
——カテリーナ・フェイク（flickr.com と hunch.com の創業者）

新規事業を始めたり、既存事業を新規市場に拡大したりすることを検討しているなら、そこに飛び込む前に、少し調査を行っても損はない。

市場を評価するための一〇項目は、ナプキンの裏に書き出せるような手軽な手法であり、どんな潜在市場についても、その魅力を確認するために活用できる。一〇の要因をそれぞれ〇〜一〇点（〇点は「まったく魅力がない」、一〇点は「非常に魅力的である」）で評価していく。確信が持てないときには、保守的な予想をすることだ。

1 **緊急性。** 現時点で、人々がどの程度それを必要とし求めているか（古い映画のレンタルは通常、緊急性は低い。封切初日の初回に新作映画を見ることは、一度きりの体験なので、非常に緊急性が高い）。

2 **市場規模。** どれだけ多くの人々がこれに類するものを実際に買っているか（水中用バスケットの編み物コースの市場は非常に小さい。がん治療の市場は大きい）。

3 **設定可能な価格。** 一般的な購入者が、ある解決策に支払ってもよいと思う最高価格はいくらか（棒つきキャンディは〇・〇五ドルで販売され、航空母艦は数十億ドルする）。

4 **顧客獲得コスト。** 新規顧客の獲得はどれくらい容易か。平均して、新たに販売するために、どれだけの資金と労力がかかるか（通行料の多い州間高速道路沿いのレストランは、新しい顧客を呼び込むのに、それほどコストがかからない。政府の請負業者は主要な調達関連取引を獲得するのに、何百万ドルも費やすことがある）。

5 **価値提供コスト。** 価値を創出し届けるために、どれだけのお金と労力がかかるか（インターネット経由でファイルを届けるのはほぼ無料だ。製品を発明して工場を建設すると、何百万ドルもかかる）。

6 **独自性。** あなたの提供品は、その市場の競争相手の提供品に対して、どれほど独自性があるか。潜在的な競争相手がどれだけ容易に模倣できるか（ヘアサロンはたくさんあるが、個人向け宇宙旅行を提案する企業は非常に少ない）。

7 **市場のスピード。** どれだけ速やかに販売対象となるものを創り出せるか（隣人の芝刈りの場合、数分で申し出ることができる。銀行の開設には何年もかかることがある）。

8　**先行投資。**販売の準備が整うまでに、どれだけの投資をしなくてはならないか（家政婦になるためには、安価な掃除用具が一組あればよい。金鉱業を営むなら、土地と掘削装置を購入するために何百万ドルも必要になる）。

9　**アップセルの可能性。**購買客に提示することができる、第二の関連製品があるか（カミソリの購入客は、シェービングクリームや替え刃も必要になる。フリスビーを買う場合、なくさない限り、二つめは要らない）。

10　**鮮度維持の可能性。**ひとたび最初の提供品が創り出されたら、それを販売し続けるために、どのくらいの追加作業が求められるか（コンサルティング業で生計を立てようとすると、絶えず仕事を獲得し続けなくてはならない。書籍は一度完成すればそのままで何度も売れる）。

評価を終えたら、スコアの合計を出す。合計が五〇点以下であれば、別のアイデアに変えたほうがよい――もっとよいエネルギーと資源の投入先があるだろう。七五点以上なら、非常に有望なアイデアなので全速力で進めていく。五〇～七五点の場合は、それなりに可能性はあるが、かなりエネルギーと資源を投入しないと一発でホームランになることはありえないので、しかるべき計画を立てておこう。

競争の隠れた恩恵

The Hidden Benefits of Competition

恐れるべき競争相手は、あなたのことなどまるで気にせずに、自分の仕事に常に邁進していく人である。
――ヘンリー・フォード（フォード・モーター創業者）

起業の初心者が最もよく経験することの一つが、「素晴らしい事業のアイデア」が思っていたほど独創的ではなく、他の企業が既に似たような製品やサービスを提供していたことが判明した、というケースだ。こうなると、誰でも自信は揺らいでしまう。結局、誰かが既に手掛けているのに、自分がわざわざやる必要などあるのだろうか。

元気を出してほしい。**競争には隠れた恩恵**がある。他の観点で同等に魅力的な市場が二つあるなら、競合がいる市場を選択したほうがもっとよい。そのアイデアにお金を払ってくれる顧客がいることが初めからわかっているので、最大のリスクが取り除かれるからだ。

市場が存在することは、「それを本当に求めている人々が大勢いなければ、事業化は難しい」という市場の鉄則から見て、既に有利な立場にあることを意味している。市場の存在を証明することではなく、提供品の開発により多くの時間がかけられるようになる。ある市場で複数の企業が成功しているなら、既に購入客がいるということなので、投資が行き詰まることはそれほど心配しなくてもよい。

潜在的競合の施策を観察する最良の方法は、顧客になることだ。彼らが提供するものをできる限り購入する。内側から競争相手を観察すれば、その市場について非常に多くのことがわかる。競争相手はどんな価値を提供しているか。どのように注意を引いているか。どのくらい請求しているか。どのように取引をまとめているか。どのように顧客を幸せにしているか。どのように問題に対応しているか。どのようなニーズを満たしていないか、というように。

特定の戦略に注力する前に、購入客の立場で、有効なことと無効なことについて観察を始めよう。競争相手から学べることはすべて学び、その上で、より価値の高いものを創り出せばよい。

一二の価値形態 Twelve Standard Forms of Value

価値は本質的なものではない。価値はモノの中ではなく、私たちの中にある。

価値とは、人が自分の環境条件に反応する方法である。

——ルートヴィヒ・フォン・ミーゼス（経済学者、『ヒューマン・アクション』〔春秋社、二〇〇八年〕著者）

他の人々にうまく価値を提供するためには、彼らがお金を払ってもよい、と思う形態をとらなくてはならない。幸いにも、経済的価値というものは通常、次の**一二の価値形態**のいずれかなので、一から作り始める必要はない。

1　**製品。**一つの有形物または実体を生み出し、作成にかかった費用を上回る価格で販売・提供する。

2 **サービス。**支援や援助を提供し、そこから得られる便益分の料金を請求する。

3 **共有資源。**多くの人々が使うことができる永続的な資産を創り出し、使用料を請求する。

4 **サブスクリプション（購読・加入契約）。**継続的に便益を提供し、その料金を請求する。

5 **再販。**生産者や卸売業者から獲得した資産を、より高い価格で小売業者に販売する。

6 **リース。**資産を獲得した上で、利用料と引き換えに他の人が一定時間それを利用できるようにする。

7 **仲介。**第三者のために、自分では保有していない資産のマーケティングや販売を行い、対価として取引価格の一定割合をもらう。

8 **集客。**ある特徴を用いて特定グループの注意を引き、その後、そのグループに影響を及ぼしたいと思っている他の事業者に、広告の形でそのグループにアクセスする権利を売る。

9 **ローン。**一定金額を貸し、一定期間中に所定の金利を元金に加えた額を返済してもらう。

10 **オプション。**料金を払ってもらい、一定期間、所定の行為をとる権利を提供する。

11 **保険。**所定の料金を払ってもらう代わりに、保険契約者に対して特定の問題が起こるリスクを引き受け、それが実際に起こったときにのみ請求された金額を支払う。

12 **資本。**ある事業の持ち株を購入し、一時払い、もしくは継続的な配当として、利益の相当分を徴収する。

この一二の価値形態について、さらに詳しく見ていこう。

価値形態① 製品

Form of Value #1: Product

ビジネスは財務の知識ではない。（中略）ビジネスとは、人々が支払ってもよいと思うほど素晴らしい製品やサービスを創ることだ。

――アニータ・ロディック（ボディショップ創業者）

製品とは、価値を有形にしたものだ。製品志向のビジネスを行うためには、次のことをしなければならない。

1 人々が欲しいと思う、何らかの有形物を創り出す。
2 許容可能な品質レベルを維持しつつ、できるだけ安価にそれを製造する。
3 市場で受け入れられる上限価格で、できるだけ多くの量を販売する。
4 受注に応じられるように、十分な量の製品在庫を保つ。

皆さんが今、手にとっている本書は、製品の一例だ。皆さんの手に渡るまでに、執筆、編集、製版、印刷、梱包、そして、十分な量を書店に出荷する必要があった。こうしたステップが一つでも省かれたなら、皆さんは今、この本を読んではいないだろう。儲けを出すためには、制作や印刷や配送にかかった費用以上の価格で販売しなくてはならない。

自動車、コンピュータ、掃除機のように、耐久性のある製品もあれば、リンゴ、ドーナツ、処方薬などのように、消費されてなくなる製品もある。製品は物理的なものである必要はない。ソフトウェア、電子書籍、ＭＰ３には明確な物理的形状はないが、いずれも販売可能な実体である。

製品は複製可能なので、製品形態で価値を提供することは重要だ。本は一度書かれただけだが、世界中の読者に向けて、何百万回もコピーが印刷され、届けられている。つまり、製品形態は複製や掛け算的な拡大が可能なので、他の価値形態よりも規模を拡大しやすい傾向がある。

価値形態② サービス Form of Value #2: Service

誰でも神に仕える（Serve）ことができるので、誰でも偉大になりうる。
――マーティン・ルーサー・キング・ジュニア（牧師、人権保護活動家）

サービスは、料金を払ってもらい、誰かの支援や援助を行うことだ。サービスを通じて価値を創造するためには、利用者に対して、いくつかのタイプの便益を提供できなければならない。サービスで成功するためには、次のことをしなければならない。

1 他の人々が必要としているが持っていない、持つつもりがない、あるいは、自分自身では用いたくないと思っているスキルや能力を持った従業員を雇用する。

2　そのサービスが確実に、一貫して高い品質で提供されるようにする。
3　お金を払ってくれる顧客を引きつけ維持する。

サービス業のよい例は理髪店である。カットは製品ではない。棚から一つとって買えるようなものではないのだ。現時点のヘアスタイルから、希望するスタイルへと変えるために、スタイリストが用いる一連の行動はサービスである。その意味で、医者、フリーのデザイナー、セラピスト、園芸家、コンサルタントはすべてサービス提供者だと言える。

特に複製しにくいスキルが求められるサービスは、儲かる可能性が高い。サービスは一般的に、サービス提供者が投じる時間とエネルギーに依存しているが、両方とも限りがある。心臓外科医は、四時間かかる手術を一日にそう何度もこなすことはできない。

サービスを開発しているなら、必ず日々顧客サービスの提供に投じている時間に見合った金額を請求しよう。そうしないと、わずかな報酬を求めて必死に働く羽目になるだろう。

価値形態③　共有資源　Form of Value #3: Shared Resource

共有されぬ喜びは若くして死す。
──アン・セクストン（詩人）

共有資源は、多くの人々が使うことのできる耐久性のある資産である。ひとたび資源を創り出せば、その後はその使用料を顧客に請求できるようになる。

共有資源で成功するためには、次のことをしなければならない。

1 人々が利用したいと思う資産を創り出す。
2 個々の利用者の経験の質に影響を及ぼすことなく、できる限り多くの利用者にサービスを提供する。
3 時間をかけて、その共有資源を維持し、改善していけるだけの金額を請求する。

スポーツジムやフィットネスクラブは、共有資源のお馴染みの例だ。あるフィットネスクラブが、ルームランナーを四〇台、エアロバイクを三〇台、ウェイト・トレーニング機器を六セット、ケトルベル（ダンベル）を一セット、その他の有用だが高価な機器を購入したとしよう。いずれも、長期的に使うものだ。クラブ会員のメリットは、自分で買わずに、これらの機器を利用できることだ。その代わりに、個人にとってはるかに負担しやすい利用料を支払う（ほとんどのスポーツジムは、共有資源の利用と、サービスやサブスクリプションを組み合わせており、後述する「バンドリング」の典型例となっている）。

博物館や遊園地のような事業もほぼ同じような形をとっている。画家モネの作品鑑賞であれ、ジェットコースターに乗ることであれ、共有資源のおかげで、多くの人々が高額を支払うことなく体験できる。

共有資源の提供において注意を要するのが、利用レベルを慎重にモニターすることだ。十分な数の利用者がいなければ、その資産にかかった費用を分散させ、先行投資分と現状のメンテナンス費用をカバーできない。利用者が多すぎると、過密状態のせいで利用経験が損なわれ、利用者は不満を感じて、その資源の利用をやめてしまい、他の人々にあなたの事業に肩入れしないように助言し、あなたの評判（後述）を低下させる。多すぎも少なすぎもしない、ちょうどいい頃合いを見つけることが、共有資源を機能させる上で鍵となる。

価値形態④ サブスクリプション Form of Value #4: Subscription

どうか辞めさせてくれ。私をメンバーとして認めるようなクラブには所属したくないね。
――グルーチョ・マルクス（コメディアン）

サブスクリプション（購読・加入契約）プログラムは、購読・加入料を払ってもらい、所定の便益を提供する、というものだ。実際に提供する便益は有形だったり無形だったりする。重要な違いは、サブスクリプションが中止されるまで、①将来もさらに価値が提供されることへの期待と②その料金とが継続されることだ。

サブスクリプションで成功するためには、次のことをしなくてはならない。

1　各契約者に定期的に重要な価値を提供する。
2　顧客基盤を固め、離脱者を補完するために常に新しい契約者を引きつける。

3　サービスが更新されるたびに顧客に請求する。
4　可能な限り長く既存顧客を維持する。

ケーブルや衛星テレビへの加入サービスは、サブスクリプションのよい例だ。加入契約後、支払いをしている間、企業はテレビ・サービスを提供し続ける。利用者は次の三〇日分の契約更新のために、毎月その企業に連絡する必要はない。請求分を支払っている限り、サービスは継続される。

サブスクリプションは収益予想が立てやすいので、魅力的な価値形態と言える。毎日、既存顧客向けに再び販売活動をする必要はなく、時間とともに安定したロイヤル顧客の基盤を作っていける。このモデルでは、請求時期ごとに一定レベルの収入が確保される。

サブスクリプションで重要なのは、顧客の離脱をできるだけ低く抑えるために、あらゆる手を尽くすことだ。顧客を幸せにし続けていれば、各期にキャンセルするのは顧客基盤のごく一部に留まり、より確実な資金計画を立てることができる。顧客の離脱は、契約者を増やすことで克服できる。

価値形態⑤ 再販

Form of Value #5: Resale

安く買って、高く売る。
——株式トレーダーの格言

再販は、生産者や卸売業者から資産を獲得し、その後、より高い価格で小売業者に販売する形をとる。これは、身近にいる大部分の小売業者が用いているやり方だ。小売業者は他の企業から商品を購入し、その費用を上回る価格で再販している。

再販業者として価値を提供するためには、次のことをしなくてはならない。

1 通常は大量に、できるだけ安価に商品を購入する。
2 販売するまで、商品をよい状態に維持する。キズものは販売できない。
3 在庫費用を低く抑えるために、可能な限り早く潜在顧客を見つける。
4 できるだけ高い利幅（望ましくは購入価格の倍）で商品を販売する。

再販業者の価値は、生産者や卸売業者が個人客を探さなくても商品を販売できるようになることにある。農家にとって、何百万人もの個人客にリンゴを販売するのは、時間がかかって非効率的だ。食料雑貨チェーンに販売して、リンゴ作りに集中したほうがはるかにいい。その後、食料雑貨店はリンゴを店頭に並べ、個人消費者により高い価格で販売する。

ウォルマートとテスコのような大手小売業者、バーンズ&ノーブルのような書店、ランズエンドのような通販業者は、基本的に同じやり方をとっている。メーカーから直接、安価に製品を購入し、その後、できるだけ早く、より高い価格で販売している。

再販で鍵となるのは、よい商品を安価に調達し、在庫レベルを管理することだ。利益を出せるレベルの低価格で販売可能な商品を着実に供給できなければ、再販業者は存続可能なレベルの収益を確保するのに苦労することになる。したがって、最も成功している再販業者は、取引先に自社株式を提供して緊密な関係を結び、確実に、よい資産を低価格で安定的に調達し続けられるようにしている。

価値形態⑥　リース　Form of Value #6: Lease

私が考え出した最高の理論では、人間は二つの異なる種から成る。それは、お金を借りる人と、お金を貸す人である。

――チャールズ・ラム（エッセイスト）

リースは、資産を獲得した後、利用料と引き換えに、他の人々が一定期間その資産を使えるようにする、というものだ。対象となる資産は、自動車、ボート、家、ＤＶＤなどほぼ何でもよい。ほかの人にレンタルしたり、再利用可能な状態で返却したりするだけの耐久性がその資産に備わっていれば、リースの対象になる。

リースによって価値を提供するためには、次のことをしなければならない。

1　人々が利用したいと思う資産を獲得する。

2　お金を払ってくれる顧客に好条件でその資産を貸し出す。

3　リース資産の損失や損害を含めて、予想外の有害な事象から身を守る。

顧客にとってのリースのメリットは、全額払って購入するよりも安価に、その資産を利用できることにある。高級車や高速ボートを購入するために、何万ドルも支払う余裕がなかったとしても、月数百ドルで確実に借りることができる。同じ原則は、住宅にも当てはまる。賃貸を利用すれば、自分で買ったり建てたりするよりもはるかに安く、高価な建物に住むことができる。賃貸契約が切れれば、保有者は別の人にその資産を貸し出すことができる。

リースでの価値提供を成功させるためには、その資産が摩耗や消失する前に、確実にリース収益で購入価格をカバーしなくてはならない。ほとんどの資産の耐用年数は限られているので、その価値が失われる前に、購入価格以上の収益が得られるように十分な課金をする必要がある。また、修繕や代替分の費用の計画を立てておき、利用中に資産の損失や損害が起こった場合に補填できるように、確実に課金しなくてはならない。

価値形態⑦　仲介

Form of Value #7: Agency

どうか火葬にしてください。書面で交わした契約の通り、私の灰の一〇分の一は、私の代理人の手に渡されることになるでしょう。
——グルーチョ・マルクス（コメディアン）

仲介は、自分で所有していない資産のマーケティングや販売を行うことを指す。自分自身で価値を提供する代わりに、提供する価値を持った誰かと協力して買い手を探し出す。価値の源泉と買い手との間に新しい関係を築くことにより、手数料を稼ぐのだ。

仲介により価値を提供するためには、次のことをしなければならない。

1　価値ある資産を持つ売り手を見つける。
2　その資産を買う見込みのある人と関係づくりや信頼構築を行う。
3　販売条件に関して合意に達するまで交渉する。
4　売り手から契約手数料を徴収する。

売り手にとって仲介業者を起用するメリットは、仲介がなければ生じなかったかもしれない売上高がもたらされることにある。著作権代理人がよくある例だ。ある人が本を書く構想を持っていたとしても、出版関係者を知らないかもしれない。出版業界とのコネクションを持つ代理人と組めば、その著者は出版契約にこぎつける可能性が高まる。出版社を探して取引交渉する見返りに、代理人がその本の前金やロイヤリティ（使用料）の一定割合を獲得する。

買い手にとっても、代理人との関係から恩恵がもたらされる。よい代理人は購入対象となる素晴らしい資産を探すのを手伝ってくれる。代理人は買い手にとってしばしばフィルターの役割を果たす。購入に値する資産を知らせ、損をする取引から距離を置くようにしてくれる、と信じられる場合はそうだ。不動産業者がいい例だ。その地域を熟知している経験豊かな不動産業者の手を借りると、新しい街での住宅購入ははるかに容易になる。

仲介業で重要なのは、自分の働きに見合った手数料を確保することだ。ほとんどの場合が成果報酬なので、取引の成立につながる活動に時間を使い、そのために投じた時間や努力に釣り合う手数料を確保しなくてはならない。

価値形態⑧　集客　Form of Value #8: Audience Aggregation

頭の中でCMソングが流れている限り、テレビは無料ではない。
——ジェイソン・ラブ（マーケター）

集客は、似たような特徴を持つグループの「注意《アテンション》」を集め、第三者にそのグループに近づく権利を売る。

注意は限りある貴重なものなので、特定のデモグラフィックス（人口統計学的属性）の人々の注意を引くことに関心を持つ企業や組織にとっては、そうしたグループを集めることが非常に重要になる。集客によって価値を提供するためには、次のことをしなければならない。

1　共通の特徴や関心を持つグループを特定する。
2　そのグループの「注意」を一貫して引きつける何らかの方法を創造し維持する。
3　そのグループの「注意」を買うことに興味を持っている第三者を見つける。
4　そのグループとの関係を悪化させずに、彼らに近づく権利を販売する。

グループの人々にとって、集客形態は注意を向ける価値があるものを提供してくれるというメリットがある。雑誌や広告掲載ウェブサイトがその最たる例だ。読者はある程度、広告を浴びせかけられる代わりに、こうした情報源から提供される情報や娯楽の恩恵を受けている。広告が不愉快なら彼らは去っていくが、情報源の内容がよければ、大部分の人々はある程度の広告は喜んで受け入れる。

広告主にとっての集客のメリットは、注意を引き、それが販売につながることだ。カンファレンスやトレードショー（展示会や見本市）のことを考えてみてほしい。提供品に関心を持つ人々が大勢集まる中央のブースを確保するためにお金をかけるのは賢い判断だ。うまくいけば、広告は注意を引き、注意は潜在顧客をもたらし、潜在顧客は売上高につながる。その売上高が、広告費やその事業の諸経費（後述）を上回っている限り、広告は新しい顧客を引きつける重要なツールとなる。そして、広告主が広告枠をより多く購入することは、集客業者を支援することを意味する。

価値形態⑨ ローン Form of Value #9: Loan

金は力となるが、信用は反響をもたらす。
――ボブ・セイヴス（漫画家、『フランク・アンド・アーネスト』著者）

ローンでは、借り手が一定期間、特定の資源を使うことに合意し、その代わり約束の期間中に元本に一定の金利を加えた金額を支払わなくてはならない。

ローンによって価値を提供するためには、次のことをしなければならない。

1　貸すための資金をある程度持つ。
2　その資金を借りたい人々を見つける。
3　そのローンに対して適切な金利を設定する。
4　ローンが返済不履行になる可能性に備える。

責任をもって活用すれば、人々はローンのおかげで、即金で買うには高すぎる財やサービスをすぐに入手できるようになる。住宅ローンにより、銀行口座に大金がなくても、人々は家に住むことができる。自動車ローンにより、全額を支払う代わりに、月々の分割払いで、新車を運転することができる。クレジットカードですぐに商品とサービスを購入し、数カ月かけて後払いすればよい。

貸し手にとってのメリットは、ローンが余剰資本から恩恵を得る方法となることだ。元本に複利を設定すれば、貸し手は元本の何倍ものお金を回収できる。(抵当権付き)住宅ローンのような長期ローンは二~三倍になることも多い。

ローン契約を交わした後は、借り手が返金を止めない限り、貸し手側には返金分の徴収以外の追加業務はほとんど発生しない。したがって、そのローンにどの程度のリスクがあるかを特定する「危険査定」と呼ばれるプロセスは、貸し手にとってきわめて重要であり、多くの場合、融資が焦げ付くリスクに対する担保としてある種の資産を要求する。ローンが返済されない場合、担保の所有権が貸し手に譲渡され、その取引における損失を穴埋めするために売却される。

価値形態⑩　オプション　Form of Value #10: Option

お金を払って選択する。
――パンチ(一九世紀イギリスの漫画雑誌)

オプションは、料金を払えば一定期間、特定の行為をとれるようにするやり方を言う。オプションは金融商品のことだ、と考えている人々は多いが、私たちの身の回りにある映画やコンサートのチケット、クーポン、コンサルタント料、ライセンスは、いずれもオプションの例である。購入者は料金を払い、有効期限までにショーを見に行く、資産を購入する、特定の価格で記入商品を購入するなど、特定の行為をする権利を獲得している。

オプションにより価値を提供するためには、次のことをしなくてはならない。

1　人々が将来行いたいと思う可能性がある何らかの行為を特定する。
2　潜在顧客に、特定の期限までにその行為をする権利を提供する。
3　そのオプションが提示価格に見合った価値があると、潜在顧客に納得してもらう。
4　行為をする期限を徹底させる。

オプションの価値は、「購入者には特定の行為をする権利があるが、必ずしもその行為をとらなくてもよい」ところにある。たとえば、映画のチケットを購入することで、映画館の座席を確保できるが、無理にそうする必要はない。映画のチケットを購入することは、特定の時点までにその映画を見るというオプションを行使する権利を買っただけで、それ以上のものではない。

オプションは、別の取引が起こる前に一定期間、一連の行動を保留するために用いられることが多い。たとえば、私と妻のケルシーはニューヨークからコロラドに引っ越したとき、まだ直接見ていないアパートの保証金を支払った。それは、私たちが引っ越す前に、大家がそのアパートを他の人には貸さないことを保証するものだった。私たちが正式に賃貸契約書に署名すれば、その保証金は通常の敷金となる。引っ越さないと決めたなら、私たちのためにそのアパートを取り置いた対価として、大家はその保証金を受け取り、他の入居者を探しても構わない。このように、オプションは双方にとって有益なのだ。

オプションはよく見落とされがちな価値形態だ。柔軟性は、三つの共通通貨（後述）の一つとなる。人々が柔軟性をより多く持てるようになる方法を探してみよう。そうすれば、実行可能なビジネス・モデルが見つかるかもしれない。

価値形態⑪ 保険 Form of Value #11: Insurance

織り込み済みのリスクをとれ。それは、向こう見ずなこととは全く違う。
——ジョージ・パットン（第二次世界大戦時のアメリカ陸軍第三師団司令官）

保険は、買い手から売り手までリスクの移転に関わっている。保険加入者は自分の身に特定の災難がふりかかるリスクを引き受けてもらう代わりに、保険業者に所定の料金を支払うことに同意する。災害が実際に起これば、保険業者は責任をとらなくてはならないが、何も起こらなければ、支払ってもらった料金をそのまま受け取ることができる。

保険により価値を提供するためには、次のことをしなくてはならない。

1　法的効力のある契約書を作り、保険加入者から自分へと災害（損失）が生じるリスクを移転させる。

2　入手可能なデータを用いて、災害が実際に起こるリスクを算定する。
3　合意された一連の保険料を徴収する。
4　保険加入者の正当な請求に対して支払いを行う。

保険は、損失を被るリスクから保護することにより、加入者に価値を提供するものだ。たとえば、様々な要因で家が火事になる可能性があるが、全焼した場合、家をもう一軒購入できるほどの資金を持っている住宅所有者はほとんどいない。住宅所有者向けの保険は、こうしたリスクを保険業者に移転する。火事で家が焼けてしまえば、保険によって住宅所有者に補償が行われ、新しい家を購入できるようにする。火事が起こらなければ、保険業者は保険料をそのまま受け取ることになる。

保険は、大勢の個人にリスクを分散させることで機能している。ある保険業者が何千軒、何百万軒の家の保有者たちと保険契約を結ぶ場合、すべての家が一度に全焼する可能性は極めて低く、一定数の請求に対して払い戻すだけでよい。請求分の払戻しを上回る保険料が集められる限り、保険業者は儲けを出すことができる。自動車保険、健康保険、消費財向け損害保険なども同じ方法をとっている。

保険業者の集める保険料が増えて、支払う請求額が少なくなるほど、儲けは大きくなる。保険業者は「バッド・リスク［事故発生率が高い案件や採算性の悪い案件］」を避けて、保険料を最大化させ、請求の払戻しを最小化させることに強い関心を持っている。したがって、詐欺まがいの請求を防ぐとともに、合法的な請求への払戻しをしないで加入者から保険料をだまし取ることがないよう、保険業者は詐欺行為の防止に絶えず注意しなくてはならない。保険業者が正当な請求への払戻しを怠れば、保険加入者は契約履行を求めて法的手段をとり、訴訟沙汰になる可能性が高い。

価値形態⑫　資本　Form of Value #12: Capital

資本とは、さらなる富を獲得するために充当する富の一部だ。
——アルフレッド・マーシャル（エコノミスト、『マーシャル経済学原理』（東洋経済新報社、一九六五年）著者）

資本は、あるビジネスの持ち株を購入することだ。配分する資源を持つ関係者にとって、資本の提供は、事業主が既存事業を拡大したり、新規市場に参入したりすることを助ける手段となる。エンジェル投資家、ベンチャーキャピタル、公開企業の株式購入は、すべて資本を通して価値を提供している例と言える。これについては、「資金調達のヒエラルキー」で詳しく取り上げる。

資本により価値を提供するためには、次のことをしなくてはならない。

1　投資可能な資源を蓄積する。
2　投資したくなるような有望なビジネスを見つける。
3　そのビジネスの現在価値と将来価値、さらに、自分の資本を失う結果となる倒産の可能性を推定する。
4　投資額の見返りとして受ける保有権について交渉する。

企業にとってのメリットは、出資を受けることで、事業拡大や新規参入に必要な資源を集められることにある。製造業や金融サービスのような一部の産業では、起業や事業拡大の際に、巨額の資金を必要とする。投資家を募ることで、事業主はスピーディーに前進していくのに十分な資金を確保できる。

投資家のメリットは、その会社の所有権の一定割合を獲得することだ。それによって、積極的に関与しなくても、その企業の活動からもたらされる利益が得られる。資金を銀行口座に寝かせておく代わりに、有望なベンチャー企業に回すことで、より高いリターンがもたらされる可能性がある。その企業がたくさんのキャッシュを生み出せば、投資家は定期配当から利益が得られるかもしれない。他社を買収したり、株式公開したりすれば、投資家は購入価格の一定割合を一時金として受け取ったり、同企業の株式を公開市場で売って利益を確保したりしてもよい。

受容価値 Perceived Value

モノの価値よりも、金銭の価値をより高く評価するなら、人々はモノと金銭を交換することはない。
——ロイ・H・ウィリアムズ（広告業界の専門家）

すべての価値形態が等しく創られているわけではない。あなたが提供するものに対し、顧客がどれだけのお金を払いたいかどうかは、**受容価値**で決まる。受容価値が高くなるほど、より高い値付けができるようになり、成功の可能性は大幅に増す。

経験則によると、最終結果の魅力度が低いほど、エンドユーザーは何としても利益を得ようと懸命になり、顧客が提示する価値は低くなる。

その一例として、ある住宅所有者が、プールの掃除用具の購入に最大五〇ドルまで払ってもよいが、毎週プール掃除をしてくれる人がいるなら月二五〇ドル払ってもよい、と思っていたとしよう。どちらの方法でもプールはきれいになるが、毎週の掃除サービスの場合、住宅所有者は時間や労力を費やさずに、望んだ結果が同じようにもたらされるので、受容価値はより高くなる。しかし、掃除サービスの請求が月一万ドルだったとすれば、住宅所有者はプール掃除にそれほどのお金をかけたがらないだろう。

できる限り最高の最終結果にするためには、エンドユーザーの努力を最も小さくするような価値形態を創出することに集中しよう。そうすれば、彼らの受容価値は最も高くなるだろう。

モジュール Modularity

衝動ではなく、一連の小さな事柄が合わさることで、偉大なことは成し遂げられる。
——フィンセント・ファン・ゴッホ（画家）

標準的な一二の価値形態は互いに相容れないものではない。潜在顧客が最も好む価値形態を見つけるために、単独で提供しても、組み合わせて提供してもよい。ほとんどの成功している企業は複数の形態で価値を提供している。

雑誌を例にとると、定期的に印刷物を届けるかわりに、月間あるいは年間で購読料を請求する雑誌がある。同時に、雑誌に掲載される広告を通して、購読者にアクセスする権利を売る集客モデルも用いている。オービッツ（Orbitz）のような旅行サイトは、旅行保険とともに、製品（航空券）を販売し、サイト訪問者に広告（集客）も表示している。映画館は映画の放映（共有資源）に、チケット販売（オプション）や売店（製品）を組み合わせている。

ほとんどの企業は、こうした価値提供をそれぞれ区別して扱い、顧客が自分の利用したい形態を選べるようにしている。提供するものを**モジュール（ひとまとまりの機能や要素）**にすれば、企業はそれぞれを独立した形で作成・改善し、その後、必要に応じて様々に組み合せて、顧客によりよい形で提供できるようになる。ちょうどレゴブロックで遊ぶようなもので、いくつかのパーツを作っておけば、様々な興味深いやり方で組み合わせることができる。

バンドリングとアンバンドリング Bundling and Unbundling

あれを少しとこれを少し持ってくれれば、新しいものが生まれる。

——サルマン・ラシュディ（小説家）

自分の提供するものを小さくしたり、モジュールを作ったりするメリットは、**バンドリング**と呼ばれる戦略が活用できるようになることにある。バンドリングによって、既存の価値を再利用して、より多くの価値を生み出せるようになる。

バンドリングとは、複数の小さな提供品を組み合わせて、より大きな提供品にすることだ。携帯電話業界でその例が見られる。携帯電話（物理的な製品）は、一つの価格で、月額サービスプラン（サブスクリプション）がバンドリングされている。同じく、食料品店で一つ買えばもう一つ無料でついてくるサービスも、バンドリングの一種だ。

一般的に、バンドリングの中に提供される要素が多く含まれるほど、受容価値は高くなり、より高い金額を請求できるようになる。携帯電話プロバイダが基本サービスプランに、さらなる通話時間、無制限のメール・サービス、インターネット・サービスなどを追加している理由もそこにある。提供される便益が増えるほど、顧客は通常、パーケージ全体に対する月額基本料をもっと払ってもよいと考えるようになる。

アンバンドリングはバンドリングの反対で、一つの提供品を複数の提供品に分割していく。アンバンドリングの好例は、ＣＤの代わりに、ＭＰ３で一曲ずつダウンロード販売するサービスだ。顧客はアルバム全体に一〇ドルも払いたくないが、特に好きな歌に一、二ドル払うのは構わないと思うかもしれない。アルバムを個別単位にアンバンドリングすることで、アルバムでは実現しなかった売上高への道が開かれる。

バンドリングとアンバンドリングを用いれば、新しいものを創造しなくても、異なる種類の顧客のために価値を創造するのに役立つ。提供品を組み合わせ、様々な形状を用意することで、顧客がまさに望んでいるものを提供できるようになる。

プロトタイプ Prototype

ごく簡単なことだ。試してみなければ、何も学ぶことはできない。
――ヒュー・プレイサー（作家、『わたしの知らないわたしへ』〔日本教文社、二〇〇一年〕著者）

ＭＢＡで教える古典的な製品開発モデルは、秘密と神秘性に覆われている。ひそかに提供品を開発し、関係者全員と守秘契約を結び、ベンチャーキャピタルで何百万ドルも調達し、何年もかけて完成させ、その後、作品を公開して世の中をあっと言わせ、レジを鳴り響かせるというものだ。

残念ながら、この考え方ではキャリアは台無しになり、銀行口座は空っぽになる。仲間内だけのアイデアにはたいてい価値がない。そのアイデアが現実の世界で通用するかどうかを見極めるのは、起業家にとって最も重要な仕事だ。

潜在顧客に作業中のものを見せることをためらってはいけない。ひどく攻撃的で有能で資金力のある競合がいる業界でもない限り、他の人が自分のアイデアを「盗用する」ことを心配する必要はまずない。アイデアは安価なものだ。頼るべきはアイデアを現実に変換する力であり、それは、よいアイデアを認識することと以上上にはるかに難しい。

密かに開発する「ステルス方式」では初期の学習機会が減ってしまう。初期段階の不利益は非常に高くつく。ほとんどの場合、できる限り早く、真の顧客からフィードバックを得ることに専念したほうがよい。

プロトタイプは、提供品がどのようなものかを早期に表したものだ。物理的な模型、コンピュータの三次元画像、図、フローチャート、あるいは、主な便益と特徴を説明した一ページの書面かもしれない。ここで意匠を凝らす必要はない。プロトタイプに求められるのは、自分が提供しようとするものを目に見える形で表現することであり、潜在顧客があなたの試みを十分に理解してフィードバックできればいい。

最高の結果を出したいなら、完成品と同じ形でプロトタイプを作ることだ。物理的な製品であれば、具体的なモデルを作ってみる。ウェブサイトであれば、基本的な構成要素を用いたウェブページを作成する。サービスであれば、その過程で起こるすべてのことを図やフローチャートにしてから、実行してみる。プロトタイプが現実的であればあるほど、みんなにとっても、何をしようとしているかがわかりやすくなる。

プロトタイプは、役立つものを創り出すための最初の試みだが、そこで終わってはいけない。最初は恥ずかしくなるほどお粗末で不完全かもしれないが、それで構わない。プロトタイプが重要な理由は、そのプロジェクトに大量の時間、資金、労力をつぎ込む前に、現実に存在する人々からよいフィードバックを受けられることにある。プロトタイプの目的は、完璧に作ることではない。速やかに自分の努力を目に見える形に表し、自分や他の人々が実際にそれを見て、評価や改善ができればよい。

潜在顧客にプロトタイプを見せよう。そうすれば、提供品の改善に役立つ一連のアイデアやフィードバックが得られるだろう。

反復サイクル　The Iteration Cycle

私は失敗したことはない。ただ、うまくいかないやり方を一万ほど、見つけただけだ。
——トーマス・エジソン（発明家）

どれほど賢く、才能があったとしても、誰でも最初からうまくいくことはない。その証拠に、芸術作品を考えてみてほしい。モナリザ像の完成版の下には、下絵のスケッチ、やり直した箇所、大きな変更などの絵具の層が見つかる。システィナ礼拝堂の天井は何百万ものごく細かなタッチで描かれているが、ひと筆ずつ重ねていくことで最終的な作品の完成へと近づいていった。ミケランジェロは大理石の塊をダビデ像に変えるために、何百万回もノミをふるった。

反復サイクルは、時間をかけて、よりよいものにするために活用できるプロセスのことだ。芸術家が作品を作るときに修正や変更は不可避であり、そこには無駄なものはない。すべての反復が、プロジェクトを一歩ずつ完成へと近づけていく。

反復には主に六つのステップがあり、私はこれを「ＷＩＧＷＡＭ」メソッドと呼んでいる。

1 **見る（Watch）**——何が起こっているか。何がうまくいき、何がうまくいかないか。
2 **観念化（Ideate）**——改良できるのは何か。どのようなオプションがあるか。
3 **推量（Guess）**——これまでに学んできたことから、どのアイデアが最大の効果を発揮すると思うか。

4　**どれか（Which?）**――どの変更を行うかを決める。
5　**行動（Act）**――実際に変更する。
6　**測定（Measure）**――何が起こったか。その変更はよかったのか、悪かったのか。その変更をそのままにしておくか、反復前の状態に戻すべきか。

反復はサイクルだ。変更の結果を測定し、その状態を維持するかどうかを決めたなら、最初に戻って状況を観察し、このサイクルを繰り返していく。

最高の結果を出すためには、反復するたびに何を達成しようとしているかを明確にすることだ。提供品をより魅力的にしたいのか、目立たせたいのか。人々が重視する新機能を加えようとしているのか。価値を損なわずに、安価にしようとしているのか。背後にあるものが明確であればあるほど、入手したフィードバックは理解しやすくなり、それぞれの反復サイクルから引き出せる価値が高まっていく。

フィードバック　Feedback

どんな事業計画であれ、実際に顧客と接すれば、修正を余儀なくされる。
――スティーブン・G・ブランク（起業家、『アントレプレナーの教科書』〔翔泳社、二〇〇九年〕著者）

潜在顧客から有用な**フィードバック**を受けることは、反復サイクルの中核となる。現実にいる潜在顧客からフィードバックをもらえば、開発を終える前に、その提供品がどの程度、潜在顧客のニーズを満たしているかがわかり、販売を開始する前に変更を加えることができる。

フィードバックの価値を最大化させるポイントは次の通りだ。

1　**友人や家族ではなく、実際の潜在顧客からフィードバックをもらう。**近い関係の人々は通常、あなたの成功や、あなたとのよい関係を維持することを望んでいるので、無意識のうちに、受け入れやすいフィードバックをしてくる可能性が高い。最高の結果を求めるなら、必ず自分やそのプロジェクトに個人的に関係のない人々から、多くのフィードバックを受けるようにする。

2　**自由回答式の質問をする。**フィードバックを受けるときには、自分が話すよりも、他の人の話を聞かなくてはならない。会話を少し整理するために、自由回答式の質問をいくつか用意しつつも、それ以外は、他の人に大いに話してもらうように促す。一般的に4W1H（誰、何、どこ、なぜ、どのように）の短い質問が最も有効だ。人々が行うことを観察し、その行動と、彼らが言っていることとを比較する。

3　**心を落ち着けて、冷静さを保つ。**純粋な（唯一の有用な種類の）フィードバックを求めるためには、神経のずぶとさが必要になる。自分の生んだ赤ん坊が醜いと言われて喜ぶ人はいない。自分の作ったものを誰かが好きでないとしても、逃げ出したり、防衛的になったりしてはいけない。指摘してくれた人々は大いに貢献している。

4 **話を割り引いて受けとめる。**最も落胆させられるフィードバックでさえ、改善に役立つ重要な情報を含んでいる。フィードバックを求めたときの最悪の反応は、はっきりと嫌いと言われることよりも、まったく無関心であることだ。自分の作ったものを誰も好きではないとすれば、それは実行可能なビジネス・アイデアではない。

5 **潜在顧客に先行予約の機会を与える。**反復プロセスの間に得られる最も重要なフィードバックの一つは、自分の作っているものに対して、他の人が実際に購入意向を示すことだ。何かを買うだろうと口で言うことと、財布やクレジットカードを取り出して本当に注文しようとすることとは、まったく別物だ。たとえ提供しようとしているものがまだ準備できていなくても、予約を受け付けることはできる。これは、シャドウテスト（後述）と呼ばれる戦術だ。

可能であればいつでも、フィードバックをくれる人々に先行予約の機会を提供するとよい。相当数の人が注文するならよい状態だ。その提供品は確かなもので、すぐにキャッシュフローを増やせることがわかる。誰も予約しようとしないなら、実行可能な提供品にするまでに、もっとやるべきことがあるということだ。なぜ現時点で購入したくないのかと尋ねてみれば、主な購入障壁（後述）、つまり、買うのをためらう理由がわかるだろう。

経済的価値 Economic Values

成功するビジネスは、愛されているか、必要とされている。
——テッド・レオンシス（AOL元副会長）

顧客は購入するたびに、そのお金でその瞬間に買える他のものよりも、あなたが提供するものを重視するという意思決定をしている。提供品の開発で最優先にすべきことの一つは、潜在顧客が実際の購買力以上の価値を見つけ出せるようにすることだ。

人の価値観は常に少しずつ異なるが、購入対象を評価する際に見られる共通パターンがいくつかある。その提供品が約束している便益が魅力的な場合、買うかどうかの評価において、人々が一般的に考慮する九つの**経済的価値**は次の通りだ。

1 **効能。**それはどのくらい効果的か。
2 **スピード。**どのくらい速く効くか。
3 **信頼性。**やりたいことをするために、それを当てにできるか。
4 **使いやすさ。**どのくらいの労力が必要か。
5 **柔軟性。**どれだけ多くのことをするか。
6 **ステータス。**自分への評価に、どのような影響を及ぼすか。

7 **美的な魅力。**どのくらい魅力的か、美的に喜びを与えるか。
8 **感情。**それによって、どんな感情がわいてくるか。
9 **犠牲。**これを手に入れるために、どれだけ諦めなくてはならないか。

ケビン・メイニーは著書『トレードオフ』（プレジデント社、二〇一〇年）の中で、手軽さと上質さという二つの主要な特徴に関して共通の価値観を論じている。速くて、信頼できて、簡単で、柔軟性があるものは、手軽さで秀でている。品質、ステータス、美的な魅力、感情的な影響をもたらすものは、上質さで秀でている。

あなたが提供品に加えた改善はほぼすべて、手軽さか上質さを改善する観点から捉えられる。両方を同時に最適化することは信じられないほど難しいので、最も成功している提供品は、全競合品の中で最も手軽にするか、最も上質なものにするかしている。ピザが食べたくてたまらない場合、シカゴの独創的なピッツェリア・ウノは上質で、宅配ピザのドミノは手軽だ。したがって、ピッツェリア・ウノはレストラン体験を素晴らしくすることが有効なのに対し、ドミノはできるだけ速く、それなりにおいしいピザを届けることが効果的だ。

新しい提供品を開発する際のトレードオフ（いくつかの競合するオプションのうち、一つをより重視するという決定を下すこと）は、各オプションに独自のアイデンティティを与える。

アパレル業界を例にとると、オールド・ネイビー、バナナ・リパブリック、ギャップという三つのブランドは、ギャップ・インクという同じ企業が保有している。いずれのブランドもシャツやパンツなど同じタイプの衣料品を作っているが、それぞれ異なる選択肢を提供している。

ある一つの衣類ラインを、全員に訴求するデザインにしようとする代わりに（みんな違うものを欲しがるので、実際には不可能だ）、ギャップ・インクは、ブランドごとに特定のポイントに絞り込んでいる。オールド・ネイビーは機能性と低コストを、ギャップは手頃な価格、スタイル、ファッションを強調している。バナナ・リパブリックはプレミアム価格で美的要素とステータスを強調している。同じプロセスで衣服が製造され、収益は同じ会社の財源に帰属するかもしれないが、それぞれのブランドが独自のアイデンティティを持ち、異なるタイプの潜在顧客に訴求している。

相対的重要度テスト Relative Importance Testing

最も重要なのは、最も重要ではないことに振り回されないことだ。
――ヨハン・ヴォルフガング・フォン・ゲーテ（作家、詩人）

人々が求めているものを知ろうとするときに難しいのが、皆、何もかもを欲しがることだ。その証拠に、潜在顧客に集めたフォーカスグループで、各参加者にあなたの提供品の九つの経済価値の重要性を〇～一〇点で評価してもらうとしよう。結果はどうなるだろうか。

どのような製品やサービスであろうと、結果は同じだ。顧客は全く手間をかけずに、毎回すぐに期待通りの結果をもたらす製品を求める。同時に、自分たちに豊かさ、名声、魅力、永遠の至福をもたらしてくれる提供品を望む。おまけに、無料のほうがいい。顧客に諦めてもよいものについて尋ねれば、すべてが非常に重要だと答え、減らすことは歓迎しない。

フォーカスグループの外にある現実は常に、それとは全くかけ離れている。フォーカスグループが終わった直後に、各参加者は無料でも完璧でもないものを買いに行き、その決断に満足する。それは、どうしてだろうか。

人々は概して意思決定を迫られない限り、決してトレードオフをよしとしない。完全な選択肢が存在するなら、みんながそれを買うだろう。完璧な提供品はないので、次善の代替案（後述）を受け入れて、それで満足する。

人々が実際に評価する要素を見つける最良の方法は、調査プロセス中に明白なトレードオフを迫ることだ。先ほどのフォーカスグループでの問題は、参加者に本当の意思決定を求めなかったことにある。すべてを併せ持つことが可能なので、参加者はすべてを望んだのだ。

相対的重要度テストは、一九八〇年代に統計学者のジョーダン・ルビエールが開発した分析手法だ。現実生活で直面するトレードオフをシミュレーションするために設計された一連の簡単な質問を用いて、人々が実際に求めているものを明らかにしていく。そのやり方は次の通りだ。

たとえば、夕食について相対的重要度テストを行うとしよう。参加者に各便益を〇～一〇点で評価してもらう代わりに、次の前提条件を示す。

A　注文したものが五分以内に出てきた。

B　ほとんどのメニューが二〇ドル以下である。

C　レストランの装飾は魅力的である。
D　メニューの種類は豊富である。

この前提が示された後で、参加者に次の質問を行う。

1　これらの要素のうち、最も重要なのはどれか。
2　これらの要素のうち、重要性が最も低いのはどれか。

参加者が回答するとすぐに、次の前提が示される。

E　他では味わえない独特のメニューがある。
F　常に好きな料理を注文できる。
G　私がここで食事をすると、みんながすごいと感心する。
H　料理は大盛りである。

もうこれ以上、可能な組み合わせがなくなり、参加者の注意力がもたなくなるまで、通常は五～一〇分を目安に四つか五つの条件を含んだランダムな質問を用意する。

こうした簡単な質問に答えていくのに長い時間はかからないが、結果は一目瞭然だ。参加者に実際の選択を求めることで、実社会で類似した選択肢に直面するときの反応の仕方について、より正確な情報が集まる。結果を集計して統計分析にかけると、各便益の相対的重要度が非常に明白になる。各参加者の回答率が高くなるほど、各便益の相対的重要度がより明確に判断できるようになる。

相対的重要度テストを通して、自分の提供品を最大限に魅力的にするために、どの便益に集中すべきかを速やかに決められるようになる。

CIAs（最重要性仮説） Critically Important Assumptions

完全に間違っているよりも、大筋で正しいほうがいい。

――ジョン・メイナード・ケインズ（経済学者）

あなたは、ヨガ・スタジオの開設に興味を持っているとしよう。市場機会はありそうだ。近隣の人々には、かなりのニーズと月額一〇〇ドル以上の会費を払うだけの可処分所得があるが、十分なサービスを受けられていないと、あなたは確信している。どのようなスペースにするかのスケッチを描き出し、いくつかの提供したいスタイルや、クラスで教えるために必要な人材について大まかな構想を持っている。

月に約一万ドル（年間契約の場合）で賃貸できる適当な場所が見つかった。試算してみると、従業員の給料や営業費用として月一万二〇〇〇ドルがさらに必要になる。マット、ブロック、会員記録をとるコンピュータなどの機材に、約五〇〇〇ドルの先行投資もかかる。

取引相手の不動産業者は、あなたに早く決めてもらおうとして、「今、決めなければ、希望している場所が他のテナントにとられてしまうかもしれない」とプレッシャーをかけてくる。現在の貯金は、最初の経費として見積った三カ月分の営業費用を賄うのに十分だ。あなたはワクワクしているが、先に進める前に、この意思決定で正しいと確信を持ちたいと思っているだろうか。賃貸契約にサインすべきだろうか。

こうした話は非常によくあるものだ。心を弾ませている起業初心者はレストラン、バー、書店を開くことを夢見て、貯金をはたき、大きな負債を抱えて新規事業を始めようとする。時にはうまくいくこともあるが、たいていは二〜三カ月でその新米起業家は破産して事業から撤退し、どうして駄目だったのかといぶかしむことになる。

CIAs（最重要性仮説）とは、自分の事業や提供品を成功させる上で、実社会にあてはまる事実や特徴のことだ。どのような新規事業や提供品にも一連のCIAsがある。CIAsが間違っているとわかれば、その事業プランは見かけに反して、全く有望ではない。

上記のヨガ・スタジオの例では、三つの主要なCIAがある。

1 近隣の人々は、家の近くでヨガ会員になるのに月一〇〇ドル以上を払ってもよいと思っている。
2 その事業では、月一〇〇ドルを払ってくれる会員を、三カ月以内に少なくとも二二〇人集められる。
3 毎月の総収入は、最低賃貸期間である今後一年間で二万二〇〇〇ドルを超える。

こうしたCIAsが間違いだとわかった場合、このヨガ・スタジオがどうなるかを見ていこう。

1 当初の関心は高いが、新しいスタジオに見に来る人々の大半は、月一〇〇ドルの会費に尻込みし、車で二、三マイル離れた所にあったとしても月七五ドルで済むほうがいいと言う。そこで七五ドルに会費を引き下げることにするが、それは、スタジオを運営していくのに必要な会員数が三〇〇人になったということだ。値下げ後、会員は予定通り二二〇人に達するが、それではスタジオを維持するのに十分ではない。

2　近所のヨガ愛好者は、二、三マイル離れたスタジオで年間会員契約を結んでおり、既に囲い込まれている。そのため、新しいスタジオでは、事業を維持するのに十分な会員数を集められない。すぐに資金が尽きて、スタジオを閉めることになる。

3　非常に魅力的な競合するスタジオが、同じ時期に近所でオープンした。三カ月後、自分のスタジオでは、事業の維持に必要な会員数の半分しか集められずにいる。賃貸期間はまだ九カ月あるので、財務予測は厳しい。

どの事業や提供品にも、その存在の継続を左右する一連のＣＩＡｓがある。そうしたＣＩＡｓを事前により正確に確認できれば、それらが正しいかどうかを実際に調べられる。自分のとるリスクが少なければ、分別ある意思決定だという確信が強まるだろう。

シャドウテスト Shadow Testing

備えあれば憂いなし。
——ローマのことわざ

CIAsが正しいかどうかを確かめる最良の方法は直接テストしてみることだが、事業立ち上げのプロセス全体でそれを行っていくのは、あまりにもリスクがあり、高くつく。それよりも賢明なやり方は、本格的に取り組み始める前に、実際にお金を払うことになる顧客に提供品をテストしてもらい、リスクを最小化することだ。

シャドウテストは、提供品を実際に作る前に、販売してみるプロセスだ。提供品がまだ開発中だと潜在顧客に率直に打ち明ける場合に限って、シャドウテストは非常に有効な戦略であり、本物の顧客と一緒に、迅速かつ安価にCIAsを実際に試してみることができる。

実際にお金を払ってくれる顧客は、仮想顧客とはまったく違う。他の方法では、人々が実際に開発中の製品にお金を買ってくれるかどうかわからないが、シャドウテストの場合、他の方法では把握できないような重要な顧客フィードバックが得られる。したがって目指すのは、プロジェクトに本腰を入れるときのリスクを最小化するために、できるだけ速やかに本当にお金を払ってくれる顧客からデータを集め始めることだ。

フィットビットは、シャドウテストの価値を知る企業だ。二〇〇八年九月にエリック・フリードマンとジェームズ・パークによって創立されたフィットビットは、小さなクリップ式装置と睡眠データ収集装置を製造している。同社の装置は昼夜を通して利用者の活動レベルを追跡し、自動的にそのデータをウェブにアップロードし、対象者の健康、体調、睡眠パターンを分析する。

コンセプトとしては素晴らしかったが、新しいハードウェアの製造には時間がかかり、金額も大きく、リスクに満ちていたので、フリードマンとパークはこんな手を打った。フィットビットの構想を世間に発表するのと同時に、顧客が彼らのウェブサイトでフィットビットを先行予約できるようにしたのだ。ただし、サイトには基本的にその装置の機能の説明と、外観の画像が二つ三つ載っているだけだった。請求システムで名前、アドレス、クレジットカード番号を集めたが、万が一、計画通りにいかなかったときのために、出荷の準備が整うまで実際の請求処理は行わなかった。

予約注文が入るようになり、一カ月後、投資家たちは自信を持ってフィットビットの実現に向けて二〇〇万ドルの投資を行った。そして一年後、顧客に初めて実際の製品が出荷された。これがシャドウテストの力である。

MEVO（経済的実現性のある最小提案） Minimum Economically Viable Offer

製品の最初のバージョンで困った経験をしなかったなら、発売しても手遅れだ。
——リード・ホフマン（リンクトイン創業者）

シャドウテストを行うためには販売対象となるものが必要になる。幸いにも、発売開始前に完全な提供品を創り出さなくてもよい。

ＭＥＶＯ（経済的実現性のある最小提案）は、実際に売り出す上で必要最小限の便益を約束したり提供したりすることだ。ＭＥＶＯは基本的に、誰かが実際に財布を取り出して買おうと決めるレベルまで開発されたプロトタイプで、完成されていなくてもよい。フィットビットのＭＥＶＯは、プロトタイプ、説明、いくつかのコンピュータ画像だった。必要なのは、実在の潜在顧客に買うことを納得してもらえるだけの情報を伝えることだ。

どれがうまくいくかを事前に一〇〇％正確に予測することは不可能なので、ＭＥＶＯを用いると役立つ。成功の可能性がないものに、多くの時間や資金を投じたくはない。自分のアイデアが有効かどうか、早く把握できるに越したことはない。

潜在顧客からのフィードバックと支払済みの注文とは全く違うものだ。だから、ＭＥＶＯを作れば、できるだけ速やかに実際の顧客からデータを集め始め、そのアイデアのＣＩＡｓを直接テストし、事業の最終投資判断を行うときのリスクを軽減させることができる。

ＣＩＡｓの項目で挙げた架空のヨガ・スタジオを例にとり、ＭＥＶＯとシャドウテストを使ってＣＩＡｓを評価してみよう。

ステップ１――場所、仮日程、インストラクター、スペースのスケッチ、会費など、スタジオの詳細説明を載せた簡単なウェブサイトを作る。サイトには会員登録フォームを用意し、訪問者がクレジットカード情報を連絡して仮申込みできるようにする。会員登録すると、その人はスタジオ開設時に一年間会員となることを約束するが、気に入らなければ最初の一カ月以内にキャンセルしてもよい。スタジオがオープンしないときには、予約申込みはすべてキャンセルされ、請求は行われない。トータルコストは二〇〇～三〇〇ドルだ。

ステップ2――潜在顧客をウェブサイトに誘導する。これは、チラシ広告、戸別調査、ダイレクトメール、ローカル検索エンジン広告など多数の方法で安価に実施できる。トータルコストは二〇〇～三〇〇ドルだ。

ステップ3――どれだけの人がウェブサイト経由で会費の金額を受け入れて会員契約に応じるか、追加情報を求めてくるかを追跡する。トータルコストは分析にかかる二、三時間だ。

この簡単なプロセスは手早く安価に実施することができ、実社会でその事業のＣＩＡｓが正確かどうかなど、多くのことが明らかになる。特に、調査結果を踏まえて、最初から失敗する運命にある事業アイデアに多額の投資をするのを回避できるとしたら、ＣＩＡｓの予備テストに数百ドルかけることは賢いお金の使い方と言える。

ＭＥＶＯから始める目的は、リスクの最小化にある。投資は小さく留め、徐々に増やしていき、学習重視を続けていけば、有効なことや無効なことが速やかに見つかる。そのアイデアが有望なら、その実現に向けて有利な立場に立てる。仮説が有効でなければ、無一文になったり面目を失ったりすることなく、損切りすることができる。

インクリメンタルな増加
Incremental Augmentation

三つの重要な特性や特徴を選び、それらをとにかく正しく理解したら、ほかはすべて忘れてしまうことだ。（中略）最初のバージョンで少数のコアの特徴だけに集中すれば、その製品の真の本質や価値が嫌でも見つかるものだ。
――ポール・ブッフハイト（Gメールとグーグル・アドセンスの考案者）

そのMEVOが売れそうで、CIAsの有効性が証明されたなら、感触としては悪くないが、それで終わりではない。提供品をできる限りよくしようと努めるなら、また、競争力を維持してより多くの顧客を引きつけたいなら、その提供品に小さな変更を加え続けなくてはならない。

インクリメンタル（漸進的）な増加は、既存の提供品に新しい便益を加える反復サイクルを使ったプロセスのことだ。そのプロセスはシンプルで、中心的な提供品に追加する部分を創って、テストを続け、効果を持続させ、うまくいかないことは中止する。

自動車をカスタマイズするプロセスは、インクリメンタルな増加の例と言える。市販車から始めて、「チューナー（調律師）」はパーツを着実に交換し、よりよいエンジン、スポイラー、カラーウインドウ、クロム・ホイールキャップへとアップグレードする。すべての変更の意図は、車体を少しずつよくしていき、最高の状態にまで持っていくことにある。完成したときには、完全に違う車となっている。

インクリメンタルな増加は、提供品の改善を助けるとともに、反復を一回行うたびに、破壊的な失敗を犯すリスクを最小化させていく。あまり慎重でない人は、投入後に思い切った変更を行い、その提供品に魅力を与えていた品質を省いたり、顧客に提供する価値を創出するためのシステムを壊したりするかもしれない。すぐに少しずつ変化を加え、テストをしていけば、いちかばちかで全財産を賭けたりせずに、提供品を絶えず改善でき、時間とともに顧客のためにより多くの価値を生み出せるようになる。

インクリメンタルな増加があってこそ、はるか先まで進めることを忘れてはいけない。新市場に参入したり、ゲームを変えたりするために、完全に新しいものを作る必要性が生じることもあるだろう。その場合は、新しいプロトタイプでやり直して、最初から価値創造プロセスを進めていく。準備ができれば、フィードバックを得て、テストを用いて旧バージョンと新バージョンを比較し、市場に投入する前に実際によくなっているかを確かめるとよいだろう。

フィールド・テスト　Field Testing

一日に少なくとも三回は手を洗う必要がないとすれば、技術者として失格だ。
——豊田章一郎（トヨタ自動車 元会長）

パトリック・スミスは年に一五〇日間、コロラド荒野に住む暮らしを五〇年間、送ってきた。彼らはコロラドで、アウトドア生活の学校であるマウンテンスミス（一九九五年に売却）と、狩猟とバックパックの会社、キファル・インターナショナル（一九九七年に創設）を設立した。

キファルの顧客になれば、誰もがすぐにクレジットカードを使いすぎてしまうだろう。キファルが世界最高のハイキングや狩猟用のバックパックやシェルターを作っているのは、ほぼ間違いない。同社製品は非常に頑丈で、軽量で、デザインもよい。キファルのバックパックは二〇〇ポンドの重さでも心地よく運ぶことができ、何十年も長持ちし、数百ドルで買える。

熱心なスポーツマンや兵士が、オーダーメイドのキファルのギアに数千ドルも出すことも珍しくはない。また、製品ができるまでに六～八週間待たされることも厭わない。試してみればわかる通り、同社製ギアの品質に失望したという顧客を見つけるのはひどく難しい。キファルの新規顧客は十中八九、常連客となっている。

キファルの品質の背後にある秘密は、**フィールド・テスト**にある。同社の全製品は、顧客に提供する何年も前から、スミスが個人的に作り、使い、改良を繰り返してきた。完成品ができあがる頃には、最も要求の多い顧客でさえ、なかなか欠点を見つけられないレベルになっている。

スミスは、フィールド・テストの個人的なやり方について次のように語っている。

「奥地での生活は確かに、私のインスピレーションをかき立て、研究所となっています。私は（フィールドで）どのようなデザインにするかを見極めてきました。この方法を信頼しています。奥地での行動を想定してデザインした後、現実の活動場面でうまくいくかテストしてみるので、デザインに関するフィードバックはすぐに得られます。（中略）町のオフィスでコンピュータに向かっているよりも、このほうがよいデザイン・プロセスだと心底から思っています。当事者の双方にとって有益な『ＷｉｎＷｉｎ（ウィンウィン)』の状況だと思います[2]」

フィールド・テストには、成功事業を生み出してきた長く顕著な歴史がある。一九二三年、ニューヨークの防護服会社のW・H・マーフィーは自社製品の機能を示すために、公衆の面前で、同僚に一〇フィート離れたところから、自分の胸を銃で撃たせた。これは広範囲なフィールド・テストに基づいたマーケティング上のパフォーマンスで、防弾チョッキが実弾を食い止めることを実証してみせたのだ。アメリカのバラク・オバマ大統領やベネズエラのウーゴ・チャベス大統領などの要人向けに防弾チョッキを作っている、コロンビアのスーツ・メーカーのミゲル・カバリェロも、ユーチューブで同社のスーツを着た人が至近距離から腹を撃たれる動画を流しており、この伝統を踏襲している[3]。

大部分の主要な自動車メーカーは新車設計の際に、現実の条件で性能とハンドリングを試すために、障害物を置いた舗装道と未舗装道のコースで走行テストを行う。マイクロソフトとグーグルのようなソフトウェア企業は、顧客に発売する前に、社内の従業員を対象に広範囲にわたる新製品のフィールド・テストを行う。社内テストをすることで、顧客が製品を眼にする前に、バグがあれば取り除くことができる。

自分が作ったものを毎日使ってみることは、品質を向上させる最高の方法となる。最も熱心で要求の多い顧客ほど、自分の提供するものの改善に役立つものはない。

MARKETING

第3章 マーケティング

基本的なマーケティングの罪は、退屈なことだ。
——ダン・ケネディ（マーケティング専門家）

価値があるだけでは十分ではない。あなたが提供するものについて誰も知らない（気にも留めない）とすれば、どれだけ価値を生み出そうと関係ない。**マーケティング**なしに存続できる事業はない。提供品の存在を知らなければ、誰も買うはずがない。興味がなければ、お金を払ってくれる顧客にはなりえない。成功している事業はすべて、適切な人々の注意を引き、提供品に興味を持ってもらう方法を見つけている。潜在顧客がいなければ、何も売れない。取引を成立させて利益を生み出せなければ、その事業は失敗に終わる。

マーケティングは、あなたが提供するものに熱心に興味を持ってくれる「潜在顧客」を見つける技術と科学だ。世界屈指の企業は、迅速かつ経済的に、要件を満たす潜在顧客の注意を引く方法を見つけている。より多くの潜在顧客を誘い込めれば、事業はより儲かるようになる。

「ダイレクト・マーケティング」戦略はしばしば注意を引き、買ってもらうまでの時間を最短にしようとするが、マーケティングと販売は全く違うものだ。マーケティングとは「気づいてもらう」こと、販売（第四章で扱う）とは「取引を成立させる」ことだ。

注意（アテンション） Attention

アテンション経済（のようなもの）では、マーケターは躍起となって注意を引こうとする。注意を向けてもらえなければ、負けてしまう。

——セス・ゴーディン（『パーミション・マーケティング』〔海と月社、二〇一一年〕著者）

現代生活は、過剰なまでに注意が求められている。たった今、あなたの**注意**を引こうと競っているものを考えてみてほしい。やるべき仕事、電話をかけなくてはならない相手、確認しなくてはならない電子メール、見ているテレビ、聴いている音楽、訪問する数々のウェブサイト……。皆、やるべきことがあまりにも多く、それに費やせる時間はわずかしかない。

マーケティングの第一のルールは、潜在顧客が振り向けられる注意が限られていることだ。世の中のあらゆることを見逃すまいとすると、今以上に注意するための手段が必要になる。そこでフィルターをかけて補う。注意を配分し、気になるものにもっと注意を向け、どうでもよいものへの注意を減らすのだ。潜在顧客も含めて、すべての人が同じことを行っている。誰かの注意を引こうとする場合、その人のフィルターからはじかれない方法を見つけなければならない。

質の高い注意を得なくてはならない。誰かの注意を求めているとき、その人々の世界の中にある他のすべてのものと競合していることに思いを巡らそう。こちらに気づいてもらうためには、競い合っている代替案よりも面白い、役立つなどの理由で注意を向けてもらう方法を考える必要がある。

人々があなたのビジネスに関心がないなら、注意を得ることは重要ではない。注意だけを求めるなら、ビジネスのことで悩まなくてよい。ピンクのウサギの格好をして街をスキップして回り、声を限りに叫べば、望み通りの注意を集めることはできる。しかし、ビジネスとなると、一部の注意は獲得するほどの価値はない。最終的に求めているのは、あなたから購入してくれる潜在顧客の注意であって、それ以外は時間の無駄となる。

注目の的になるのは素晴らしいことだが、ビジネスは販売して儲けを出すものであり、人気コンテストに勝つことではない。全国テレビに出たり、影響力のあるウェブサイトに取り上げられたりするのもよいが、この種の大々的な宣伝は往々にして実売にはつながらない。有名人のフリをすることに時間とエネルギーを費やせば、顧客に向けて本物の価値を創るために当てるべき資源が減ってしまい、それでは誰の役にも立たない。

あなたから購入してくれそうな人々の注意を獲得しよう。そうすれば、ビジネスは自然と確立していく。そのやり方は、メンタルモデルの項目で取り上げる。

受容度　Receptivity

ある製品の広告を七回見ると買いたくなると言われている。だがバイアグラの場合、スパムメールが八七四三件も来たのに、まだ買いたい気分にはならないぞ!
——エリン・パブリナ（カウンセラー、erinpavlina.com のブロガー）

人は好きではないものを無視する。ヒトの脳の主要な働きの一つは知覚的なフィルタリングで、何に注意を払い、何を無視するべきかを決める。誰かに無視されるための最速の方法は、関心のないことについて話し始めることだ。

受容度は、人々があなたのメッセージをどれくらい受け入れるかの基準だ。アメリカの作家、ステファニー・マイヤーの『トワイライト』シリーズのような、ヒット小説の熱烈なファンは、受容力の手本と言える。彼らは入手可能になり次第、夢中になれる対象があれば何でも見つけ出したいと思っている。これはビジネスの観点では理想的な状況であり、彼らがすぐに欲しがらないものを提供するほうが難しい。

その一方で、筋金入りの倫理的な完全菜食主義者の場合、そこにある証拠がどれだけ不当かということや、その提案がどれだけ説得力があるかに関係なく、赤身の肉を食べることの便益について聞く耳を持ちそうにない。世界観の不適合があまりにも大きすぎて、どれだけ大々的に広告キャンペーンを行っても、無視しようとする圧倒的な本能には勝てないのだ。

受容度には、「何」と「いつ」という二つの主要な構成要素がある。人々は特定の時に、特定のカテゴリーだけを受け入れる傾向がある。私は、新規事業に関する良書の話を聞くのは好きだが、広報担当者から午前三時に電話がかかってくるのはご免だ。

自分のメッセージに耳を傾けてもらいたいなら、媒体《メディア》が重要になる。メッセージの形態は、そこに含まれる情報を人々がどれだけ受け入れるかに大きな影響を与える。そのメッセージ形態が、まさに潜在顧客に向けたものであることを示唆していれば、該当者の注意を引く可能性はぐっと高まる。

その例として、郵送されてくるジャンクメールは、ほとんどの人が無視する。あきらかに売り込み用で、大量に送られているもののように見えれば、受け取った人がためらいもなく捨ててしまう可能性は九九%だろう。しかし、その形態を変えれば、受容度も変わる。

封筒に住所が手書きされていれば、大部分の人々は少なくとも開封してみるだろう。誰かが彼らに送付するために、時間と労力を費やしたことが明白だからだ。極端なことを言えば、(多忙な経営陣を含めて)ほぼ全員が翌日配送で宛名が手書きされたフェデラル・エクスプレスの大封筒を開けて中身を見る。大きく、値段が高く、明らかに送付の手間がかかっているからだ。それでも、その中身について関心がなければ、すぐに彼らの注意は失われてしまうだろう。

有望な購入者　Probable Purchaser

この惑星には六〇億人が住んでいる。その九九・九九九%は、あなたに自分のお金を渡したくないと思っている。

——ヒュー・マクラウド（『オリジナルワンな生き方』〔ディスカヴァー・トゥエンティワン、二〇一〇年〕著者）

世の中の人々がこぞって、あなたが提供するものに興味を持つと仮定することは、マーケティングでは大きな間違いだ。自分が提供するものは比類ないと思っているかもしれないし、実際にそうであってほしいものだ。しかし、だからといって、それが誰にでも当てはまるわけではない、という事実は変わらない。たとえどんなものを提供しようとも、世間の人々の大半は、あなたがしていることを気にかけないし、今後もその状況は変わらないことを請け合ってもいい。厳しいが、それが真実だ。

幸いにも、成功するためには、すべての人々の気を引く必要はない。十分な売上高を上げ、経営を続けられるだけの利益を生み出すためには、十分な注意を喚起しなくてはならない。そのときの最良のやり方は、自分の活動に実際に関心を持っている人々の注意を引くことに専念することだ。

熟練したマーケターは、すべての人々の注意を獲得しようとはしない。適切な時に適切な人々の注意を得ることに専念している。オートバイのハーレーダビッドソンがマーケティングをする際に、今年の新型モデルを披露するために、アメリカの女性に人気のトーク番組「オプラ」で取り上げてもらおうとするのは、おそらく最高の戦略とは言えない。同様に、オプラの中心的な視聴者の中に、カイゼル髭でタトゥーをした革ジャン姿のたくましい男性は含まれていそうにない。したがって、視聴者が近いうちにオートバイ試写会のマーケティング・ブースでお金を払ってくれるなどと期待してはいけない。

有望な購入者というのは、自分が提供しているものに完全に適したタイプの人を指す。ハーレーにとって最も有益な顧客は「週末戦士」、つまり、余暇に走りに出かけて、パワーとスリルを感じたいと思う、可処分所得の高い中年男性だ。オプラの有望な購入者は、向上心があり、知られざることの告白や情緒的な話を聞いて楽しみたいと思っている中年女性だ。

ハーレーはオプラの有望な購入者に訴求しようとしないし、その逆も同様だ。それぞれ特定のコア顧客への訴求に専念することで、大きな効果を出している。

全員に訴求しようとするのは、時間と金の浪費だ。マーケティング活動は可能性の高い購入者に集中させたほうがいい。その提供品に既に興味を示している人々に伝わるように自分の限られた資源を投じれば、注意を引きつける活動の効果は最大化する。

資格要件　Qualification

広告をしないと売れない製品は、広告をしても儲からない。

——アルバート・ラスカー（ロード・アンド・トーマス元CEO、現代広告のパイオニア）

信じられないかもしれないが、儲かる客を受け入れないほうが賢明である場合が多い。すべての顧客がよい顧客とは限らない。最終利益に見合う分以上に、より多くの時間、エネルギー、注意、リスクを必要とする顧客には、そもそも引きつけるだけの価値はない。

資格要件は、購入してもらう前に、その潜在顧客がよい顧客かどうかを判断するプロセスだ。潜在顧客を評価することにより、彼らが買う前に、自分のビジネスに適さない接客業務で、時間を無駄にする可能性を最小化できる。

保険会社のプログレッシブ・インシュアランスは、資格要件を有益な経営戦略に変えている。現状の資格を見るには、プログレッシブ・インシュアランスのウェブサイト（www.progressive.com）に行って、自動車保険の見積りを請求してみるとよい。

プログレッシブは見積書の請求時に、次の基本的な質問をする。

1　どんなタイプの車を持っていますか。
2　その車を所有していますか、借りていますか。所有している場合、まだ支払いを続けていますか。
3　郵便番号は何ですか。
4　結婚していますか。
5　大学に行きましたか。
6　過去五年間に過失のある事故に遭いましたか。

その後、プログレッシブは、あなたの回答を使って、一連のデータベースからデータを集めて、次の二つの質問の答えを出す。

A　プログレッシブが保障したいタイプの人か。
B　イエスの場合、いくら課金すべきか。

顧客として望ましいタイプなら、プログレッシブは価格を提示し、すぐに保険に加入するように勧める。違うタイプであれば、別の保険会社のほうがもっとよい価格になるので、なんと競合他社の保険への加入を積極的に勧めるのだ。

いったいなぜ、熱意のある潜在顧客に他社で購入するよう勧めたりするのだろうか。先に保険について言及したが、それを思い出してみよう。保険会社の収益はできるだけ多くの保険料を集める一方で、払戻し金額をできるだけ少なくすることで決まる。

プログレッシブは、全体の顧客ベースの最大化を追求していない。安全運転で事故に遭う可能性が低そうな人々にのみ、加入してもらいたいと思っている。つまり、払戻し請求をしないで、長期間、保険料を払ってくれる顧客を引きつける、ということだ。資格要件を用いることで、プログレッシブは保障対象として儲かる顧客数を最大化させる一方で、「バッド・リスク」（事故発生率が高い）顧客を競合相手に直接送り込むことができる。それは顧客にとっても有益だ。「グッド・リスク」（事故発生率が低い）顧客であれば、自動車保険料はより安くなるからだ。

取引する前に顧客を選別すれば、不良顧客を除外できるようになる。理想的な顧客像をはっきりと定義すればするほど、条件に合わない潜在顧客をうまく除外し、最高の顧客への応対にもっと集中できるようになる。

市場エントリー時点　Point of Market Entry

無関心からくる優しさほど、つらいものはない。
――J・モンタルボ（エッセイスト）

小さな子どもがなく、近いうちに生まれる予定もなければ、オムツ、ベビーカー、ベビーベッド、幼児用おもちゃ、デイケア、ベイビー・アインシュタインのDVDには、おそらく関心を持たないだろう。どれほどこうした商品の情報にさらされたとしても、現時点で自分の生活に関係なければ、脳がふるい落とす可能性が高い。

しかし、ひとたび自分の生活に赤ん坊が入り込んでくる予定があれば、突如として、こうした商品がひどく気になり、積極的に情報収集を始めるだろう。おめでたの知らせを聞くまでは気にかける理由はなかったが、今では違う。

一部の市場では、入退出の時点が明らかになっている。新生児情報を知ることは、**市場エントリー（購入開始）時点**の一つの例だ。ひとたび出産間近だとわかれば、急に子どもの世話に役立つ製品やサービスに関する情報を、非常に積極的に受け入れるようになる。自分の事業に関心のない人々の注意を引こうとするのは、時間、資金、エネルギーの無駄になるので、最もよいのは働きかける前に、自分からの情報に興味を持つタイミングを見つけることだ。

市場エントリー時点になった直後に、有望な買い手の注意を引きつけることが非常に重要になってくる。P&G、キンバリー・クラーク、ジョンソン・エンド・ジョンソン、フィッシャープライスなどの企業は、市場エントリー時点に多大な注意を払っている。なぜなら、あらゆる赤ちゃん用品の関連市場での活動に大きな影響を及ぼすからだ。退院時に母親や父親になりたての人々は、これらの企業の一社または複数社が手がけているオムツ、オムツかぶれ軟膏、ミルクの調合、他の生まれたて赤ちゃんのケア用基本製品のサンプルが入った「ベビーケア・パッケージ」をプレゼントされることも珍しくない。

あなたの提供品に関心を持つようになってからすぐに、潜在顧客の注意を獲得できた場合、あなたが競合相手の提供品に対する評価基準となる。それは極めて強力なポジションであり、潜在顧客が最終的にあなたから購入する可能性が高まる。

関心の閾値《しきい》［それを超えると効果が現れる境目の値］を超えた後に、有望な買い手が情報を探し始める場所を見つけることは、非常に重要だ。インターネットが出現する前、親となる人々の大半はすぐに本を読み漁り、経験者である家族や友人と話を始めた。今日、母親や父親になりたての人々はまずウェブに当たる。だからこそ、アルゴリズムを用いた有料の検索エンジンのマーケティングがしばしば重宝されるのだ。潜在顧客が捜しそうなキーワードを最適化すれば、確実に自分の存在を最初に見つけてもらえるだろう。

アドレサビリティ Addressability

人通りの少ない道には、それ相応の理由があるものだ。
――ジェリー・サインフェルド（コメディアン）

昔からの（政治的に不適切な）格言にある通り、優れたセールスマンはエスキモーに冷蔵庫を売りつけることができる。これは常套句となっているが、そこには一つの真実がある。北極圏で暮らすイヌイットは氷点下の気温で食物が凍結しないように、断熱の冷蔵庫を使う。真の障壁どころか、最初からこうした顧客がいることがわかっているのだ。売り上げるためには、製品を投入して届けるだけでなく、荒れ放題の土地を何千マイルも旅して、ただ顧客の注意を引けばよい。

アドレサビリティは、あなたが提供するものを欲しがる可能性のある人々にどれだけ容易に接触できるかという基準だ。アドレサビリティの高い顧客には、迅速かつ容易にリーチ（到達）することができる。アドレサビリティの低い顧客は、リーチするのにひどく苦労したり、受け容れてくれなかったり、まったく接触を求めていなかったりする。

ヨガは、アドレサビリティの高い市場のよい例だ。スタジオ、『ヨガ・ジャーナル』のような人気雑誌、カンファレンス、ウェブサイトなど、人々が既にヨガ関連情報に注意を向けている場所を見つけることは比較的簡単だ。ヨガは世界で八〇億ドル規模の一大産業であり、ヨガ行者が提供してくれるものを詳しく知るために、こうした場の一部、あるいはすべてを活用することができる。

たとえ大きなニーズがあったとしても、デリケートで支障のあるテーマは、アドレサビリティが低くなる傾向がある。慢性疾患がそのよい例だ。乾癬《かんせん》や潰瘍《かいよう》性大腸炎のように、不快で口に出すのが憚《はばか》られる症状に苦しむ患者を大勢見つけて、近づこうとするのは難しい。一般的に、これらの症状に苦しんでいる人々は一堂に会したり、同じものを読んだりしない。多くの人々は団体に入って、世間的に患者だと認識されることを避けるので、探し出して直接話をすることは困難なのだ。

その一方で、医師はもっとアドレサビリティが高い。医師は患者の住所や電話番号が載ったリストを持ち、新しい提供品について製薬会社の販売担当者に会おうという気持ちがあり、実際に会うことも可能だ。また、それぞれ多くの患者を診断し、処方薬の門番の役割を果たしている。だからこそ、製薬会社が医師向けのマーケティング活動に多くの時間や資金を投じるのである。

インターネットによって、多くの市場のアドレサビリティは劇的に改善された。デリケートな病状の人々は、匿名でインターネットに関する情報を捜す可能性が非常に高いが、そこでは広告を通してアドレス指定が可能だ。ブログ、掲示板、健康情報ポータルサイトWebMD.comのデータベースは、知らない人同士で自分たちの経験や知識を互いに共有しやすくしている。こうしたアドレサビリティの低い市場は、以前にも増してアクセスしやすくなっている。

新しい提供品を開発中なら、アドレサビリティが大きな関心事となる。選択肢があるなら、あちこちに行って直接売り込んだり、もともとアドレサビリティが高くない顧客や希望しない顧客に呼びかけたりするよりも、アドレサビリティの高い顧客に特化して何らかの取り組みをしたほうが、はるかによい。

ある提供品に注力する前に、アドレサビリティの高い市場で事業を行う選択をすれば、大々的な宣伝活動で破産することなく、提供品を市場に売り出すことが大幅に簡単になるだろう。

願望 Desire

だけど、あれがどうしても欲しいの!!
——あちこちで見かける二歳児たち

効果的なマーケティングによって、潜在顧客はあなたが提供するものを欲しくなる。潜在顧客をその提供品に大枚をはたこうという気にさせるためには、欲しいと思ってもらう必要がある。潜在顧客が理屈抜きで欲しいという感覚を生み出せないマーケティング活動は、時間と資金の浪費だ。

願望を生み出すことは、大半の人々を不快にさせるマーケィング活動でもある。わからなくもない。大衆文化は、陰の仕掛け人としてのマーケターが繰り出すイメージに心を奪われ、集団催眠術をかけて、本当は欲しくもなく必要でもないものを欲しいと思わせる。これはまるっきり見当違いなことだ。

現実は、まったく望んでいないものを欲しがらせることはほぼ不可能だ。提供品について歪めて伝えたり、提供できないことを約束したりして、汚い操作をすることは可能だが、それで洗脳できると誤解してはいけない。人々に望んでいないことを望むように仕向けても、数百万ドルもの広告予算が一気に無駄になるだけだ。人間の心というものは、そんなやり方では決して動かされない。私たちは、既にある程度欲しいと思っているものを買うだけなのだ。

効果的なマーケティングの本質は、人々が欲しいと思っているものを発見し、既存の願望と交差する方向であなたの提供するものを示す。教育ベースの販売（後述）と、最高のマーケティングは似ており、潜在顧客に彼らの希望に対してその提供品がどう役立つかを示す。マーケターの仕事は、自分たちの提供品を欲しくなるように人々に説得することではない。本当に望んでいるものを手に入れるために、その提供品が役立つことを潜在顧客が自ら納得するように助けることだ。

では、人々は何を望んでいるのだろうか。中核となる人間の欲動が、最も基本的なレベルで市場が求めているものを発見する出発点として役立つことは、既に見てきた通りだ。自分が提供するものと、より多くの欲動とを結び付けられるようになるにつれて、マーケティング活動の効果は高まる。

ビジュアル化 Visualization

やる仕事がわかっているときに、邪魔をするな。
――ヘンリー・J・カイザー（カイザー・パーマネント創業者、現代造船業のパイオニア）

自動車ディーラーの敷地に足を踏み入れたとたんに、あなたに応対する販売員には一つの明確な目的がある。あなたを説得して、ハンドルを握らせ、試運転をさせることだ。

試運転は、車を正当な理由で売るために世界中で用いられてきた方法で、実際にうまくいく。販売員にとって、その日のうちにその車を購入するよう、あなたを説得する上で最も効果的ツールなのだ。

実際に、車を運転してみるまでは、購入対象品を客観的に捉えるのは極めて簡単だ。作り、モデル、特徴、価格を理性的に比較できる。今すぐに何か買おうとするのではなく、「見ているだけだ」と思っていられる。

しかし、ひとたびハンドルを握ると、心の感情的な部分が働き始める。この車を手に入れると、どんな生活になるだろうかと想像し始めるのだ。馬力や加速度を冷静に比較する代わりに、エンジンのパワーや容易なハンドリングが実感され、魅力的な車を私道に入れたときの近所の人々の尊敬（や嫉妬）のまなざしも想像できる。

そうなると、比較するのをやめて、欲しくなり始める。いったん欲しいと思い始めれば、おそらく買うことになる——買うのは、もはや時間の問題にすぎない。

B&Hフォトビデオは、異なる市場で同じ戦略を用いている。同社のマンハッタン・スーパーストアの通路を歩き回ることは、極めて感覚に訴えかける経験となる。買うのを検討しているカメラの重さを感じ、どのくらい速く焦点が合うかを見て、シャッター音を聞くことができる。それでもまだ、手の届く範囲にある何百種類もの他の商品と、それぞれのカメラの感触を比較することができる。B&Hが最も成功したカメラ小売業者の一つとなっているのは驚くまでもない。いくつかのカメラで試した後で、その一つを家に持ち帰りたいという衝動を抑えることは非常に難しい。

人々が何かを望むようにさせる最も効果的な方法は、いったんあなたが提供するものを受け入れたら、自分たちの生活がどうなるかを**ビジュアル化**させることだ。メンタル・シミュレーションの項目で後述するが、私たちの心はもともと、とった行動の結果を自動的に想像するようになっている。潜在顧客が前向きな経験を想像するように促すことで、この生まれつき備わった性質を効果的に利用できる。購入後に自分たちの人生がどうなるかを**ビジュアル化**するよう潜在顧客を促せば、彼らがあなたから購入する可能性は高まる。ビジュアル化を助ける最高の方法は、顧客の心が「これが欲しい」と結論づけるのに役立つ感覚情報を、できるだけ多く顧客に経験させることだ。

フレーミング　Framing

私たちが聞くことはすべて意見であって、事実ではない。私たちが見るものはある見解であって、真実ではない。

——マルクス・アウレリウス・アントニウス（第一六代ローマ皇帝）

心理学者のA・ドバスキーとダニエル・カーネマンが行った有名な実験に、六〇〇人の患者の治療法を決定するというものがある。被験者には、次の二つのオプションが提示される。

- 治療法Aは二〇〇人の命を救う。
- 治療法Bは六〇〇人全員を救う可能性が三三％あり、誰も救わない可能性が六六％ある。

治療法Aと治療法Bは数学的に等しく、統計上の期待される結果に違いはない。しかし、結果には心理的な選好がはっきりと認められた。被験者の七二％は治療法Aを選び、治療法Bを選んだのは二八％だった。

その後、選択肢を別の二つの治療法に変更して実験が繰り返された。

●治療法Cでは四〇〇人が死亡する。
●治療法Dは、誰も死なない可能性が三三%、六〇〇人全員が死亡する可能性が六六%ある。

すると、圧倒的多数の被験者（七八%）が治療法Dを選好した。

留意してほしいのが、治療法AもCも統計学的には同等なのに、治療法Aが圧倒的に選好されるのに対し、治療法Cはまったく選好されないことだ。たとえ期待される結果が完全に同じだったとしても、死亡者数と救える命について考慮すると、意思決定者の選好が大きく変わった。損失への嫌悪感（後述）が一つの理由だが、ここでは、さまざまなメッセージを強調することで、どう結果が変わるかに絞って考えてみたい。

フレーミングとは、極めて重要な詳細を強調する一方で、特定の事実を最小化するか、完全に無視して、重要でないものをあまり強調しないようにする行為だ。フレーミングを適切に用いることで、顧客の時間と注意を尊重しつつ、説得力を持って自分の提供するものを示せるようになる。

フレーミングは、コミュニケーションにおいて自然なことだ。どのようなメッセージでも何らかの形で要約することは避けられない。事実とコンテクストをすべて含めるのは単純に現実的ではないので、一部の詳細を強調し、他の部分を切り捨てて、時間を節約することになる。やむを得ずにフレーミングが用いられるのだ。もしもフレーミングを用いなければ、他者に最も単純な情報を伝える場合でさえ、大量の時間を要することになる。ピザを注文するときに、電話先の相手に、希望のサイズとトッピングだけでなく、どうやってその店の電話番号を知り、この特別な晩に、ピザを食べたい気分になったのかを長々と話していけば、二時間はかかるだろう。

フレーミングはコミュニケーションで絶えず行われることなので、意識を向けてみると役に立つ。強調しているものと最小化しているものに留意すれば、明確で簡潔なやり方で自分の提供品の便益を潜在顧客に伝えられ、最も説得力を持たせられる。

フレーミングは嘘や欺瞞と同義ではない。誠実さは、道徳的な観点からだけではなく、常に最高の指針となる。あなたが提供品について歪めて伝えれば、短期的には売上高が少し伸びるかもしれないが、潜在顧客の期待を裏切り、満足度を低下させ、あなたの評価を永遠に損なう可能性が劇的に高まる（「期待効果」を参照）。

顧客に知る権利があるという情報を無視するのでもない限り、フレーミングを効果的に使ったほうが、有望な買い手に提供品の便益を説得力のある形で伝えることができる。

無料 Free

誰にも何も請求しなければ、確実に利益は得られない。注意を得ることは、支払ってもらうこととは同じではない。
――ジョセフ・フェラーラ（弁理士）

速やかに注意を引きつけたいなら、価値のあるものに課金をすることだ。

人々は**無料**で何かが手に入るという約束が好きだ。あなたもおそらく、スーパーマーケットで無料の試食品をもらう、一定の時間中は無料で製品やサービスを試せる、といった案内を目にしたことがあるだろう。少なくとも、こうした無料の提供品をきっかけに、いつもより多く買ったこともあるのではないだろうか。無料で価値を提供することは効果的なので、存在し続ける。無料にした部分の価値は、それを提供することによって生じる売上高の増分で埋め合わせればよい。

私がビジネス教育やコンサルティングを始めたときには、ウェブサイトに自分の研究や文書を無料で公開した。その結果、何十万人もの人々が「パーソナルＭＢＡ」を見つけて（または参照して）、その情報から恩恵を得て、有用な情報源として私を信用するようになる。彼らはしばしば、電子メールでさらに役立つ無料情報を提供し続ける許可を私に与えてくれる。

私は定期的に、潜在顧客からの電話での無料相談を受け付けている。彼らの側に何の義務もなく、私も何ら隠すことはない。この申し出をするたびに、私は何百回も質問を受け、多くの新しい興味深い人々と知り合う。「無料サンプル」を受ける人々のかなり多くが有料顧客となり、「無料で」私の教育や事業のコンサルティングの基盤になっている。

多くの場合、純粋に無料で価値を提供することは、迅速でかつ効果的な注意を引く方法だ。事前に役立つものを無料で提供することで、潜在顧客の注意を引き、彼らにあなたが提示する価値を実際に経験する機会を与える。この戦略をうまく用いれば、そうしなかった場合には得られない売上高がもたらされる。

無料の価値は注意を引くが、注意だけでは請求書を支払ってくれないことを常に忘れてはならない。

「口コミ」という誘惑の多い言葉によって、多くの事業主が事業の中で利益を生み出している部分を確立し改善していくことよりも、注意を引く活動にばかり注力し続けてしまう。注意は、お金を払ってくれる顧客を引きつけるために必要だが、せっかくの注意が売上高にまったく結び付かなければ、事業を維持することはできない。

最高の結果を出すためには、本当にお金を払ってくれる顧客を引きつける可能性を高める、真の無料の価値を提供することに集中しなくてはならない。

許可（パーミッション）　Permission

実際にあなたの話を聞きたい人々に販売したほうが、そうでない人々の邪魔をするよりも効果的である。

――セス・ゴーディン（『パーミション・マーケティング』〔海と月社、二〇一一年〕著者）

私はとんでもないことをしてしまった。電子メールのアカウントでスパム・フォルダを開けてしまったのだ。そのフォルダには一五五五件の未読メールが含まれており、そのほとんどが次のような内容だった。

「ロシアの情熱的なベイビーがあなたと話したがっています！」

「〈バイアグラ〉をオンラインで買ってください！」

「すぐに抜け毛をなくしてください！」

私はこうした電子メールを求めたことはない。私が望もうが望むまいがお構いなしに、送り手はただスパムを送りつけてきた。「ロシアの情熱的なベイビー」と話すことに興味はないし、〈バイアグラ〉の闇市場にも用はないし、禿げていたっていいのだ。

私がこうしたメールに返事をするはずがなく、読む可能性もほとんどない。それどころか、私は必死に注意を払うまいとし、押しつけられても買うことは絶対にありえない。

残念ながら、多くのビジネスパーソンは、スパムのアプローチが注意を得る最良の方法だと思い込んでいる。頼んでもいない電話、プレス・リリース、マス市場向け広告、「居住者」宛てダイレクトメールは、最もよくある適法のスパムめいたものだ。ほんの一部の人が反応するのを願って、差別化せずに大勢の人々に向けて標準メッセージを適用するのだから。

テレビやラジオの広告の導入当初は、コマーシャルによる中断は実際に効果があった。チャンネルが三つだけだった頃は、コマーシャルの合間に、実際に注意を払ってもらえる可能性が高かった。三大ネットワークのゴールデンタイムに三〇秒間の広告枠を買えば、一日でテレビ視聴者の九〇%に到達できた。

現在、終わりのメッセージを無視したり、他のものに注意を移すなどして、注意を向けたくないものを完全に取り除く力を人々は持っている。関心のない話が始まったとたんに、潜在顧客は去っていく。

無料の価値を提供した後にフォローアップするために**許可（パーミッション）**を求めることは、中断することよりも効果的だ。本当の価値を提供して、潜在顧客の注意を勝ち取り、許可を求めることにより、あなたの提供するものに興味があるとわかっている人々とのコミュニケーションに専念する機会が持てる。

許可は現実的な資産となる。新しい人々にリーチすることは、難しく、高くつく傾向がある。既に知っている人をフォローアップするほうが、はるかに簡単だ。ただ電子メール、手紙、電話を用いればよく、どれも簡単で安価に利用できる。新規の潜在顧客にフォローアップする許可を求めるなら、顧客へのリーチ活動を最大限に活用できている。

許可を得るための最良の方法は、聞いてみることだ。人々に価値を提供するときには常に、将来的にもっと価値を与え続けることに承諾するかと聞くとよい。時間とともに将来の潜在顧客のリストが溜まり、その量が増えていくほど、売上高が増え始める可能性も高くなる。

許可が得られれば活用してよいが、その特権を濫用してはならない。フォローアップの許可を得ることは決して、彼らに好きなものを送りつける自由裁量権が与えられた、ということではない。潜在顧客にフォローアップの許可を求める前に、彼らが受け取っているものや、そこから得られる便益を明らかにしなくてはならない。

潜在顧客に絶えず価値を提供し、無関係な情報をばらまかないようにして約束を守っていこう。そうすれば、自分の提供品に興味を持っている人々と、より深い関係を築く上で助けとなる強力な資産が持てるだろう。

フック　Hook

自分にできることなら、それは自慢ではない。
——ディジー・ディーン（殿堂入りした野球選手）

複雑なメッセージは無視されるか、忘れられてしまう。有望な買い手は忙しく、毎日、降り注いでくる情報のすべてに注意を払っている時間はない。あなたが何者で何を提供しているかを覚えてもらいたいなら、ほんの数秒で、人々の注意をがっちりとつかまなくてはならない。

フックは、一節や一文で提供するものの主要な便益を説明したものだ。タイトルだったり、短いうたい文句だったりする。どんな形であれ、あなたが売っているものが欲しくなる理由を伝えるものだ。

出版業界のフックの古典的な例は、ティモシー・フェリスの本のタイトル『なぜ、週4時間働くだけでお金持ちになれるのか?』(青志社、二〇〇七年)に見ることができる。このタイトルは、いくつかの興味をそそる便益を示唆している。①四時間というのは、ほとんどの人の労働時間よりも短い上、ほとんどの人はあまり働きたくないと思っている。②週四時間で、週四〇時間以上かけるよりも、多く稼げる可能性がある。③長く働かないなら、その時間を他の好きなことに使うことができる。短い四単語(原題はThe 4 Hour Workweek)が伝える内容としては、なかなかのものだ。熱帯の浜辺のハンモックでくつろいでいる人の姿を示した本のカバーと相まって、このタイトルは、その本を買って読むように人々を説得するのに成功している。

アップルは〈iPod〉を投入するために「ポケットに一〇〇〇曲を(1,000 songs in your pocket)」というフックを用いた。当時、携帯用音楽プレーヤーはかさばるCDとカセット・プレーヤーで構成され、初期のMP3プレーヤーの広告は「メガバイトのディスク領域」というようにマニア用語ばかりだった。アップルのフックは、何百ものテープやCDを持ち歩く代わりに、すべての音楽コレクションを一台のエレガントな装置で運べるという、主要な便益を訴求していた。

アップルの五単語のうたい文句は驚くべき成果を収めた。一年も経たないうちに、第一世代の〈ｉＰｏｄ〉は二三万六〇〇〇台売れた。同社にとって初めて携帯用音楽カテゴリーに進出したことを考えると、見事なスタートだ。このフックが注意をわしづかみにし、製品の品質が販売を後押しした。

フックを作るときに大切なのは、主要な便益や価値に集中することだ。提供する独特な価値と、潜在顧客が関心を持つべき理由を強調する。ブレーンストーミングで主要な便益に関連した語句をリストアップして、短い文章でそれをつなぐやり方をいろいろと試してみるとよい。フックの作成は創造的な活動だ。オプションをたくさん持つほど、効果的なものがより早く見つかるようになる。

ひとたびフックを作ったら、それを使ってみよう。ウェブサイト、広告、名刺に用いて、潜在顧客の目に最初に飛び込むようにする。フックは注意をつかみとり、残りのマーケティングや販売活動によって取引成立に持ち込む。

フックが優れているほど、もっと多くの注意を引きつけ、満足した顧客が友人にあなたの話をしやすくなる。

CTA（行動の喚起） Call-to-Action

私に考えさせないでくれ。

——スティーブ・クルーグ（ユーザビリティの専門家）

潜在顧客の注意を引きつけても、彼らが消えてしまえば役に立たない。販売を成立させたいのであれば、潜在顧客に何らかの行動をとるよう導く必要がある。

潜在顧客はあなたの心を読んではくれない。彼らに次のステップをとってもらうためには、あなたから働きかけて、次に何をするべきかをきちんと話す必要がある。最も効果的なマーケティング・メッセージは、受け手や潜在顧客に、次にとるべき行動を一つだけ、非常に明確で、非常に端的に示している。

「トニーのハンバーガーは最高」と書かれた道端のビルボードについて考えてみてほしい。そのメッセージを見た人は何をするだろうか。おそらく何もしないだろう。そのビルボードは、どうやら時間と金の浪費でしかない。

「町一番のハンバーガー屋に行くために、二五番出口を出て右折してください」というように行動を喚起する指示を出せば、すぐに、トニーはより多くのハンバーガーを空腹の旅行者に提供できるだろう。

CTA（行動の喚起）は、一つの単純で明白な行動をとるように潜在顧客を導くことを言う。ウェブサイトに来てください。メールアドレスを入力してください。ある電話番号に電話してください。切手を貼り自分宛の住所を書いた封筒を送付してください。ボタンをクリックしてください。ある製品を購入してください。友人に話してください、というように。

CTAを効果的に提示する鍵は、自分でも実際にできるくらいに、明確で、シンプルで、疑う余地のないものにすることだ。提案が明確であればあるほど、潜在顧客があなたの示唆することを実際に行う可能性は高まる。

ニュースレターの申込で、電子メールのアドレスを入力するように促す場合、複数回その言葉を繰り返し、アドレスを入力する場所、入力すべき理由、入力後にクリックする場所、入力時に想定される出来事がすぐわかるようにしておく。そんなのは当たり前だと思う人は、きちんとやっているのだろう。

最高のCTAは、販売あるいはフォローアップの許可を求めて直接頼むことだ。自分のマーケティング活動は費用対効果がよいかどうかが簡単にわかるので、直販が最も適している。次善策は許可を求めることで、時間をかけて潜在顧客をフォローアップできるので、マーケティング経費が大幅に減少し、最終的に売上高にもつながる可能性が高まる。

作成するメッセージ全体で、はっきりとCTAを示すようにしよう。そうすれば、マーケティング活動の効果は劇的に高まるだろう。

物語　Narrative

すべてのことの物語。
――ウィリアム・ワーズワース（詩人）

有史以来、人々は**物語**《ストーリー》を話してきた。物語を話すことは一般的な人間の経験であり、物語は常に取引行為に用いられてきた。よい物語は最高の提供品をさらによくすることさえある。世界中で最も説得力のある物語は共通の型に従っている。

世界的に有名な神話作家のジョーゼフ・キャンベルは、この典型的な筋書きを「ヒーローの旅」あるいは「モノミス（Monomyth）」と呼んだ。世界中の人々はこの物語のモチーフに非常に強く反応する。この基本型を使って、自分自身の物語を作って話せばよい。

ヒーローの旅は人物紹介から始まる。日常生活で苦難の絶えない平凡な人物だったヒーローがその後、「冒険への召喚」を受ける。挑戦、探求、責任が課せられ、乗り越えていくために、普段の自分を超えて、スキルや能力を磨いていかなくてはならない。

召喚されたヒーローは、日常の経験を離れて、不確実性と冒険の世界に入っていく。一連の並はずれた経験を通して新しい世界へと誘われた彼らは、最終的な成功を追求していく中で、幾多の試練を経て、多くの秘密を学ぶ。

逆境に粘り強く向き合い、敵を打ち負かした後に、ヒーローは強大な能力やパワーを得て、その知識、知恵、財宝を人々と共有するために、通常の世界に戻っていく。その見返りに、ヒーローはすべての人々から尊敬や称賛を勝ち取る。

顧客はヒーローでありたいと思っている。尊敬や賞賛の対象となり、力強く、成功し、逆境に直面したときも強い意志を持っていたいと思っている。先行して敵を打ち負かした他の人々の試練や苦難によって、刺激を受けたいと思っている。潜在顧客が検討している道を既に歩いた人々の話を語ることは、先に進むことに興味を持ってもらうための強力な手法となる。

証拠、事例研究、その他の物語は、潜在顧客があなたの「冒険への要請」を受け入れてもらう上で非常に効果がある。過去の顧客の物語で潜在顧客の注意を引き、彼らが求めているものを実現するための道を示す。物語がより鮮明で、明快で、情感にあふれ、説得力があればあるほど、より多くの潜在顧客を引きつけることができる。

潜在顧客が聞きたいと思っている物語を話そう。そうすれば、きっと彼らの注意を集めることができる。

論争 Controversy

聞き手が欲しいなら、喧嘩を吹っ掛けろ。
——アイルランドのことわざ

論争とは、誰もが同意や承認や支援するとは限らない立場を公然ととることを意味する。論争を建設的に用いれば、注意を引く効果的な方法となりうる。あなたの立場について人々が話したり、関与したり、注意を向けたりし始めるので、非常によいことだ。

本書も、建設的な論争の力を使ったよい例だ。本書は基本的なビジネス原則、つまり、ビジネスで成功するために理解しておく必要があるものを取り上げている。従来のMBAプログラムに参加して将来の所得を抵当に入れなくても、ビジネスに関して知っておくべきことが誰でも自主的に学べると、私は固く信じている。

一部の人々、特にアイビーリーグのビジネススクール・プログラムの修了者は、そうした見方に対して強く反対する。MBAホルダーとその候補たちはしばしば、反対意見を声高に主張し、自分自身のウェブサイトでビジネス教育に関する本書のアプローチを非難したり、私のウェブサイトにコメントを残して、意見の相違を公表したりする。

　それは悪いことではない。こうした穏当な論争のレベルが保たれることで、本書は広告費を払うことなく、何年も読者を増やしてきた。中傷者が自らの考え方を知らせることにより、従来のビジネススクール・プログラムに代わるものの存在を知らなかった人々に「パーソナルＭＢＡ」という言葉を広めてくれる。

　論争をきっかけに、多くの新しい人々が「パーソナルＭＢＡ」を調べ吟味し、役立つかどうかを自分で判断するようになる。少なからぬ人々が留まり、私の提供する無料コンテンツを読み、その後、本を購入したり、研修に参加したり、私にコンサルタントを依頼したりしようと決意する。中傷者が礼儀にかなったやり方をとる限り、私にとって意見の相違は歓迎すべきことなのだ。

　ある意見を持ち、強い姿勢をとる分には問題ない。誰でも、他の人々に自分を好きになってもらいたいと思うのが自然な傾向なので、意見の相違は往々にして不快なものだ。異論のない状態にしようと、気分を害す人のいない地点に自分の意見をやや曲げるのは簡単だ。だが、自分の立場が誰にとっても望ましい場合、退屈すぎて誰もあなたに注意を払わなくなる。

　他の人が誰も支持しない立場を支持するのも構わない。論争が議論を生み出すので、誰かと意見が合わなかったり、発言を呼び掛けたり、何かについて自分の立場を示してもよい。議論は注意であり、あなたの行動から恩恵を得る人々を引きつけたいなら、それは非常によいことだ。

　だからといって、すべての論争がよい論争であるとは限らない。建設的な論争と茶番劇との間には、微妙な境界線がある。目的のある論争は有益だが、論争のための論争や、相手を見下し貶めるための論争はそうではない。自分の行動の背後にある目的を見失ってしまえば、論争は役に立たない。

何のためにしているかという大局観を維持できている限り、論争を少しだけ生み出すことは、あなたの行動について詳細な情報を人々が探し始めるきっかけとして、非常に効果的なツールになるだろう。

評判 Reputation

好もうと好むまいと、市場の認識があなたの現実となる。
――ハワード・マン（俳優、コメディアン）

私見になるが、「ブランディング」は現代の実業界で最も使い古され、宣伝されすぎた概念の一つだ。ブランドの構築は摩訶不思議なことでも、複雑なことでもない。「ブランドを強化する」、「ブランド・エクイティを構築する」ことを望んでいると、ビジネス・プロフェッショナルが口にするときは、ほとんどの場合「評判を改善すること」を意味している。

評判は、人々が特定の提供品や企業について一般的に考えていることだ。人々が互いに話し合うときにはいつも、自然に評判が生まれる。価格に見合った価値のある製品やサービスもあれば、そうではない製品やサービスもある。貴重な経験もあれば、それほどでもない経験もある。一緒に仕事をするのに適した人々もいれば、そうでない人々もいる。誰もが自分の時間やお金を無駄にしたくないので、自分が興味を持っていることへの他者の発言には細心の注意を払う。

確固たる評判を築くことは非常に重要だ。人々はしばしば、よい評判に対してプレミアム（割増料金）

を払ってもよいと思っている。洗剤〈タイド〉や歯磨き粉〈クレスト〉のような有名な消費財ブランドが、日用品カテゴリーの中でプレミアム価格を請求し続けられる理由の一つは、その評判の高さにある。潜在顧客は、買い物の検討対象が自分のためになり、他者が自分の判断を高く評価し、お金の浪費ではないことを確信したいと思っている。古くから言われているように、「IBMのものを買っておけば、誰も首になることはない」のだ。

評判は自分で直接コントロールできないことを、肝に銘じておくことが大切だ。評判とは、発売する製品、宣伝に使う広告、提供するカスタマーサービスなどの全活動に対して、他の人々が考えていることの総計である。どれほど頑張っても、自分の評判を直接「管理」することはできない。せいぜいできるのは、あなたとの取引を選んだことを人々が喜ぶようにすることで、時間をかけて評判を高めていくようにするくらいだ。

市場は評判の最終決定者であり、常にあなたの行動を監視していることを忘れてはならない。素晴らしい評判を形成すれば、顧客はあなたを高く評価する（そして、よい製品やサービスについて友人に話すことは、顧客自らの評判を築く方法となる）ので、あなたとの取引を持続させ、友人にあなたの話をしてくれる。評判形成には時間と労力がかかるが、それは最も効果的な部類のマーケティング活動となる。

SALES

第4章 販売

売りつけられて嬉しい人はいないが、みんな買い物するのは好きだ。
——ジェフリー・ギトマー（『セールスバイブル』〔イースト・プレス、二〇〇七年〕著者）

成功したビジネスはいずれも、提供すべきものを最終的に**販売**している。何百万人もの潜在顧客がいても、最終的に財布を開いて「これを買います」と言ってくれる人がいなければ十分ではない。販売プロセスは潜在顧客で始まり、お金を払ってくれる顧客で終わる。販売なしにビジネスは成り立たない。

世界最高の企業は、潜在顧客の信頼を獲得し、なぜその提供品にお金を払う価値があるかを理解させている。間違った意思決定や利用されることなど、誰も望んでいない。したがって、潜在顧客にそれが重要だという理由を理解してもらい、実際に約束を果たす能力があると納得してもらうことで、ほとんどの販売は成り立っている。

心躍らせている新規顧客が生まれ、入金されて銀行の残高が増えれば、販売プロセスは終了する。

商取引 Transaction

ボスは一人だけで、それは顧客だ。
顧客はただどこかでお金を使うだけで、会長をはじめとして社内の誰でも解雇することができる。
——サム・ウォルトン(ウォルマート創業者)

商取引は、複数の当事者間での価値の交換のことだ。相手が欲しいと思うものを自分が持っていて、相手も自分が望んでいるものを持っていて、互いに取引に合意するなら、双方にとって都合がよい。

商取引は、すべてのビジネスの決定的瞬間だ。販売は、その事業に資源が流入するビジネス・サイクルの唯一の時点で、そのためには取引を成立させることが極めて重要になる。企業は費やした以上のお金を生み出すことで存続していくので、取引が成立しない限り、それを実現させる手段はない。

商取引が可能なのは、経済的に価値があるものが存在するときのみだ。潜在顧客が欲しがるものを持っていなければ、何も買ってもらえない。わかりきったことかもしれないが、驚くことに、市場の求めるものを持たずに参入してくる有望な実業家がどれほど多いことか。だからこそ、MEVO(経済的実現性のある最小提案）を開発し、テストすることが非常に重要になってくる。それは、全財産を投じる前に、売れるだけの価値があるものを創り出せたかどうかを判断する最良の方法だ。

新規事業を始めている場合、できるだけ早く最初の有益な商取引にこぎつけることを目指していく。それが、プロジェクトを事業へと移行させるときの勘所となる。本章の例や概念は、当事者双方が満足する有益な商取引を創出させるのに役立つだろう。

信頼 Trust

人生の秘訣は誠実さと公正な取引だ。それをねつ造できれば、成功したのも同然だ。

——グルーチョ・マルクス（コメディアン）

私から一つ提案しよう。あなたが今すぐに一〇万ドルの支払保証付き銀行小切手を送付すれば、一〇年のうちに、イタリアのアマルフィ海岸の真新しい三〇〇〇ヘクタールの別荘の鍵を渡そう。別荘のモデルルームは見ることはできない。別荘の準備が整うまで私からの連絡はなく、払戻しもまったくない。この条件でどうだろうか。

掃いて捨てるほどお金があり、よほど信じる気持ちが強い人でもない限り、おそらく承諾しないだろう。結局のところ、そんなにわずかなお金で、私が海辺の大邸宅を建てられると、どうして確信できるだろうか。私がそのお金を持ち逃げしないと言い切れるだろうか。

もちろん確信できないだろう。したがって、見たことのない地中海の別荘のために、あなたが私に（そして、ほかの誰にも）小切手を切るはずがない。

状況を反転させてみよう。私はこの別荘を建てることができ、あなたも購入に興味を持っていると仮定する。あなたに代金を払うだけの資金力があると確信する前に、私が土地を購入し建築に着工することは、賢明だろうか。おそらく違うだろう。取引が不成立に終わったなら、私は別の顧客を見つけるか、かかった費用をかぶらなければならない。

当事者間で特定の**信頼**なしには、商取引は実現しない。たとえどのような約束をしようとも、どれほどその取引がよさそうであっても、相手が約束したものを届けられると思わない限り、顧客は苦労して稼いだお金を手放す気持ちにはならない。同様に、知らない顧客からクレジットや借用証書をもらわないのは一般的に賢明なこととは言えない。

公正かつ誠実な取引によって、時間をかけて信頼できるという評判の形成は、信頼づくりにおいて最良のやり方となる。一歩踏み込んで、自分が信頼に値するというシグナルを送ってもよい。商取引の際に、当事者間に当初、信頼関係がない場合には、信用調査や身元調査サービスを行う会社や、エスクロー（第三者委託）勘定のような資金契約が役立つ。こうしたものを提供することは、販売成立に対する大きな相互の障壁を壊すもので、こうしたサービスがないと、多くの商取引は成り立たない。

自分が信頼できることを示し、相手も信頼できることを確かめるのが容易になればなるほど、商取引が成功する可能性は高まる。

共通基盤 Common Ground

妥協とは、自分が一番大きなケーキをもらったと、すべての人が思うような方法で、ケーキを分ける技術だ。

――ルートヴィヒ・エアハルト（政治家、旧西ドイツ元首相）

共通基盤とは、複数の当事者間で利益が重なっている状態を指す。

利用可能なオプションを、自分を取り囲む円として考えてみてほしい。潜在顧客も利用可能なオプションの円を持っている。あなたの仕事は、円が重なるところを正確に見つけることだ。有望な買い手が欲しがっているものや必要とする理由について理解すれば、それは非常に簡単だ。

現職や過去の仕事の例で考えてみよう。おそらく、あなたは特定の責任を引き受けてもよいと思ったのでその仕事を引き受けたはずだ。そして、雇用主はあなたにその仕事をしてもらうことに興味を持っていた。あなたは特定の金額が支払われることに興味があり、雇用主も少なくともそれなりの金額を払おうと思っていた。このように両者の利益が重なり、その結果、その会社で仕事が提供され、給与の支払いが行われるようになったのだろう。これが共通基盤というものだ。

小売業者から何かを購入するたびに同じことが起こる。小売業者は、あなたが所有したい商品を持っている。そして、小売業者がその商品で受け取りたいと思っている一定のお金をあなたは持っている。あなたがその商品を望まなかったり、あなたが支払おうと思うよりも高い金額を小売業者が求めたりすれば、取引は成立しない。

共通基盤は、あらゆる種類の商取引の前提条件となる。利益が重なり合う部分がなければ、潜在顧客があなたと協力することを選ぶ理由はない。結局、自分にとっての価値以上のものに、より多く支払うことは道理に合わない。それが最大の関心事でないなら、潜在顧客があなたの提供品を受け入れることなど期待できるはずがない。

関心事を揃えるために、共通基盤を見つけるのは極めて重大だ。販売とは、最大の関心事ではないことをするよう誰かを説得することではない。理想的には、あなたの求めているものが、まさに潜在顧客が欲しがっているもの、つまり、要望の充足や問題解決という状態だ。あなたの関心が高いほど潜在顧客との調和がとれるようになり、欲しいものをあなたが提供する能力に対して信頼感が高まる。

取引を成功させる道は常に多数あり、それが交渉の本質と言える。交渉は、共通基盤を見つけるために、異なるオプションを探すプロセスだ。とれそうな道を多く探すほど、利益が重なるところが見つかる可能性が広がる。とりうるオプションが開かれているほど、関係者全員が受容できる共通基盤となる領域が見つかる可能性は高くなる。

プライシング不確実性の原則 Pricing Uncertainty Principle

人生で望むものにはすべて、それに関連する価格がある。
物事をよりよくするために払う価格やそのまま保つために払う価格など、すべてのものに価格がある。
——ハリー・ブラウン（『Fail-Safe Investing〔絶対確実な投資〕』著者）

販売の最も魅力的な部分の一つは、**プライシング不確定性の原則**と私が呼ぶものだろう。すべての価格は任意で融通が効く。価格設定は常に高度な意思決定となる。小さな石を三億五〇〇〇万ドルで売ろうとするなら、そうすればいい。一時間後にその価格を四倍にしようと、〇・一ドルまで下げようと、あなたを止めるものは何もない。どのような価格であれ、制限なしに、いつでもどの水準にでも設定できる。

プライシング不確実性の原則は、重要でかつ必然的な結果を伴う。顧客が実際に受け入れるまで、提示価格を維持することができる。一般的に、人々は欲しいものをできるだけ安く手に入れることを好む（一部の顕著な例外については、「社会的シグナル」の項目で紹介する）。あなたの提供品を買うために、人々に高額を支払ってもらいたいなら、なぜその提供価格に見合う価値があるのかを示す必要がある。

ある石に三億五〇〇〇万ドルの値段をつけて、それを維持することは難しい。その石が長い立派な歴史を持つ、濃い青色の四五・五カラットのホープ・ダイヤモンドなら話は別だが。

ホープ・ダイヤモンドは現在、スミソニアンの国立自然史博物館が所有し、売りに出されていない。しかし、スミソニアンがホープ・ダイヤモンドを売ろうと決めたなら、容易に一〇億ドルの提示価格をつけられる。誰もそれを止めたりできない。

オークション（競売）はプライシング不確実性の原則が働く例と言える。常に価格は変化していき、どれだけ多くの人々が興味を持ち、各人がどれだけ払う気があるかに比例して価格は上昇していく。

オークションは一般的に、開始価格を安く設定し、潜在的な購買者に互い競い合えるようにすることで、再現しにくいものや市場に代替可能なものがない商品に真の市場価格を確立させる方法だ。したがって、通常ホープ・ダイヤモンドのような珍しい品は（仮に売り出されたとしたら）、オークションにかけられる。

これまでに販売された最も高価なダイヤモンド原石は、約五〇七・五カラットのカリナン・ヘリテージ・ダイヤモンドで、二五三〇万ドルで競り落とされた。[★1] 石としては、悪くない値段だ。

四つの価格設定方式 Four Pricing Methods

財政的な理由だけなら、貧乏よりは、金があるに越したことはない。
——ウディ・アレン（映画監督、脚本家）

仮にあなたが持ち家を売ることを考えているとしよう。プライシング不確実性の原則では、値付けはいくらでも可能だ。その家には固定の値札がついていないので、自分で設定しなくてはならない。なるべく高く売れればいいと思っているとして、どうすれば顧客が実際に受け入れてくれる最大価格を設定できるだろうか。

価値あるものについて、価格を裏づける方法は四つある。それは①**取替コスト**、②**市場比較**、③**ディスカウント・キャッシュフロー（DCF）と正味現在価値（NPV）**、④**価値比較**だ。この**四つの価格設定方式**は、顧客にとって潜在的にいくらの価値があるかを推定するのに役立つ。

●**取替コスト方式**では、「取り替えるためにどれくらいの費用がかかるか」と問い、その答えを価格の裏づけとする。家の場合は、「これと同じ家を建てるのに、いくらかかるか」という問いになる。隕石がその家を直撃して、後には何も残らず、一から建て直さなくてはならないと仮定すればいい。同じような土地を購入し、設計プランを作成するために建築家に金を払い、同一の材料を入手し、まったく同じ家を建てるために建設労働者を雇うとすれば、いくらかかるだろうか。経費を合計し、自分が費やした時間と労力に対するマージンを少し上乗せすれば、その家にどのくらいの価値があるかを見積ることができる。

取り替えコストはほとんどの提供品に用いられており、一般的に「コストプラス」の計算を行う。それを作るのにどれだけかかるかを算出し、希望のマークアップ（利幅）を加えて、適切な価格を設定する。

●**市場比較方式**では、「これと同じようなものがいくらで売られているか」と考える。家の場合、「この地域全体で、このような家は近頃いくらで販売されているか」という質問になる。周辺地域を探してみれば、自分の家と似ていて、過去一年以内に販売された家が何軒かあるだろう。どれも全く同じではないにせよ（寝室やバスルームが一つ多い、敷地が少し狭いなど）、それなりに似ている。

違いを調整した後で、そうした「類似の」家の販売価格を使って、自分の家にいくらの価値があるかを見積ることができる。

市場比較は、価格の提示に非常によく用いられる方法だ。似たような提供品を見つけて、それらの提示価格と比較的近い価格を設定する。

●**DCFとNPV方式**では、「時間とともにお金が生み出せるとすれば、いくらの価値があるか」と考える。家の場合、「しばらくの間、その家を賃借すると、毎月、いくらのお金がもたらされるか。一連のキャッシュフローの総額は今日、いくらになるか」と問うことになる。

賃貸料は毎月払ってもらえるので、非常に扱いやすい。賃貸料を一括で受け取った場合、一定期間の一連の賃貸料はいくらの価値があるかの計算は、DCFやNPVの公式★2を使えばいい。九五％の占有率で一〇年間、月二〇〇〇ドルでその家を賃借するとともに、次善の選択肢としてそのお金で七％の金利を稼げると仮定して、その家のNPVを計算すれば、その価値を見積ることができる。

DCFやNPVは、現在進行形でキャッシュフローを生み出せるものの価格設定のみに使われる。そのため、事業の売却や買収の際によく用いられる。その事業が毎月、より多くの収益を生み出せば出すほど、買い手にとってその事業の価値は高くなる。

●**価値比較方式**では、「これは特に価値があるか」と考える。家の場合、「この家のどんな特徴が、特定のタイプの人々にとって価値があるか」という質問になる。

仮に、その家の近くにはトップクラスの公立学校があり、近隣の環境も魅力的で安全だったとしよう。学齢期の子どもを持つ家族にとって、特に子どもたちをその学校に通わせたい場合、こうした特徴によってその家の魅力が増す。市場の潜在的な住宅購入者にとって、この特定の家は、レベルの低い学校区にある同じような家よりも価値が高い。

もう一例、エルビス・プレスリーが以前にその家を所有していたとしよう。特定タイプの人々、たとえばエルビス好きの富裕層にとって、この家は極めて価値がある。エルビスがかつてその資産を保有していたことによって、取り替えコストや市場比較やＤＣＦやＮＰＶ法による設定価格の軽く三～四倍になるだろう。あなたの提供品の独特な特徴や、特定個人にとっての何らかの特徴の価値を見ることで、しばしば非常に高い価格にすることができる。

価格比較は一般的に、あなたの提供品に対する最適な価格設定方法だ。特定グループにとってその提供品の価値が非常に高くなりうるので、結果的により高い価格に設定できるからだ。ほかにもベースライン方式などがあるが、売りたい相手にとってその提供品の価値がいくらになるかを見つけることに集中し、その後、適切な価格を設定しよう。

価値ベースの販売 Value-Based Selling

価格は、あなたが払うもの。価値は、あなたが得るものだ。

――ウォーレン・バフェット（投資家）

あなたはフォーチュン五〇のうちの一社にサービスを提供し、そのおかげでその顧客の売上高が年間一億ドル増えていると仮定しよう。あなたのサービスには年間一〇〇〇万ドルの価値があるだろうか。もちろんある。結局、現在の売上高のうち九〇〇〇万ドルを手放そうとする企業はいない。

この重要なサービスの提供にさほど費用がかからないとしたら、問題だろうか。もちろん問題ではない。そのサービスを提供するためのコストは年間でわずか一〇〇ドルだとしても、あなたは莫大な価値を提供しており、それはかなり高い価格をつける根拠となる。

ほとんどの法人向けサービスのコストが一万ドル以下だったとすれば、どうだろうか。それは、あなたが市場で他のサービスよりも多くの価値を提供し、高価格を完全に正当化できるということだ。

価値ベースの販売は、あなたの提供品が購入者にとって重要である理由を理解させ、強化させるプロセスだ。この前の項目で、価値比較が高価格を支える最良の方法となる場合が多いことに言及した。価値ベースの販売は、その価格を維持する方法となる。顧客にとって重要である理由を理解し、強化することにより、取引が成立する可能性と、顧客が払っても構わないと思う価格とが同時に高まる。

価値ベースの販売で大切なのは、話すことではなく、聞くことだ。ほとんどの人が販売について考えるとき、とにかく取引をまとめるのが最優先という、強引で言葉巧みないかさま師を思い浮かべる。胡散臭い中古車ディーラーの真似をしようものなら、最速で信用を壊し、顧客が望むものよりも自分の最終利益ばかり気にしているという印象を潜在顧客に与えるだろう。実際には、最も優れた販売員は、顧客が本当に望むものに熱心に耳を傾けられる人々である。

適切な質問をすることは、潜在顧客にとってその提供品が重要であることを確認する上で、最良の方法となる。ニール・ラッカムは販売をテーマとした古典的な書籍『大型商談を成約に導く「SPIN」営業術』（海と月社、二〇〇九年）の中で、販売で成功させるための四段階を解説している。①状況を理解する。②問題を特定する。③短期と長期の観点でその問題を明確にする。④ニーズと報酬を定量化する、つまり、その問題が解決した後に経験する顧客の財務的・感情的な便益を定量化する。成功している営業マンは、性急で強引な売り文句を並べる代わりに、潜在顧客が本当に欲しいものの核心をつかむために、詳細な質問をすることを重視する。

潜在顧客のニーズをいろいろと語ってもらうことで、二つの大きなメリットが得られる。一つめは、あなたの状況理解度に対する潜在顧客の信頼が増し、あなたが解決策を提供できるだろう、という信頼感が高まることだ。二つめは、あなたの提供品の価値を強調しやすくなるような情報が見つかることだ。そうすれば、提供する価値に対して、その提供品の価格を組立てやすくなる。

あなたの提供品が顧客に対して、なぜ、どのように、どのくらいの便益をもたらすかを見つければ、彼らが理解し評価する観点で、その価値を説明することができる。顧客に提供できる価値を理解することは、儲かる販売の王道なのだ。

教育ベースの販売　Education-Based Selling

自分の商品ではなく、ユーザーをアップグレードせよ。「価値」とは、そのモノよりも、そのモノが可能にするものを指す。よりよいカメラを作るのではなく、よりよいカメラマンを育てよ。
——キャシー・シエラ（『Head First Java 第2版』〔オライリージャパン、二〇〇六年〕共著者）

コロラドへ引っ越す前に、妻のケルシーは、ニューヨーク市にある世界で最も評判が高いブライダルサロン、マーク・イングラム・ブライダル・アテリエの営業マネジャーを務めていた。彼女の仕事は、世界中の花嫁がこれぞというドレス——夢のような結婚式に着る完璧なドレスを探すのを手伝うことだった。

マーク・イングラムは、ブライダル業界のマーサ・スチュワート〔カリスマ主婦として有名なライフスタイル提案事業を行う実業家〕で、彼のファッション感覚は伝説となっている。彼の店には、オスカー・デラレンタ、モニーク・ルイエラ、リーラ・ローズ、ヴェラ・ワングによるドレスが並んでいる。マークの店のコンサルタントはとても有能なので、花嫁たちはほぼ必ず、最初に提示された三着のウェディング・ドレスのうちの一着を選ぶ。さらに、買い物経験とカスタマーサービスも申し分ない。マークの店では割引をしないが、花嫁たちは、たとえもっと安かったとしても競合他社からドレスを買わずに、マークの店を選ぶのだ。

大半のブライダルサロンと比較して、マーク・イングラム・ブライダル・アトリエは非常に高級ドレスを販売している。同社のドレスの平均販売価格は六〇〇〇ドルで、国内平均の四倍だ。販売を成立させるために、マークの店のコンサルタントは、花嫁（ならびに、しばしば支払いをする両親）に、そのドレスがその価格に見合う理由をきちんと理解してもらう。

別のサロンからもっと安いドレスを購入することは確かに可能だが、安いドレスは工程が省かれている。品質を落とした生地を使い、制作で手抜きをし、機械加工されたレースやビーズを使う。花嫁の身体にドレスを完璧に合わせるためには、仕立直しが欠かせない。マークのアトリエからドレスを購入すれば、世界最高の仕立屋チームに対応してもらえる。

このように、最もファッションにうるさい花嫁が確実に気にすることが気になり、懐にも余裕があるなら、マークの店でドレスを買うことに価値がある理由を理解するのは簡単だ。

教育ベースの販売は、潜在顧客をよりよく、より多くの情報を持った顧客にするプロセスだ。ケルシーは販売コンサルタントとして、二つのことに取り組んでいた。①花嫁をゆったりとくつろいだ気分にさせる。その後、②そのドレスがどのように作られ、買うときに見るべきポイントについて、もっと知ってもらう。

「販売が成立する」ように花嫁にプレッシャーをかける代わりに、ケルシーはいつも花嫁とその家族に、ファブリック、レース、ビーズ、デザイン、仕立直しの特徴を説明するために時間をとった。花嫁に理解を深めてもらうことに時間をかけたのだ。そうすることで、顧客がケルシーから高価なドレスを買う可能性は高まった。というのは、顧客は彼女が売っている商品の品質を十分に評価することを学び、彼女は顧客の信頼を勝ち取っていたからだ。

教育ベースの販売は、潜在顧客に前もって投資する必要があるが、それだけの価値はある。潜在顧客に賢くなってもらうことにエネルギーを注げば、あなたの専門知識に対して信頼を勝ち取り、それと同時に、よりよい顧客になってもらえる。しかし、効果的な教育をするためには、あなたの提供品が何らかの形で競合品よりも優れていなくてはならないことも警告しておく。そうでなければ、顧客を立ち去らせることになる。だからこそ、販売する価値のある提供品を確実に持たなくてはならない。

次善の代替案 Next Best Alternative

あなたは立ち去ることも厭わないと他の人が感じ取れば、あなたの交渉カードは強まる。（中略）時には「イエス」と言わないほうがよいこともある。
――ロバート・ルービン（銀行家、アメリカ元財務長官）

常に交渉では、合意に至らないときに、相手がとりそうな行動を知っていると役立つ。時には、合意に達することは絶対にありえない場合もある。共通基盤がなければ、それぞれ別の道をとるしかない。そうなったら、どうすればよいのだろうか。

次善の代替案は、交渉相手と共通基盤が見つけられない場合に行うことだ。たとえば、あなたは就職先を探していて、あなたの採用に興味を示した会社が三社あったとしよう。A社で働きたいかもしれないが、相互に受け入れられる合意に至らない場合、B社やC社も雇用に興味を示していると知っていれば、自信を持って交渉に臨みやすくなる。A社が唯一の選択肢で、相手がそのことを知っていれば、あなたにとってあまりよい交渉にはなりそうもない。

相手側も常に次善の代替案を持っており、それが交渉すべき対象となる。仮に一〇〇ドルの費用がかかる製品を売っているならば、貯金、投資、他の商品の購入など、相手がその一〇〇ドルでできる次善策に対して、売り込みをかけている。従業員を一人雇おうとしているなら、候補者が他社から得られる次善の代替案と競うことになる。相手側がより多くの選択肢を持っているほど、交渉における自分の立場は弱くなる。

相手側の次善の代替案を理解すれば、販売の際には大いに優位に立つことができる。自分の合意を組立てられるので、彼らの次善の代替案よりも魅力的になるようにすればいい。相手側の選択肢を知れば知るほど、バンドリングやアンバンドリングを行って、様々な選択肢をつけることで、提供するもの全体がより魅力的になる。

強い次善の代替案があれば、交渉を速いペースで進め続けることができる。多くのプロスポーツ選手は任意の代理人を雇って、所属チームと契約の再交渉や更新の機会に活用している。所属チームがそのプレーヤーを失いたくないなら、彼らには受容できる契約を速やかに結ぼうとする動機がある。

あらゆる交渉で力を持つのは、悪い取り決めであれば辞退することができ、そうする意志のある当事者だ。ほぼすべての場合、許容できる代替案を多く持っているほど、形勢は有利になる。その代替案が魅力的であるほど、有益ではない交渉から手を引こうという気持ちが強くなるので、結果的によりよい交渉になる。

三つの共通通貨 Three Universal Currencies

時間はお金を奪うが、お金で時間は買えない。
――ジェームス・テイラー（シンガーソングライター）

あらゆる交渉において、「資源」「時間」「柔軟性」という**三つの共通通貨**がある。これらの通貨はいずれも、多かれ少なかれ他の通貨との取引対象になる。

資源は、資金、金、石油のように有形で、物理的で、手に取ることができるものだ。皆さんが家具を買いたいならば、お金と交換することができる。車を売っているなら、購入者はあなたに金ののべ棒や、最初のスーパーマンの姿が載っているアクション・コミック誌の創刊号を渡してもよい。ただ、ある資源を別の資源と交換するだけのことだ。

時間は、第二の主要通貨だ。時間単位の契約で働く場合、一定量の資源を得るために、一定量の時間と労力とを交換している。時間を得るために、資源と交換することも可能だ。他の人の労働の見返りに、その人々にお金を払うことができる。それが従業員、契約社員、フリーランスの本質なのだ。

柔軟性は、通常は完全に過小評価されている第三の共通通貨だ。給与所得者になることは、労力という資源を直接交換するというよりも、一定量の柔軟性を放棄していると言える。そこには、会社で働いている時間中は、他のことに取り組まないという暗黙の合意があり、それはまさしく機会コストに当たる。働いている間、ほかのことをする柔軟性を手放しているのだ。

労力や資源を利用して、柔軟性の多寡の程度を交渉することは十分に可能だ。たとえば、パートタイムで働き、資源を少なくする、つまり給料や恩恵を減らす代わりに、提供する労働力を減らし、柔軟性を高めることができる。住宅を即金で買うために貯金の代わりに、三〇年住宅ローンに同意すれば、追加の資源（金利）がかかり、柔軟性は大幅に失われるが、時間をかけずにその家を購入できる。

一つまたは複数の通貨間の適切なトレードオフを見つけると、望ましい通貨をより多く獲得することができる。昇給や大型契約の形で追加補償が欲しいなら、トレードオフとして、時間や柔軟性（たとえば、他の目的を行うために使える能力）を放棄してもよい。仕事の契約で柔軟性や時間がもう少し欲しければ、給料の減額で埋め合わせる交渉をすればよい。雇用主や顧客があなたにもっと働いてほしいと思う、あるいは、あなたの仕事からより多くの便益を求める場合は、その見返りとして、あなたはより多くの補償を要求することができる。

交渉では、三つの共通通貨について覚えておこう。相手側に提示可能な選択肢の広さにきっと目を見張るはずだ。きっと関係者にとって有用な選択肢を見つけやすくなるだろう。

交渉の三次元 Three Dimensions of Negotiation

すべての交渉に入る前に、最初に決めておくことは、相手が「ノー」といったらどうするかだ。
――アーネスト・ベヴィン（イギリス元外務大臣）

交渉とは、相手の正面に座り、こちらの条件と相手が条件を提示することだと、ほとんどの人々は考えている。しかし、それはプロセスの最終段階だ。交渉のテーブルに着くはるか前に、他の二つのことが起こっている。

交渉の三次元とは「セットアップ」「組立て」「議論」である。デイビッド・ラックスとジェームズ・セベニウスが『最新ハーバード流3D交渉術』(阪急コミュニケーションズ、二〇〇七年)で論じているように、これらの段階が極めて重要になってくる。やりとりを促進する環境を整え、あらかじめ戦略を立てておけば、相互に受け入れられる解決策が見つかる可能性は大幅に増える。

●交渉の第一段階は、**セットアップ**だ。交渉で満足のいく結果になるようにお膳立てをする。協議を始める前に、自分に有利になるように準備しておくほど、合意内容はよりよいものになる。

○誰がその交渉に参加しているか。相手はこの交渉に前向きか。
○交渉相手は誰か。あなたが何者で、どのように彼らの役に立つかを、相手は知っているか。
○提案していることは何か。それは相手側にどのように役立つか。
○どのような状況設定か。条件を提示する際に、直接会うのか、電話で話すのか、あるいは他の手段を用いるのか。
○この取り決めに関係する環境要因は何か。最近の出来事により、相手側にとって、この取り決めの重要性は高まったか、低下したか。

セットアップは交渉の誘導構造（後述）に相当するものだ。その案件を取り巻く環境は、最終結果に対して大きな役割を果たすので、交渉の席に着く前に、よりよい取り決めに結び付く環境にしておくに越したことはない。セットアップについて考えることで、適切な人物、つまり、こちらの要望に応じる権限を持つ人物と交渉しているかどうかを確認できる。相手を研究することで、交渉のこの次元で権力（後述）が得られる。この段階で交渉相手について多くを知れば知るほど、交渉全体でより多くの影響力が持てるようになり、提案をする前にやるべき宿題は終わる。

●交渉の第二の次元は**組立て**、つまり提示する条件を指す。この段階では、相手側が評価し受け入れそうなやり方で、自分が提示する草案をまとめる。

○自分の目的は正確にどんなことか。相手側に対して、どのように自分の提案を組立てるか。
○相手側にとって、こちらからの提案の主な便益は何か。
○相手側の次善の代替案は何か。こちらの提案よりも、どのくらい優れているか。
○相手側の異議や購入障壁をどのように克服するか。
○合意に達するために受け入れてもよい妥協点や譲歩はあるか。

提案を作る目的は、共通基盤を見つける、つまり両者が喜んで受け入れる合意をとりつけることだと思い出してほしい。あらかじめ自分の提案の組立てを考え抜くことによって、自分が受け入れられる条件で、相手側が望むと思われるいくつかの異なる選択肢を用意することができる。

たとえば、相手側が価格で難色を示しそうなら、より少ない価値を提供する低コストの選択肢や、彼らのニーズにより適合する代替案など、異議を封じる策を準備しておけばよい。交渉相手と取り決めを議論する時間が来るまでには、準備万端になっているだろう。

●交渉の第三の次元は**議論**で、相手側に実際に提案を示す。議論は、相手側と実際に提案を通して話し合う場面だ。時には、映画の中で見るような形、つまり、マホガニーの壁で囲まれた会議室で、テーブルを挟んで、CEOと顔を突き合わせて議論することもある。あるいは、電話や電子メールで行うこともある。状況設定はどうであれ、自分の提案を示して、相手側が理解していない問題を話し合い、明確化し、反論に応え、購入障壁を取り除き、購入を求める段階だ。

議論の段階で何が起ころうとも、議論をめぐる最終結果は、①「はい。この条件で決めましょう」、②「話をまとめるのには、まだ十分ではありません。ここに、検討したい代案や他の選択肢があります」、③「いいえ、合意できません。明らかに共通基盤がないので、交渉をやめて、他の人と話すことにしましょう」のいずれかになる。最初に何が起ころうとも、最終合意に達するか、交渉の中止を決めるまで、議論は続く。

あらかじめ交渉の三つの次元（セットアップ、組立て、議論）を準備すれば、双方にとって有益な条件で、合意にこぎつける可能性がはるかに高まるだろう。

バッファー（緩衝役） Buffer

知識のない熱意は、愚かさと姉妹の関係にある。
――J・デービス（弁護士、アイルランド元司法長官）

情状酌量すべき状況を除いて、共通基盤があれば、どの案件も確実に関係者全員の最大の関心事となる。しかし、その合意や議論の中には、一方の当事者が他の当事者の損失から利益を得る場合がある。採用面接で、より高い給料を交渉しようとしているなら、給料の上昇は必然的に雇用主の損失となる。

交渉にはこうした側面があるので、状況次第で緊張感が生じることもある。皆、なるべく多くのことを要求したいと思うものだが、強気に出すぎると、取り決めをぶち壊し、相手側と永久に関係を損ねてしまいかねない。こうした場面では、人間関係を壊すことなく、よりよい交渉ができるよう手伝ってくれる人物に加わってもらうとよい。

バッファー（緩衝役）とは、自分の代理として交渉の権限を持つ第三者のことだ。エージェント（代理人）、弁護士、調停者、ブローカー、会計士、他のそうした分野の専門家はすべて、バッファーの例だ。特定の種類の交渉では、なるべく最良の取り決めを引き出す上で、専門知識を持つバッファーの存在が極めて重要になってくる場合が多い。誠実で有能なバッファーの助けがあれば、不法行為法や税制のように難解なテーマをすべて知っておく必要はなくなる。

プロスポーツ選手がプロチームに入団する契約を協議しているとき、一般的にエージェントと弁護士の両者に支援を求める。エージェントの仕事は、アスリートに最高の報酬を獲得させることで、チームのマネジャーとオーナーはそのことを承知している。エージェントが強硬な態度をとるときでさえ、彼らはそのアスリートの雇用に積極姿勢を示し続けることもある。最終的に、エージェント料にかかわらず、アスリートにとっての全体的な報酬は改善される。

同じことは、提示された契約書の特定条項の追加や削除をめぐって議論する、アスリートの弁護士にも起こる。弁護士は知識、経験、専門性を裏づけにして、より大きな強制力と効果を持って、こうした提案を行うことができる。そのアスリートの評判や善意に悪影響を与えることなく、受け入れられる最高の条件を獲得できるように、弁護士はエージェントとともに、チームのオーナーやマネジャーと渡り合う。

バッファーはひどく緊張した交渉で、時間や場所の猶予を与えることもある。最終決定権を持たないことも、しばしば非常に有効だ。ある取り決めを最終的に承認する前に、「これは、エージェント（あるいは会計士、弁護士）と協議する必要があります」と言うことで、貴重な確認ステップとなり、賢明ではない意思決定を性急に下すことを防げる。

バッファーとの協業の際には、インセンティブ起因のバイアス（後述）に十分に留意しなくてはならない。取り決め如何で、バッファーの優先順位は、あなた自身の優先順位とまったく違ってくることもある。たとえば、不動産仲介業者は、資産の売り手と潜在的な購入者との間でバッファーの役割を果たす。購入したい資産を探している場合、売り手側のエージェントの報酬がどうなっているかに気づいていれば、一緒に取り組む上で役立つ場合が多い。

エージェントの報酬は通常、歩合制なので、買い手側で彼らを起用するなら、慎重を期したほうがよい。

エージェントに報酬が入ってくるのは、ある商取引が実際に成立した場合に限られる。したがって、彼らの最優先事項は、それが買い手にとって実際によい取り決めかどうかよりも、とにかく取引を成立させることにある。

できれば、取引が成立するか否かを問わず、サービス提供への固定料金を受け入れてくれるバッファーを用いるとよい。何が起ころうとも、バッファーに料金を支払うなら、あなたのために可能な限り最高の条件を引き出すことと、彼らの利益は合致し、それによって彼らの評判も高まる。

自分自身で情報に基づいた判断をする部分を、バッファーに委ねてはいけない。よくやってしまう最悪なパターンの一つは、特に、利益が必ずしも合致していない場合に、バッファーに自分の意思決定権を譲り渡してしまうことだ。債権が売買されるたびに報酬を得る「投資専門家」に白紙の委任状を与えたせいで、貯金が目減りしたという不注意な投資家は多数いる。証券会社が「過剰売買」によって、不要な手数料として何千ドルも受け取ることは合法的に可能である。経験則の通り、自分のお金に直接影響を及ぼす自由な意思決定権を他人に与えてはいけない。

バッファーがどのように報酬を得るか、彼らが何に対して責任があるか、どのように一緒に働くかをはっきりさせている限り、バッファーは非常に価値ある資源となるだろう。

返礼 Reciprocation

贈り物は決して無料ではない。返礼のループの中で送り手と受け手を結び付ける。
――マルセル・モース（社会学者、文化人類学者）

返礼とは、提供された好意、贈り物、便益、資源に対して「お返しをする」ことへの強い欲求で、大部分の人々が抱くものだ。何も贈り物をしていない人から、休暇の土産をもらった経験があるなら、どれだけ気まずい思いをするかがわかるだろう。誰かが私たちに尽くしてくれるなら、お返しに彼らのために尽くすことを私たちは好むのだ。

返礼は社会的な力として、人間の協力の基礎となる主要な心理的性向の一つだ。「あなたが私の背中を掻いてくれれば、私もあなたの背中を掻いてあげる」という本能は極めて強力で、友好と同盟の基盤となる。歴史的に、贈り物を与えることは、権力者がパワーを維持するやり方となってきた。豪華なパーティーを開き、気前よく地位や土地を与えるなどして、好意を積み重ねて、必要に応じて相手の好意を求められるようにしておくことで、リーダーはその影響力を高めていく。

用心しなくてはいけないのは、返礼を求める気持ちが必ずしも、もともと提供された便益に比例するとは限らないことだ。ロバート・チャルディーニは『影響力の武器［第二版］』（誠信書房、二〇〇七年）の中で、自動車販売における返礼の例を挙げている。自動車の販売員は通常、潜在顧客に事前にささやかな贈り物をする。「コーヒーはいかがですか。ソーダがお好きですか。お水はいかがでしょうか。クッキーもありますよ。もっと快適に過ごしていただくために、何か私にできることはありますか？」

一般的なもてなしのように見えるが、そうではない。この小さな申し出は心理的に返礼したいというニーズを生み出し、販売員にとって微妙に有利な状況になるのだ。無料でもてなされた潜在的な買い手は、車を購入し、オプションのアクセサリーを追加し、それほど魅力的でもないローンの条件に同意する可能性がはるかに高まる。その結果、こうした顧客は、交渉中に販売員から何ももらわなかった人々よりも、何千ドルも多く使うことになる。これは、合理的な判断ではない。というのは、コーヒーやクッキーは、ディーラーにとって些細なものだが、買い手がそのせいでより大きな譲歩をし、好意の「お返しをする」可能性が高まるからだ。

相手に対して事前に合法的な価値を多く提供すればするほど、売り込む場面で、相手に受け入れてもらいやすくなる。無料の価値を提供することは社会的資本を形成し、後から提案するときに、好意を受けた人々がお返しをしようとする可能性が高まる。

販売員にとって気前のよさを示すことは、成果を向上させるためにできる最良の行動の一つだ。価値を提供し、できる限り人々の役に立つことで、彼らから尊敬されるようになる。それによって評判が形成されるだけでなく、こちらからＣＴＡ（行動の喚起）を求めたときに、人々が十分に関心を持ってくれる可能性も高まる。

購入障壁

Barriers to Purchase

潜在顧客に断られたときが、販売の始まりだ。

——セールスの格言

こちらの提案に対する潜在顧客の回答が、「私には向いていない」という否定的な論調だった瞬間を想像してみてほしい。ここでもう終わりにして、次を当たるときだろうか。

潜在顧客が断るときには、常に理由がある。彼らがあなたと曲がりなりにも話をしたという事実は、少なくともいくらか興味があるという意味だ。そうでなければ、会話はすぐ終わる。適切な質問を始めれば、販売につながる望みはまだある。

何かを販売することは、主に**購入障壁**を特定し、取り除くプロセスとなる。購入障壁とは、リスク、未知、懸念など、潜在顧客があなたの提供するものを買う妨げになっているものだ。販売員の主な仕事は、商取引の成立の妨げとなっている障害を特定し、取り除くことだ。潜在顧客の異議や障壁がなくなれば、商談はまとまる。

あらゆる種類の販売で見られる、標準的な反論は五パターンある。

反論1——あまりにコストがかかりすぎる。 損失への嫌悪感（後述）によって、お金を使うことを損失のように感じてしまう。潜在顧客は購入することで何かを手放すことになり、それが自ずとためらいにつながる（一部の人々は、購入決定後に喪失感さえ味わうことがある。これは「買い手の後悔」と呼ばれる状態だ）。

反論2——効果がない。その提供品が約束した便益をもたらさない（もたらせない）という可能性を感じたら、潜在顧客は購入しない。

反論3——自分には効果がない。その提供品が、他の人々には便益をもたらす可能性があるが、自分たちは違う、特別なケースだと信じている可能性がある。

反論4——また今度にしよう。たとえあなたには彼らが問題を抱えていることが明らかでも、潜在顧客は現時点で対処するほどの問題はないと信じているかもしれない。

反論5——難しすぎる。潜在顧客にとって何らかの努力が求められるような提供品であれば、そうした取り組みは難しすぎて手に負えないと思っているかもしれない。

こうした反論をできるだけ早く封じるためには、そもそもの提供品の構造の中にそれらを組み込んでしまうとよい。こうした反論はごく一般的なものなので、潜在顧客が購買の検討をする前に反論を軽減させるための対策を講じておけば、販売プロセスは容易になる。

反論1（「あまりにもコストがかかりすぎる」）は、フレーミングと価値ベースの販売を用いると、最もうまく対応できる。年間で一〇〇〇万ドルの節約になりうる企業に、ソフトウェアを販売している場合、ライセンスとして年間一〇〇万ドルを請求するなら、そのソフトウェアは高価ではなくなる。それは事実上、無料と言える。提供品の価値が請求価格をはるかに上回ることが明らかになれば、この反論に対して議論する余地が生まれる。

反論2（「効果がない」）と**反論3**（「私には効果がない」）は、社会的証明を用いると最もうまく対応できる。その潜在顧客と似ている顧客が既にその提供品から恩恵を受けている様子を示す。こちらの話や証拠がその潜在顧客の状況に似ているほど、効果がある。だからこそ、「紹介」は強力な販売ツールとなるのだ。顧客は同じような状況やニーズを持っている人々と比べてみる傾向がある。また、紹介そのものが、こうした反論を崩しやすくする。

反論4（「また今度にしよう」）と**反論5**（「難しすぎる」）は、教育ベースの販売を用いると、最もうまく対応できる。特に欠けている要素が見えていない場合、潜在顧客は自分に問題があることに全く気づいていないことが多い。そもそも、自社が一〇〇〇万ドルを失っていることに気づかなければ、あなたが支援できると彼らに信じさせることは難しい。これをうまく逃れる最高の方法は、顧客の事業について知っていることを告げ、顧客を賢くさせることに最初の販売努力を集中することだ。その後、話を進めることを決めたら、彼らはどんな関わり方をしていくかについて、ビジュアル化できるようになる。

潜在顧客の注意と許可をいったん獲得しても、潜在顧客がまだこうした反論を拭い切れていない場合には、二つの戦術が考えられる。

①その反論が真実でないことを納得させる。
②その反論は無関係であることを納得させる。

どちらのアプローチを使うかは、提起される反論によるが、フレーミング、価値ベースの販売、教育ベースの販売、社会的証明、ビジュアル化を組み合わせれば一般的にうまくいく。

それでも潜在顧客が買ってくれないとすれば、よくあるのはパワーの問題が存在するケースだ。交渉相手に予算がない、提案に同意する権限を持っていない、という場合もある。常に意思決定者と直接交渉するように心がけよう。そうすれば、提案を断わられた場合、相手にあまり合っていなかったことが原因だとわかり、なるべく早めに、より多くの有望な潜在顧客に当たってみることができる。

リスクの逆転　Risk Reversal

保証が欲しいなら、トースターを買ってくれ。
——クリント・イーストウッド（俳優、映画監督）

人は常に負けることを嫌う。愚かだと感じることを嫌う。間違った決定を下したり、お金を浪費したりすることを嫌う。リスクを冒すことを嫌う。

販売を成立させる場面では、あなたがそうしたリスクとなる。あらゆる商取引において、購入者は何らかのリスクを引き受けている。これが約束通りに機能しなかったとしたら、どうしようか。もしもニーズを満たさなかったら、あなたから買うことがお金の浪費だとしたら、どうしようか、というように。

こうした質問は、潜在顧客があなたから買う検討をする中で、常に心の奥底にあるものだ。それを払拭しておかなければ、その取引は反故にされてしまう可能性は非常に高い。

リスクの逆転は、買い手から売り手へリスクの一部（またはすべて）を移転する戦略だ。悪い商取引をするリスクを買い手に背負わせる代わりに、たとえどんな理由であれ、買い手が期待した通りに物事が運ばなかった場合に、売り手が責任をとることをあらかじめ同意しておく。

寝具業界を例にとってみよう。周囲を見渡すと、派手な提案がたくさん目につく。たとえば、「一二カ月間一〇〇%のキャッシュバック保証。理由は問いません！」という提案がされている。ある顧客が一年間、あるベッドを使い、それで気に入らなければ、その店に行って全額払戻しを受けることができる。これは正気の沙汰だろうか。

別におかしなことではない。この戦略は、主要な購入障壁となっている、買い手のリスクの割合を完全に取り除くものだ。顧客が購入して、それがうまくいかなかったとしても、お金を無駄にして愚かなことをしたと感じる必要はない。また、下手な意思決定をしたせいで、その会社や自分自身に怒りを感じる必要もない。必要なのはただ保証制度を活用して返品することで、たいした手間ではない。その結果、その商取引を経験してみようということになる。不都合な点はないのだから、いいではないかと思うのだ。

このアプローチはよく「子犬を家に連れて行く」戦略と呼ばれるものだ。ペットショップに行って、かわいい子犬に出会ったが、責任を持って飼えるかどうかわからない場合、ペットショップはお試しで子犬を家に連れて帰るように勧める。「うまくいかない場合は、いつでも返しに来てください」と、セールスマンは言う。

もちろん、子犬が店に戻されることはほとんどない。しかし、この約束がなければ、そもそも家に子犬を連れて帰ることはないかもしれないのだ。

リスクの逆転戦略をとることは当然ながら、あまり気分のよいものではない。なぜなら、売り手としても負けたくはないからだ。いいように利用されて喜ぶ売り手はいない。顧客は明らかにその提供品から価値を得ているのに、返金を求めてきた、というような受け止め方になる場合が多い。

ただし、買い手が一人の売り手から買っているのに対し、売り手は大勢の買い手に売っているという違いがある。あらゆる買い物でこうしたリスクを経験している顧客にとっては、大問題だ。あなたは多くの顧客の応対をしているので、多くの顧客に返品リスクを分散させることができる。

確かに、あなたの寛大さに明らかにつけこんでいる顧客のせいで損を出すことになれば、決して気分はよくない。その報いとして、買い手が感じるリスクをすべて取り除くことで、販売量が増え、トータルの売上高や利益では大きく勝ち越す結果となる。

売上高を最大化させたいなら、非常に強力な、リスクを逆転させる保証を提供したり、リスクなしの期間を延ばしたりすることは、たいてい理にかなっている。きっと売上高の増加につながるだろう。

再活性化 Reactivation

顧客なしには会社は成立しないので、すべての会社にとって最大の資産は顧客である。
――マイケル・ルボーフ（経営学者、『お客様の心をつかむ真実の瞬間』（ダイヤモンド社、二〇〇三年）著者）

販売は、潜在顧客に対して、顧客になってもらうために説得するプロセスだ。しかし、新規顧客の獲得は多くの場合、高くつき、時間もかかる。もしも非常に少ない追加コストで、より多くの収益をあげる他の方法があるとしたら、どうだろうか。

再活性化は、もう一度購入するように、過去の顧客を説得するプロセスのことだ。しばらく事業を行っていれば、「離反する」顧客が出るのは避けられない。つまり、既に購入経験はあるが、かなり長い間、購入していない顧客たちだ。彼らがあなたの提供品に興味を持っていることはわかっており、おそらく彼らの連絡先も既に入手している。再び顧客になってもらうために、そうした人々に新しい提案をしてみてはどうだろうか。

DVDレンタル会社のネットフリックスは、再活性化をうまく活用している。ネットフリックスの会員契約を中止すると、三～六カ月後に、同社から割引料金での再加入を誘う葉書や電子メールが届く。回答がない場合、彼らが再加入するか、システムから完全に除外してほしいと願い出てくるまで、二～三カ月ごとに別のメッセージが送られてくる。ネットフリックスはサブスクリプション事業を行っているので、再活性化した顧客はすべて、新たな毎月の収入源を意味する。そして、それは各顧客の生涯価値（後述）

を大いに高めることにもなる。

再活性化は一般的に、収益を増やす上で、新規顧客を引きつけるよりも、より速く、より簡単で、より効果的なアプローチだ。古い顧客はあなたのことを既に知っていて、信用し、あなたが提供する価値に気づいている。あなたは彼らの情報を持っていて、探し出す必要はない。顧客獲得コスト（許容可能な獲得コストの要素）は非常に低く、ただ彼らと連絡をとって、魅力的な提案をするだけでよい。

フォローアップについて顧客の許可を得ているなら、再活性化はもっと簡単になる。潜在顧客のリストは重要な資産だが、過去の顧客リストは同じくらいの価値がある。フォローアップの許可を顧客からもらっておけば、彼らが何らかの理由で購入をやめたとしても、再活性化の可能性は増える。

ほとんどのＰＯＳ（販売時点）システムは、誰がいつ購入したかなどの顧客データを追跡し続けている。ここしばらく購入していない顧客のリストを抽出することは、比較的簡単で、その後、電子メールや電話や葉書で、彼らに直接、再活性化の提案をすればよい。再活性化キャンペーンは常に最も簡単で最も有益なマーケティング活動なのだ。

三～六カ月おきに離反顧客と連絡をとり、別の提案を行い、再び購入してもらえるかどうかを確認することを優先事項としよう。きっと驚く結果になるだろう。

VALUE DELIVERY

第5章
価値提供

満足した顧客は、ほかでもない最高の経営戦略である。
——マイケル・ルボーフ（経営学者、『お客様の心をつかむ真実の瞬間』〔ダイヤモンド社、二〇〇三年〕の著者）

成功しているビジネスはすべて、顧客に約束したものを実際に届けている。相応の価値を渡すことなく、他の人々のお金を巻き上げる人は、「詐欺師」と呼ばれる。

価値提供には、受注処理、在庫管理、納品・サービスの実施、苦情処理、カスタマー・サポートなど、お金を払ってくれる顧客が皆、確実に満足するために必要なことがすべて含まれている。価値を届けることなくして、事業は成り立たない。

世界最高の企業は、顧客の予想を上回る方法で、顧客に約束した価値を届ける。顧客は、素早く、確実に、一貫して購入品の便益を得たいと思っている。

ある企業が喜ばせる顧客の数が増えていくほど、その顧客がその企業から再購入する可能性は高まる。幸せな顧客はあなたの行っていることを他の人に話す可能性が高く、あなたの評判は向上し、さらに潜在顧客を呼ぶことになる。

成功している企業は、変化している環境の中でも、ほぼ常に顧客に安心感を与える。逆に、成功していない企業は、顧客を幸せにすることができず、顧客を失い、最終的に倒産する。

価値の流れ Value Stream

素晴らしい設計図には、不要な細部がすべて省かれている。

——ミン・D・チャン（科学技術者、デザイナー）

私がP&Gで働いていたとき、仕事の中で最も魅力的だったことの一つが、製品の製造方法や届け方を理解することだった。食器用洗剤の〈ドーン〉がどのように製造されるかを簡単に見てみよう。

1　工場に原材料が届く。

2　食器用洗剤を作るために材料を配合し、大きなタンクに保存する。

3　金型を用いてプラスチック製容器を成型し、その後、液体を充填し、キャップが締められる。
4　各容器にラベルが貼られる。
5　各容器を検品し、箱詰め後に、パレット積みされる。

教科書に載っているような価値創造プロセスの例だが、原材料から始まって最終製品が出来上がり、出荷の準備が整う。次に起こることを見ていこう。

6　パレットは包装され、積み上げられ、出荷に備えて倉庫に格納される。
7　顧客から注文を受けると、トラックに積載するためにパレットを所定の位置に動かす。
8　パレットを積載したトラックは、顧客（発注者）に最も近い集配センターにそれを届ける。
9　顧客（発注者）は配達用トラックにパレットを積み込む。
10　配達用トラックは、そのパレットをさらに在庫が必要な店舗に届ける。
11　その店舗でパレットが開封され、箱から製品が取り出され、最終消費者が購入するまで棚に陳列される。

たかだか食器用洗剤一本のために、多くのステップを経るわけだが、こうしたステップは学習に値するものだ。

価値の流れは、価値創造プロセスの最初から、顧客に最終結果を届けるまでの、一連のステップやプロセスのすべてを指す。あなたが素早く確実に一貫性を持って顧客に価値を届けられるとして、その提供品の価値の流れがどうなっているかを理解しておくことは極めて重要だ。

価値の流れは、価値創造と価値提供《バリュー・デリバリー》プロセスとの組み合わせと考えてもよい。あなたの提供品はしばしば、最初のプロセスから次のプロセスへと直接的に動いていく。こうしたコアプロセスの目的がかけ離れていたとしても、それらを一つの大きなプロセスとみなすことは、創造した価値を届ける能力を向上させる上で役立つ。

トヨタ生産方式は、すべての価値の流れを定期的に組織的に調査する、最初の大規模な製造活動だった。製造システムを非常に詳細に分析することで、一連の小さな漸進的な改善を続ける道を開いた。トヨタのエンジニアは毎年一〇〇万件の改善案を提出する。その結果、スピード、一貫性、信頼性において、同社は一貫して莫大な見返りを獲得してきた。これらの要素によって、非常に高品質な製品を誇る企業として、トヨタの評判は高まった（自動化のパラドックスのせいで、その評判が落ちるまでは）。

価値の流れを理解する最善策は、図解することだ。提供品が経ていくステップや変化を最初から最後までたどっていくことは、まさに価値提供プロセスがどれだけ効率的であるかを示す、啓蒙的なプロセスでもある。プロセスの中に、不要なステップやスムーズに流れない部分があることが多い。すべての価値の流れについて完全な図表を作成するのは大変だが、プロセスの合理化に役立ち、システム全体の成果が向上する。★1

一般的に、価値の流れはできるだけ小さく効率的にしたほうがいい。システムについては後述するが、プロセスが長くなればなるほど、物事がうまくいかなくなるリスクはより大きくなる。価値の流れをより短くより合理化すれば、管理しやすくなり、より効率的に価値を届けられるようになる。

流通チャネル　Distribution Channel

無口な採掘者、罠を仕掛ける猟師、昔ながらの骨折れ仕事を厭わない探鉱者でもない限り、一人きりで成功することは、今日では実質的に不可能である。
――ベンジャミン・F・フェアレス（USスチール元社長）

ひとたび売れたら、顧客に約束したものを届けなければならない。**流通チャネル**は、実際に提供する価値がどのようにエンドユーザーに届けられるかを表したものだ。

流通チャネルには、直販か、仲介業者を用いるか、という二つの基本タイプがある。

直販で使うチャネルは一つで、企業から直接エンドユーザーに価値を届ける。古典的な例はサービス業だ。ヘアカットの場合、その価値は仲介者なしに直接、顧客に提供される。

直販はシンプルで効果的だが、限界もある。プロセス全体を完全にコントロールできるが、時間とエネルギーが許す範囲の顧客しか相手にできない。需要が提供品を届ける能力を上回れば、顧客を失望させ、評判を損なうことになりかねない。

仲介者を用いる場合は、複数のチャネルを扱う。店で製品を購入するとき、その店は再販業者の働きをしている。小売店は（多くの場合）その製品のメーカーではないので、別の企業からその商品を調達する。

製品を作った企業は、販売する小売店の数を意のままに調整できる。これは「流通チャネルの選定」と呼ばれるプロセスだ。自社製品を扱う仲介業者が増えるほど、その企業はより多くの売上を見込める。仲介業者を用いたチャネルは、販売量を増やせる一方で、価値提供プロセスのコントロールをある程度、諦める必要がある。他者を信頼して、あなたの提供するものを顧客に届けてもらうことで、自分の時間とエネルギーが自由になるが、同時に、取引先企業のリスクも高まる。つまり、取引先企業が失態を演じれば、自分の評判にも傷がつくリスクがある。

たとえば、クッキーを販売しており、地元のスーパーマーケットにチャネルを確保したとしよう。そのスーパーはあなたからクッキーを買って、店内に陳列し、買い物客に割増価格で売る。買い物客は、あなたから直接クッキーを買う代わりに、スーパーで購入する。これは、古典的な仲介業者を用いたチャネルの例だ。

この方法のメリットを見つけるのは簡単だが、欠点もある。そのスーパーにトラックでクッキーを運ぶ途中に、破損が生じたとしよう。箱がつぶれ、クッキーは割れて粉々になる。スーパーの買い物客は何が起こったのかを正確には知らないが、そういうことが度重なれば、あなたが低品質の製品を作っていると思うようになり、あなたの評判は落ちてしまう。

チャネルの確保は重要だが、仲介業者には目を光らせなくてはならない。チャネルは「お膳立てしておけば、それで終わる」戦略ではない。複数の流通チャネルを用いているなら、彼らが確実にあなたの事業をうまく代行するように、時間とエネルギーをかけて計画を練らなくてはならない。

期待効果

The Expectation Effect

実行できる以上のことを約束してはならない。
――プブリリウス・シルス（古代ローマの喜劇作家）

ザッポスは、オンラインで靴を売る技術を作り上げた。インターネットで靴を売るのはなかなか難しいビジネスだ。顧客はそもそも試し履きができない。気に入らない靴や、履きもしない靴がたまっていくのを喜ぶ人はいない。そこで、ザッポスはあらゆる注文に対して、リスクの逆転というお馴染みの手法を適用している。ザッポスは送料を無料とし、注文した製品が気に入らなければ、理由を問わず、無料で返品を受け付けている。この二つの方針によって、買い物の失敗をするリスクが取り除かれるので、顧客はザッポスを試してみようかという気持ちになる。

しかしそのことが、ザッポスがこの市場でこれほど評価を確立した理由ではない。その秘訣は同社が宣伝していない予想外の恩恵にある。

ザッポスで注文すると、嬉しい驚きを体験する可能性が非常に高い。商品が予定よりも数日早く届いた、翌日には届いた、というように。ここでザッポスは「無料の速達」を宣伝してもよかったが、そうしなかった。驚きのほうがはるかに価値があるのだ。

顧客の品質に対する知覚は、期待とパフォーマンスという二つの基準で決まる。この関係は「品質＝パフォーマンス－期待」という方程式で特徴づけられ、**期待効果**と私は呼んでいる。取引する場合は、そもそも顧客の期待が十分に高くなければならない。しかし、購入後に顧客を満足させるためには、提供したものの性能が顧客の期待を上回らなくてはならない。性能が期待を超えていれば、顧客の品質知覚は高くなる。性能が期待を下回れば、絶対的な観点でどれだけ優れていても、品質知覚は低くなる。

アップルの第一世代の〈iPhone〉は大成功を収めた。少しでもよいものを期待している顧客にとって、その期待を上回る恩恵をもたらす製品だったからだ。第二世代の〈iPhone（3G）〉では、同じような受け止め方をされなかった。発売前の期待があまりにも高すぎて、企業がそれを上回るものを提供することはほぼ不可能だった。製品発表のプロセスで、二、三の不具合があったことに話題が集中した。〈iPhone（3G）〉は、絶対的な観点ではよい電話機だった。スピードが速くなり、いくつかの新機能が付加され、メモリーが増え、より低価格だった。しかし、多くの顧客にとって、よくなったとは感じられなかった。アップルは期待に応えられず、評判を損なってしまった。第四世代の〈iPhone〉の発売時にも、同じことが繰り返された。たとえ新バージョンが旧バージョンよりも明らかによくなっていたとしても、小さなアンテナの不具合のせいで、多くの顧客は新製品に幻滅を覚えた。

一貫して期待を上回る最良の方法は、顧客が期待する価値に加えて、予想外のボーナスをつけることだ。価値提供プロセスの目的は、顧客を確実に喜ばせ満足させることにある。顧客を確実に満足させる最良の方法は、少なくとも顧客の期待を満たすことであり、それができれば必ず期待を上回るようになる。

顧客を予想外に喜ばせるものを提供するために、あらん限りの手を尽くさなくてはならない。ザッポスの無料アップグレード配送は、驚きを与えるから一層価値がある。取引の一部にしてしまえば、感情的なパンチが失われるだろう。

期待を上回るほどの成果を受けられれば、顧客はその経験に満足を覚える。

予測可能性 Predictability

製品やサービスを成功させるためには、よい品質を届けなくてはならないと、私は常々信じてきた。素晴らしい製品やサービスは、それ自体が最高のセールスポイントとなる。
——ビクター・カイアム（ニューイングランド・パトリオッツ元オーナー）

私の親友のアーロン・シャイラは、オハイオ州コロンブスで、兄弟のパトリックと一緒にシャイラ・サンズ・ペインティングという会社を独力で立ち上げた。同社は、大学、軍事基地、メガ教会、億万長者の邸宅など、大規模塗装プロジェクトを専門としている。彼らは一から始めて、今ではコロンブス地域の主要なゼネコンが贔屓にする塗装会社となっている。

二人の若者は、どうやって競争の厳しい市場に参入し、自分たちの年齢よりも長くこの事業に携わってきた請負会社に対抗できたのだろうか。実はごく簡単なことだった。アーロンとパットに頼めば、納期通りに正確な仕事をしてもらえるという、絶対的な確信が持てるからだ。

請負業者は予測しにくいことで悪名高い。よく遅刻してくる上、時間がかかりすぎ、ずさんな仕事をして、態度も悪い。アーロンとパットの成功の秘訣は予測しやすさにあった。彼らは常に素晴らしい仕事ぶりで、納期を守り、一緒に働いていて常に楽しい相手だ。その結果、彼らは予約で一杯となり、とりわけ軟調な建設市場で素晴らしい業績を出している。

価値のあるものを買うとき、顧客は期待してもよいことを正確に知りたいと思っている。自分たちの経験することは予測可能であってほしいのだ。予想外の驚きは顧客に素晴らしい体験をもたらすかもしれないが、期待しているものが予測可能な方法で届けられないとすれば、どれほど多くのおまけを提供しようと関係ない。人々は好ましい驚きは大歓迎するが、不意をつかれることは嫌がる。

提供品の**予測可能性**に影響を及ぼす主な要因は三つある。「均一性」「一貫性」「信頼性」だ。

均一性は、同じ特徴を毎回、届けることを意味する。コカコーラは大量生産品の均一性と堅実なマーケティングとを組み合わせた最初の大企業の一つだ。飲料業界の製品の均一性は驚くべき偉業と言える。炭酸水を作り、瓶に装填し、流通させるためには、信じられないほど複雑なロジスティック・プロセスが求められる。砂糖や香料が少しでも多すぎたり、炭酸がわずかに多かったり、バクテリアが混入したりすれば、最終製品は大幅に変わってしまう恐れがある。

大好きな炭酸水を飲むたびに、味が違っていてもよいと思う人はいない。コーラの缶を開けるときには、たとえ世界のどこにいようとも、前回飲んだときとまったく同じ製品であることを期待している。販売されているコカコーラ缶の〇・一%でも、炭酸が抜けたり、酸っぱかったりすれば、人々はすぐに買うのをやめてしまうだろう。

一貫性は、時間を経ても同じ価値を届けることを意味する。一九八〇年代半ばに投入した「ニュー・コーク」が失敗した理由の一つは、顧客がコカコーラに対してある一定の味を期待していたからだ。コカコーラは同じ名前を使って、まったく新しいものを提供した。一貫性を破ってしまった結果、売上高は急速に落ち込んだ。コカコーラがオリジナルの配合を復活させると、すぐに売上高は増加に転じた。

忠実な顧客の期待を裏切ることは、成功するやり方ではない。完全に異なるものを提供する場合は、新しいものとして提示することだ。

信頼性とは、ミスや遅延なしに価値が届けられると当てにできることをいう。マイクロソフトのウインドウズのユーザーに、自分のコンピュータで最も嫌なことは何かと尋ねると、決まって「システムがダウンすること」と言うだろう。特に予測可能性が非常に重要なときに、信頼性が欠如していることは、ユーザーにとって大きな欲求不満となる。

自宅の建設工事をしていて、請負業者が時間通りに現れないとしたら、どう感じるだろうか。予測可能性を高めることは、評判や価値の認識において重要なメリットとなる。標準的な提供品の予測可能性が高まるほど、その製品の知覚品質がさらに向上する。

スループット Throughput

どれほど素晴らしい戦略だったとしても、ときどき結果を確かめなくてはならない。
——ウィンストン・チャーチル（第二次世界大戦中のイギリス首相）

スループットは、あるシステムが望ましい目的を達成する比率のことだ。顧客に約束した価値を実際に創って届けるプロセスを理解し改善することにより、品質と顧客満足を向上させることができる。

スループットは価値の流れの効果を示す尺度となり、変化量を時間で割って導き出す。単位時間当たりにより多くの結果を生み出すほど、スループットは高くなる。

スループットを測るためには、明確な目標を設定する必要がある。

時間当たり利益スループットは、ビジネス・システム全体でどのくらい早く一ドルの利益を生み出すかを示す基準だ。一時間、一日、一週間、一カ月というように標準的な単位時間を設定する場合、あなたのビジネス・システムは所定の時間内に、平均してどれくらいの金額を生み出すだろうか。より早く利益を生み出せるほど、よりよいビジネスと言える。

単位当たりスループットは、売上高をもう一単位を増やすために、必要な時間を示す基準だ。原料から生産ラインを経て最終製品になるまでに、どのくらいの時間がかかるか。単位当たりスループットが速いほど、販売可能な単位数が増え、その製品に対する新しい需要により早く応えることができる。

満足度スループットは、喜び満足している顧客を誕生させるのに必要な時間を示す基準だ。チポトレ・メキシカン・グリルのようなレストランでは、顧客がレストランに入って注文するまでにかかる時間は約三分だ。顧客を幸せにするための所要時間が短いほど、一時間で応対できる顧客が多くなり、毎日より多くの幸せな顧客が誕生する。待ち時間が長くなれば、一時間当たりに対応できる顧客数が減り、その体験に満足する顧客も少なくなる。

スループットを改善する最良の方法は、測定を始めることだ。自分のビジネス・システムが利益を一ドル生み出すのに、どれくらい時間がかかるか。もう一単位を販売したり、新しい幸せな顧客をもう一人誕生させたりするのに、どのくらい時間がかかるだろうか。

スループットがわからないときは、まずは見つけることを優先させよう。スループットの測定は改善への第一歩となる。

掛け算の効果　Multiplication

すべての成長は活動次第で決まる。努力なくして、物理的にも知的にも成長しない。努力とは、働くことを意味する。
――カルビン・クーリッジ（アメリカ第三〇代大統領）

複製とは、価値あるものを確実に再生産する能力のことだ。迅速かつ経済的に提供するものを複製すれば、毎回一から作り始めるよりも、費用対効果の高い方法でより幅広く利用できるようになる。マクドナルドは、ビッグマックを複製する方法を知っている。スターバックスは、トリプル・ソイ・バニラ・ラテを複製する方法を知っている。さらに、両者に共通するのは、全店舗を複製できることだ。世界中に何千店も展開している理由もそのためだ。

掛け算の効果は、プロセス全体、あるいはシステム全体を複製することだ。マクドナルドはカリフォルニアの一軒のレストランとして、スターバックスはシアトルの一軒の喫茶店として始まった。ビジネス・システム全体、つまりそれぞれの店舗を複製することを学んだおかげで、両社には新たな成長の可能性が開かれた。

ウォルマートも同じことを行ってきた。アーカンソー州のフェイエットヴィルの一店舗から始まった同社は、驚くほどの割合で複製を行い、中西部、全米、さらには世界へと急速に広がっていった。

ウォルマートの成功は、店舗と集配センターという二つの相互に関係し合うシステムを増やしていったことにある。集配センターは、サプライヤーから在庫品を受け取り、それを店舗に届ける能力を掛け算式に高めていく。店舗はその在庫品を受け取り、陳列し、お金を払ってくれる顧客に販売する、実証済みのシステムを複製する。

掛け算の効果は、巨大企業と中小企業の分かれ目となる。一つのビジネス・システムが生産できることには上限がある。掛け算の効果を用いて、実証されたモデルに基づいた同一のビジネス・システムを多数作り出せば、より多くの顧客に価値を届けるビジネス能力も掛け算で増やすことができる。これは、フランチャイズ化の大きなメリットとなる。ビジネス・モデルをもう一度発明する代わりに、フランチャイズ店を開けば、既にうまくいっているモデルを掛け算で増やしていける。

掛け算の効果で増やしやすいビジネス・システムであるほど、最終的により多くの価値を届けることができる。

規模化　Scale

蒔いた種は刈りとらなくてはならない。

——マルクス・トゥッリウス・キケロ（古代ローマの政治家、哲学者）

手作りキルトを専門とする熟練職人を思い浮かべてほしい。キルトを一枚作成するのに一週間かかるとすれば、毎週一人の顧客がいて、その顧客に一枚のキルトを作って届ける分にはまったく問題ない。一度に二人の顧客がいる場合、状況は難しくなる。一人目の顧客に納品するまで、二人目の顧客は待たなくてはならない。そのキルト職人が一日一〇〇〇件の注文を受けるとすれば大問題だ。顧客を待たせ続ける以外に、需要に追い付く方法はないからだ。それによって、望ましくないレベルの不足状態が生じてしまう。

規模化とは、プロセスを複製したり、掛け算の効果でシステムを量的に増やしたりする能力のことだ。規模の拡大しやすさ（スケーラビリティ）は最大許容量を決定する。提供する価値の複製や掛け算が容易であればあるほど、そのビジネスは規模を拡大しやすくなる。

手製キルト事業をスターバックスなどの規模化しやすい企業と比べてみてほしい。スターバックスの平均的な店舗は、一時間に一〇〇杯の飲料を提供できるとしよう。需要がそれを上回れば、その店は混雑し始める。その解決策は、もう一店舗を作ることだ。通りの向かい側でもいい。ニューヨークのような都市では、そういう光景も珍しくはない。

規模の拡大しやすさは通常、あるプロセスの中で、人が関与する必要量によって制限される。スターバックスは自動化を用いて、ラテの複製能力を高めることができた。スターバックスの従業員は飲み物を作るのに関与するが、そのプロセスは半自動化されている。エスプレッソを実際に作るのは機械で、多くの材料は何時間も前に準備されている。おいしい飲み物を作るために必要とされる人の注意や関与のレベルは、実際には非常に少ない。だから、スターバックスは一時間に大量の飲み物を次々に作り出せるのだ。

あなたが日々、直接関与しなくてもよい事業を作ることを目指しているなら、規模化しやすいかどうかを十分に考慮しなくてはならない。一般的に、最も複製しやすいのが製品であり、最も掛け算で増やしやすいのが共有資源（ジムなど）だ。

人間は規模化できない。一人の人が毎日使える時間やエネルギーはそれほど多くはなく、こなせる仕事量は変わらないことが制約となってくる。一方、成果に対する負荷（後述）で説明されるように、需要の増加に伴って、人の効率性は一般的に低下していく。

その結果、サービス業は通常、規模化するのが難しい。というのは、価値を届けるために人々が直接関与する比重が高いからだ。一般的に、人の関与が価値を創って届ける部分が少ない事業であるほど、より規模化しやすくなる。

蓄積 Accumulation

小さなことから、途方もなく大きな結果がもたらされることを考えるたびに、小さなことなどないと考えたくなる。
――ブルース・バートン（広告代理店ＢＤＯ創業者、『誰も知らない男』〔日本経済新聞社、二〇〇五年〕著者）

まさにこの瞬間、世界中のトヨタのエンジニアは、世界で最も効率的な製造システムの一つ、トヨタ生産システムに非常に小さな変化を加えている。

些細な調整、わずかな再構成、材料や労力をほんの少し節約することなど、個々の変化は単独ではとるにたらないように見える。しかし総合すると、その効果は非常に大きくなる。トヨタの従業員は、トヨタ生産システムに対して毎年一〇〇万件の改善を行っている。トヨタが現在、世界最大で最も重要な自動車メーカーになっているのは不思議なことではない。★2

有用あるいは有害な言動やインプットは、小さくても時間をかけて蓄積され、甚大な結果を引き起こす傾向がある。ジェームス・ウォーマックとダニエル・T・ジョーンズが書いた『リーン・シンキング〔改訂増補版〕』（日経ＢＰ社、二〇〇三年）によると、トヨタ方式は日本の「改善」という概念に基づいている。それは、多数の非常に小さな変化を通して無駄を省くことで、システムを継続的に改善させることを重視する考え方だ。多数の小さな改善を一貫して実施していけば、必然的に大きな結果が生み出される。

蓄積は必ずしもプラス方向ばかりではない。一〇年間、ファーストフード、キャンディバー、炭酸水ばかり飲食し続ければ、どんな体型になるかを考えてみてほしい。キャンディバーを一つ食べてもたいしたことはないが、何百個も食べるとしたら違ってくる。幸いにも、その反対も真実だ。食生活を少し改善し、運動量や睡眠をもう少し増やせば、時間とともに健康に大きな効果が出てくる。

インクリメンタルな増加は、蓄積の力を示す一つの例だ。あなたの提供するものが反復サイクルを経るたびに改善されていけば、すぐに顧客にとって以前の何倍もの価値になるだろう。

価値提供プロセスの小さな変更は、長い目で見れば、多くの時間と労力の節約になる。時間をかけて、小さな改善を重ねていけば、結果はよりよいものとなる。

増幅 Amplification

本来は、報酬も刑罰もない。あるのは、その帰結だ。

――ロバート・グリーン・インガソル（弁護士、政治指導者）

典型的な炭酸飲料缶について考えてほしい。飲料販売で缶が最初に導入されたとき、上部が平らな円筒形のスチール製だった。その後、スチール缶が徐々に減ってアルミニウムが使われるようになり、プルタブが導入されて簡単に開けられるようになり、缶の上部を少し細くした「ネック」が付けられるようになった。

缶のネックには、主に二つの効果があった。一つめは飲みやすくなることで、ユーザーに支持された。二つめは、構造的に頑丈な缶を生産するのに必要な金属の量が減ることだ。一般的な飲料缶の壁面の厚みは二ミリメートルだったが、現在では約〇・〇九ミリメートルになっており、莫大な量の原料を節約できる。

製缶協会によると、アメリカでは毎年、約一三一〇億本の缶が製造されている。現在の缶のデザインにより、数十年にわたって何億本分もコスト節約を行えば、ほんの小さな変更によって、飲料業界は数百億ドルもの節約になる。

それが**増幅**というものだ。規模を拡大しやすいシステムに小さな変化をもたらすことで、大きな結果を生み出す。どのような改善やシステム最適化の効果であっても、システムの大きさの分、増幅される。システムが大きいほど、結果も大きくなる。

マクドナルドが新商品を編み出した場合、ただ一店舗で売るだけではない。世界中の全店舗で売り出せる。スターバックスが新しい飲み物を考案すると、非常に速く、全店舗で顧客に提供することができる。

増幅の機会を見極める最良の方法は、常に複製や掛け算を通して増やせるものを探すことだ。スターバックスがより少ないコーヒー豆でエスプレッソを作る方法を発見すれば、それによってコーヒーの調達量に大きな差が生じる。そのエスプレッソをもっと速く作る方法を発見すれば、接客時間が減り、各店の時間当たり接客数を増やすことができる。

規模化しやすいシステムは、小さな変化の結果を増幅させる。規模化しやすいシステムに小さな変更を加えれば、大きい結果につながる。

システム化 Systemization

自分がやっていることを一つのプロセスとして説明できないなら、自分が何をやっているかがわかっていないということだ。
――W・エドワーズ・デミング（経営学者）

たとえ、自分でやってみればすべてこなせるとしても、そこには依然としてプロセスが介在している。たとえば、A地点からB地点に進むのに、複数のステップが必要だったとしよう。そのプロセスを明確にすることは、常にそれを飛ばしてしまう場合よりも、いくつかの主要な便益をもたらす。

システムとは、明白で反復可能なプロセスのことだ。何らかのやり方で形式化された一連のステップで構成されている。システムは記述したり図解したりできるが、常に何らかの形で外部化（後述）される。

システムを作る主なメリットは、そのプロセスを調べて改善策がとれるようになることだ。プロセスの中の各ステップが明確になれば、コアプロセスがどう機能し、どんな構造になっているか、他のプロセスやシステムにどう影響するか、そのシステムを徐々に改善するにはどうすればよいかが理解できるようになる。

グーグルは、システムの力を示す絶好の例だ。グーグルの検索エンジンを使用するたびに、検索結果を届けるために何千ものコンピュータが自動的に作動し始める。グーグルの検索アルゴリズム（システム用の手の込んだプログラミング言語）はコンピュータをどう連携させるかを定め、グーグル社員は常にそのシステムの細かな作動方法の精度を高めていく。検索精度を年々向上させていくために、グーグルのエンジニアは主要な検索エンジンのアルゴリズムに五五〇以上の改善を行っている[★3]。

その結果、グーグルのアルゴリズムは非常に効率的になり、人手を一切介さずに、約〇・二秒で検索結果が出てくる。グーグルが初期に、検索プロセスの定義やシステム化に時間やエネルギーの大半を費やしていなかったら、同社はきっと存続していなかっただろう。

システムは、チームの人々に同じ考え方を持ってもらう上でも役立つ。第九章で取り上げるように、人々が協業するためにはコミュニケーションが必要で、一緒に働く人数が増えるほどその重要性は増していく。ある出来事や課題に対して、システムや明確なプロセスを開発すれば、全員がやるべきことを行い、誤解や混乱を最小に留められるようになる。

プロセスを体系化できないなら、自動化はできない。グーグルが検索結果を出すために、人手で検索する集団に依存していた場合、どうなるか想像してみてほしい。検索結果を得るために何日も（あるいは何週間も、何カ月も）待たされるとしたら、悪夢のようだろう。

グーグルの品質と速度の鍵は、自動化（後述）にある。システムをどう動かすかに関する原則をはっきりと定めることにより、検索エンジンのプログラマーは、システムの日々の活動を自動化できる。その結果、グーグルの開発者はシステムの操作ではなく、それを絶えず改善することに思う存分に専念できる。

ほとんどの人々にとって、ビジネス・システムの開発は余分な作業のように感じられるので、難色を示すことが多い。私たちは皆忙しく、仕事を既に抱え過ぎているので、システムを作ったり改善したりする時間はとれないと思いがちだ。実際には、有用なシステムがあれば、自分の仕事は簡単になる。負荷が多いと感じているなら、その解決に向けた最善策は、時間を割いてよいシステムを作ることだ。

システム化と自動化にはいくつかの大きな欠点があり、それは一一章と一二章で詳しく触れる。ここでは、効果的なシステムが事業の活力の源となることをわかってもらいたい。効果的なシステムがあれば、提供品を作り、マーケティングを行い、販売し、最終的に届けることが可能になる。システムがよりよくなるほど、ビジネスもより好調になる。

FINANCE

第6章 ファイナンス

みんなが軽蔑したようにお金について話すのを聞いていると、
これまでお金なしでやってきたのだろうかと不思議だった。
——サマセット・モーム（『人間の絆』〔岩波書店、二〇〇一年〕著者）

私の経験上、価値創造、マーケティング、販売、価値提供について、みんな楽しく学習する。これらは理解やビジュアル化するのが容易だ。

しかし、**ファイナンス**になったとたんに、目の輝きが失われる。ファイナンスと聞いて連想されるのは、会計、数式、数字だらけの表計算などだが、実際にはそれだけではない。最も重要な部分に集中するなら、ファイナンスは非常に理解しやすいものだ。

ファイナンスは、ビジネスにおける資金の出入りを見るための技術と科学で、資金の配分の仕方を決め、自分の行動が望み通りの結果を生むかどうかを見極める。実際に、それ以上には難しくはない。確かに、手の込んだモデルや専門用語はあるかもしれないが、最終的には、単に数字を使って、自分の意図する方法で事業が運営されているかどうか、十分な結果が出ているかどうかを判断するだけのことだ。

成功しているビジネスはいずれも、継続していくために一定額の資金を生み出さなくてはならない。価値創造、マーケティング、販売、価値提供を行っているなら、その事業をめぐって、毎日お金が出たり入ったりする。生き残るためには、どのようなビジネスであれ、事業を続けるために投じたすべての時間と労力を正当化できるだけの収入を生み出さなくてはならない。

誰でも請求書の支払いをして、食料を買わなくてはならないので、ビジネスに従事する人々は常に、投じた時間やエネルギーに見合ったお金を稼ぐ必要があり、さもなければ、その仕事をやめて別のことをするだろう。したがって、すべてのビジネスは、収入につながる一定量の価値を確保し、費用を支払い、事業運営に当たる人々に報いなければならない。

最も優れた企業は好循環を生み出している。一貫して費用を低く抑えながら、膨大な量の価値を創出するので、過度に高い価格を請求しなくても、事業の継続に必要な金額を上回る儲けを生み出せる。その結果、その事業を続けることで、誰もがより裕福になるので、各自の懐を温めつつ、顧客の生活向上も同時に実現できる。

ファイナンスは有意義な方法で自分の資金を監視するのに役立つのだ。

利幅 Profit Margin

利益は収入と支出の差だと、皆に気づかせれば、君は賢そうに見えるよ。
――スコット・アダムス（漫画『ディルバート』著者）

一年に一億ドルを使って一億ドルの売上高を出したとしても、すごい事業とは言えない。事業で大切なのは、売上高の大きさではなく、どれだけ多くのお金が手元に残るかだ。

利益は非常に単純な概念で、使った以上のお金を生み出すことを指す。事業を存続させるためには、近い将来のある時点で生み出される収入が、費用を超えなければならない。そうならないときは、その事業は成り立たず、経営資源を使い果たして手を引くか、他の事業の利益で助成されたプロジェクトとなるだろう。損失を出しつつ永遠に運営できるものはない。

利幅とは、獲得した収入とそのために使った費用の差であり、パーセンテージで表現される。一ドル使って二ドル獲得する場合、利幅は一〇〇％だ。ある製品を一〇〇ドルで作って一五〇ドルで売れたなら、利益は五〇ドルで、利幅は五〇％となる。同じ製品を三〇〇ドルで売れば、利幅は二〇〇％だ。価格が高く、費用が低いほど、利幅は大きくなる。

事業の存続を可能にするという点で、利幅は重要だ。利益を生み出さない事業は、その運営にかなりの時間、資金、エネルギーを投じたはずの所有者に報いることはできない。投資するだけの価値が見出せなければ、所有者はただその事業をやめるだけだ。

利益は、企業が予想外の事態を乗り超えるための「クッション」にもなる。かろうじて費用を上回る収入の企業にとって、費用が急上昇すれば、それは非常に困った状況を意味する。利益が多くなるほど、予見しにくいことに対応するための選択肢が増える。

利益は極めて重要だが、事業の究極の目的ではない。事業の目的は利益の最大化だと信じている人もいるが、それが事業を始める唯一の理由ではない。私も含めた一部の人々にとって、事業はどちらかというと創造的な努力であって、可能なことを探し出し、他の人々を助け、同時に自活していくための方法だ。

本章で学ぶ概念は、事業を継続していくだけの利益を生み出していることの確認に役立つだろう。

充足点　Sufficiency

足るを知れば、辱しめられることはない。とどまる時機を知れば、危うい目に遭うことはない。そうすれば、持ちこたえられる。

——老子（古代中国の哲学者）

かつて、ある精力的な重役がこの一五年間で初めて休暇に出かけた。沿岸の小さな漁村の埠頭を彼が散策していると、マグロ漁師の船が桟橋に入ってきた。漁師が船を停泊させると、重役は魚の大きさや品質について漁師をほめそやした。

「こうした魚を獲るために、どれくらい遠くまで行ったのですか」と、重役がたずねた。

「ほんの少し行っただけですよ」と、漁師は答えた。

「どうして、もっと長くそこに留まって、たくさん獲らないのですか」

「家族が必要とする分があれば十分です」

「ですが、あとの時間は何をして過ごすんですか」

「遅くまで寝て、少し釣りをして、子どもたちと遊び、家内と昼寝をとり、夜ごと村をぶらぶら歩いて、ワインをちびちび飲み、友人とギターを弾きます。十分に忙しい生活ですよ」

重役は唖然とした。

「私はハーバードのＭＢＡホルダーですから、あなたをお助けできます。あなたは釣りにもっと時間を割くべきです。そうやっていけば、もっと大きな船が買えるはずです。大きな船なら、もっとたくさんの魚が獲れます。それを売れば、何隻も船が買えます。最終的には、船団だって持てますよ。仲介業者に獲った魚を売る代わりに、消費者に直販すれば、粗利が改善されます。最後は自分の工場を開設して、自分で製品の管理や加工、流通を手掛けられるでしょう。もちろん、拡大中の企業を経営するためには、村を離れて都市に引っ越さなくてはなりませんが」

漁師はしばらく黙った後で、質問をした。

「それには、どのくらい時間がかかるんですか」

「一五年か二〇年。最長でも二五年でしょう」

「それで、どうなるんですか」

重役は笑った。

「そこが一番いいところです。適切な頃合いで、その会社を株式公開して、自分の持ち分を売るんです。百万長者になれるでしょう」

「百万長者ですか。その後は、何をするんですか」

重役はしばし言い淀んだ。

「引退して、朝寝坊して、少し釣りをして、子どもと遊び、奥さんと昼寝をして、夜ごとに村をぶらぶら歩き、ワインを飲み、友人とギターを演奏するんです」

重役は頭を振って、漁師に別れを告げた。休暇から帰るとすぐに、彼は会社を辞めた。

この寓話がどこで始まったかは知らないが、伝えている中身は役に立つ。ビジネスは必ずしも、利益を最大化することばかりではない。利益は重要だが、それは目的を達成するための手段だ。価値を創り、費用を払い、事業を運営する人々に賃金を払い、自分や愛する人々を養う。お金は道具であり、その道具が役立つかどうかは、自分がそれで何をするかにかかっている。

事業を成功させるために、何百万、何十億というお金を生み出す必要はない。経営を続け、それに時間を割くだけの価値を持たせるために、必要なことができる分の収益を出せば、その事業からの売上高がいくらであろうと、あなたは成功している。

充足点は、その事業を運営している人々が、近い将来も維持する価値を見出せるだけの収益をもたらすポイントだ。ベンチャー・キャピタリストで、Yコンビネーター（スタートアップに特化したベンチャー・

キャピタル企業）の創業者であるポール・グレアムは、充足点を「儲かるラーメン屋」と呼んでいる。つまり、家賃を払い、公共料金を賄い、ラーメンの麺など安価な食材を買うのに十分な収益性があることだ。何百万ドルもかき集めなくても、行き詰まることなく、事業経営を続けるのに十分な売上高を出している。

請求書の支払いができないなら、価値を創り出すことはできない。営業費用をカバーする分の利益が出せなければ、それは大きな問題だ。事業を続けていくためには、その新規事業に時間、労力、注意を投じてもらうために、従業員と所有者にお金を支払えなくてはならない。こうした人々が、自分たちの投資に見合った価値があると思わなければ、彼らは今やっていることをやめて、他のことをやり始めるだろう。「目標月次収入（ＴＭＲ）」と呼ばれる数字を使って、充足点を財務的に追跡することができる。従業員、請負会社、ベンダーには通常、月に一回支払われるので、自分が毎月どのくらいのお金を払う必要があるかを計算することは比較的簡単だ。目標月次収入は、充足点に達したかどうかを判断するのに役立つ。ＴＭＲを超えている限り、充足状態にある。そうでなければ、手を打たなくてはならない。

充足点は主観的なものだ。どれだけあれば自分の行っていることを続けるのに十分だと考えるかは、個人の判断だ。財務的なニーズが少なければ、事業を続けるために、それほど多くの収入は必要としない。従業員の給料、オフィス・スペース、高価なシステムに何百万ドルも使っているならば、充足状態を維持するために、はるかに多くの収入が必要になる。

充足点への到達が速ければ速いほど、その事業は生き残り、成功する可能性は高まる。収入が増え、使うお金が少なくなるほど、より速く充足点に到達できる。

ひとたび充足点に達したら、儲けの多寡にかかわらず、それは成功したということだ。

増収のための四つの方法

Four Methods to Increase Revenue

お金を得るための単純な法則を理解している人々にとって、お金は潤沢にある。

――ジョージ・クレイソン（実業家、『バビロンの大金持ち』〔実務教育出版、二〇〇八年〕著者）

信じられないかもしれないが、事業収入を増やす方法は四つしかない。

1 **顧客数を増やす。**
2 **平均取引規模を拡大させる。**
3 **各顧客の取引頻度を高める。**
4 **価格を上げる。**

仮に、あなたがレストラン経営に従事し、事業収入を増やしたいと思っているとしよう。四つの戦略を適用して見ると、次のようになる。

顧客数を増やす場合、レストランの入り口により多くの人々を呼び込むことを意味する。この戦略は比較的直接的で、来客数が増えれば、それだけ勘定書が増え、（平均的な取引規模のまま維持されれば）儲けが大きくなる。

平均取引規模を拡大させる場合、各顧客により多くのものを購入させようとする。これは通常、アップセリングと呼ばれるプロセスを用いて実施される。顧客がメインディッシュを注文したら、前菜、飲み物、デザートを勧める。こうした注文が増えるほど、顧客の出費は増え、店の収入は増える。

各顧客の取引頻度を高める場合、当店での購入機会を増やすように人々に働きかける、ということだ。平均的な顧客が月に一回、来店するのであれば、週一回の得意客になってもらうよう説得できれば、店の収入は増える。来店頻度が増えるほど、平均取引規模が維持されれば、店の収入は増える。

価格を上げることは、顧客が行うすべての買い物から、より多くの収入を得る、という意味だ。販売数、平均取引規模、頻度が同じなら、価格を上げれば、同じ労力でより多くの収入がもたらされる。

先述した資格要件の項目を思い出してほしい。顧客がすべてよい顧客であるとは限らない。一部の顧客は、あなたの求める結果をもたらさずに、あなたの時間、エネルギー、資源をむしばんでいく。来店頻度が低く、平均取引規模が小さく、口コミを広げることもなく、価格に文句をつける顧客の応対に多くのエネルギーを費やしているなら、そうした顧客を多数引きつけても意味はない。

常に、自分の努力の大半を理想的な顧客の応対に集中させることだ。理想的な顧客はすぐに買い、購入頻度も購入額も高く、口コミを広げ、あなたが提供する価値にプレミアム（上乗せ価格）を払ってもよいと思っている。

そうした理想的な顧客をより多く引きつけられれば、事業はもっとうまくいく。

価格設定力

Pricing Power

価格設定で間違いを犯した瞬間に、あなたの評判や利益は丸つぶれになる。
――キャサリン・ペイン（デラヘイ・グループ創業者）

現在の価格を二倍にするとしよう。顧客が半分以下にならなければ、おそらくよい策となるだろう。

価格設定力は、時間とともに請求金額を引き上げることができる能力を指す。獲得する価値が少ないほど、価格設定力は大きくなる。接客には、時間、エネルギー、資源がとられる。一人当たり顧客の対応によって得られる金額が多くなるほど、事業はよりうまくいく。価格変更は、努力と投資を最小化しつつ、成果を最大化するのに役立てることができる。

価格設定力は、経済学者が「価格弾力性」と呼ぶ概念と関連性がある。顧客が請求される価格に非常に敏感であれば、価格を少し上げたときでさえ大勢の顧客を失うだろう。これが、需要が「弾力的である」ということだ。歯磨き粉のように、成熟化した半コモディティ市場は、そのよい例だ。顧客が欲しがる新しくユニークな製品を作ることができなければ、大幅な値上げは確実に製品離れを招き、顧客は競争相手から買うようになるだろう。

顧客が価格に敏感でなければ、価格を四倍にしても売上高はほとんど変わらない。贅沢品がその例で、高額であることが排他的な社会的シグナル（後述）となるから、顧客はそういう製品を買うのだ。デザイナー・ハンドバッグ、衣類、腕時計の価格を上げれば、その魅力は減るどころか、高まる可能性がある。

経済学者は価格弾力性をグラフに表し、計算することに好んで時間を費やす。しかし、まだ正確な基準を持っていない場合、実際に価格変更してどうなるかを見届けるまで、価格設定力がどの程度あるかはわからない。幸いにも、活発な大規模市場を確立したプレーヤー（その場合、取り組むべき基準がある）でもない限り、あるいは、あなたの価格が広く公表され調査されない限り、価格変更が長く影響することはほとんどない。つまり、行方を見極める実験ができるということだ。

値上げすれば、インフレやコスト増の副作用を克服できるようになるので、価格設定力は重要となる。歴史的に、どの政府が発行する通貨でも、時間とともに価値が減っていく傾向がある。当局はその通貨の供給量を増やしたくなる強い動機を多数持っているが、そうすることでその通貨の購買力は下がっていく。

その結果、自分の事業を続けるのに必要な製品やサービスを同じように購入しようとすると、もっと多くの通貨が必要となり、その事業の充足点を満たすことへの要請が高まる。十分な価格設定力がなければ、その事業は費用の高騰に直面し、充足状態を維持できない可能性がある。

設定できる価格が高いほど、より確実に収益の充足状態を維持できる。選択の余地があれば、価格設定力を持てる市場を選んだほうがいい。そうすれば、時間を経ても充足状態の維持がはるかに容易になる。

生涯価値（ライフタイム・バリュー）　Lifetime Value

顧客の目的は売り込みでつかまされないことであり、販売の目的は顧客をつかまえることである。

——ビル・グレーザー（マーケティング戦略家、グレイザー・ケネディ・インサイダーサークル代表）

人気の観光地の道沿いでレモネードの屋台を出すとしよう。カップ一杯につき一ドルとする。あなたは接客に追われているかもしれないが、対応するのは通りすがりの客ばかりで、おそらく二度と会うことはないだろう。

一方、保険事業と比べてみよう。平均的な顧客は自動車保険に毎月二〇〇ドルの保険料を支払っているとしよう。保険料は年間で二四〇〇ドルになる。平均的な顧客が一〇年間、同じ保険会社を使っているなら、その企業と関係し続けてきた期間を通じて、各顧客には二万四〇〇〇万ドルの価値がある。それは、大きな違いとなる。

生涯価値（ライフタイム・バリュー）は、一人の顧客が生涯にわたってその企業と関係を持ったときのトータルの価値を指す。その企業からの購入量が増えるほど、そして、関係が長く続くほど、企業にとってのその顧客の価値はより大きくなる。

サブスクリプションが非常に儲かる理由の一つは、自然に生涯価値を最大化することにある。サブスクリプション事業は、顧客に一回買ってもらう代わりに、可能な限り長く価値の提供と収入の確保に注力する。顧客の利用期間が長くなるほど、また支払う金額が増えるほど、その顧客の生涯価値は高くなる。

平均的な顧客の生涯価値が高くなるほど、事業はよりうまくいく。平均的な顧客がいくらを購入しているか、どのくらい長く顧客であるかを理解することにより、新規顧客の具体的な価値を設定することができ、それは意思決定にも役立つ。レモネード屋台の顧客を一人失ってもたいしたことはないが、保険会社が顧客を失う場合は問題だ。

要するに、顧客の生涯価値が大きい市場で経営をしたほうがはるかによい。顧客の生涯価値が大きいほど、顧客を満足させ続けるために出来ることは多くなり、接客により集中できるようになる。有益な顧客と長期的な関係を維持すれば、あなたの勝ちである。

許容獲得コスト Allowable Acquisition Cost

どんな会社でも採算割れで単位売上高を増やすことはできるが、破綻するまで、街角に立って二〇ドル札を配ったほうがよほど簡単だ。
――モリス・ローゼンソール（fonerbooks.com のブロガー）

レモネードの屋台の話を思い出してほしい。お金を払ってくれる顧客を一人引きつけるのに、どれだけのお金をかけられるだろうか。たいして多くはない。レモネード一杯につき一ドル稼ぐだけなので、個人向けのマーケティングにそれほど多くを費やしている余裕はない。

これに対して、保険会社の場合は、顧客の生涯価値が二万四〇〇〇ドルとして、新規顧客を引きつけるために、いくら費やせるだろうか。はるかに多い金額だ。

人々の注意を喚起し、新しい潜在顧客を獲得することには通常、時間と資源がかかる。いったん潜在顧客の生涯価値を理解すれば、新しい潜在顧客の獲得に費やしてもよい最大限の時間と資源を計算することができる。

許容獲得コストは、生涯価格のマーケティングの構成要素だ。平均的な顧客の生涯価格が大きくなるほど、新規顧客の呼び込みにかけられる金額は大きくなり、あなたの提供品について、新しいやり方で口コミを広げられるようになる。

生涯価値が大きければ、最初の販売で損することさえ許される。ガシー・レンカーは長めのテレビ情報CMを使って、〈プロアクティブ〉と呼ばれるニキビ治療薬を販売している。歌手のジェシカ・シンプソンのような有名人を推奨者として雇い、数百万ドルかけてコマーシャルを製作し放映しているのだ。一見すると、理屈に合わない。最初の販売は二〇ドルという「非常に安い価格」なのだ。そうだとすれば、お金をどんどん失うことにならないのだろうか。

その答えは、サブスクリプションにある。顧客が〈プロアクティブ〉を買うと、ただ目の前のどろりとした液体の入ったボトルを一本、買っただけではない。繰り返し代金を支払う代わりに、毎月一本を受け取る契約をしている。〈プロアクティブ〉の新規顧客の生涯価値が非常に高いので、ガシー・レンカーが初回販売で「マイナスになった」としても問題ない。同プログラムを継続しない数人の顧客について損失が出たとしても、同社は多額の儲けを出している。

初回の販売時にはときどき、「ロスリーダー」と呼ばれる、新規顧客との関係を築くための魅力的な提案が行われる。多くのサブスクリプション事業はロスリーダーを用いて、顧客基盤を築いている。『スポーツ・イラストレーテッド』のような雑誌は、新しい購読者を引きつけるための活動として、フットボール型電話のような仕掛けを用意したり、年一回の水着特集にひと財産を費やしたりしている。

こうした勧誘用の仕掛けに、最大でサブスクリプション収入の一年分が吸い取られてしまうかもしれないが、各顧客の生涯価値を考慮すれば、企業にとっては得となる。新規購読者によって、『スポーツ・イラストレーテッド』は広告主により高額を請求できるようになり、それが同社の収入の大部分を占めている。

許容獲得コストの計算は、平均的な顧客の生涯価値から始まり、そこから価値の流れのコストを差し引く。これは、顧客に約束した価値を創り出し、関係する顧客全員に届けるためにかかるコストだ。それから、全顧客ベースで割って、一人当たりの金額を出す。これは、その期間、事業を行うために支払う必要がある固定費(後述)を表すものだ。その結果に、一から望ましい利益率をマイナスしたもの(利益率六〇%を狙っているなら、一・〇〇－〇・六〇＝〇・四〇)を掛け合わせる。これが、許容獲得コストだ。

一つ例を挙げてみよう。平均生涯価値が五年間で二〇〇〇ドル、価値の創造と納品のコストが五〇〇ドルとすれば、対応する顧客一人当たりの収入は一五〇〇ドルとなる。総コストが五年間で五〇万ドルとして、五〇〇人の顧客がいれば、固定費は顧客一人当たり一〇〇〇ドルで、マーケティング費用を差し引く前に収入五〇〇ドルが残る。最小で六〇%の利益率を目指しているなら、その五〇〇ドルのうち四〇%をマーケティングに費やす余裕があり、顧客一人当たりの最大許容獲得コストは二〇〇ドルとなる。そのことがわかっていれば、様々な形態のマーケティングを試して、その有効性を見極めることができる。その仮説が正しければ、二〇〇ドル以下で獲得できる顧客はすべて投資対象に値するだろう。

顧客の生涯価値が高いほど、許容獲得コストは高くなる。個々の新規顧客が自分の事業にとって価値があるほど、新規顧客を引きつけて満足させるために、より多くの投資をすることができる。

諸経費 Overhead

少額の費用に注意せよ。小さな水漏れにより、大きな船でも沈んでしまう。
――ベンジャミン・フランクリン（政治家、アメリカ建国の父）

賃貸料や不動産ローンの支払い額が大きいほど、毎月の費用を支払うために、より多くのお金が必要になるものだ。それと同じ一般原則が、ビジネスにも当てはまる。

諸経費は、事業を続けるための最小限の既存資源を表している。何を販売していようとも、給料、賃貸料、光熱費、修繕費など、毎月の事業運営に必要なものがすべて含まれる。

諸経費が少ないほど、事業を続けるために必要な収入は少なくて済み、財務的な充足点により速く到達できる。たいした支出でなければ、出費分を埋め合わせるためのお金はそれほど必要ではない。

一定量の資本で事業を築いている場合、諸経費は極めて重要になる。ベンチャー・キャピタリストや他の投資機関は、起業に活用できる一定量の資金「シードマネー」を提供できる。より多くの資本を集め、それを使うスピードが遅いほど、その事業を軌道に乗せるためにより多くの時間が持てる。

資本を使うスピードが速いほど、調達しなくてはならない資金が増え、より速く収益を生み始めなくてはならない。当初の資本を使い尽くせば、それ以上の資金調達はできず、ゲームオーバーとなる。投資家や知識豊富な起業家が、その事業のバーンレート（資本燃焼率）を非常に注意して見るのは、そういう理由による。燃焼速度が遅いほど、成功する事業を生み出すために、より多くの時間がかかる。

諸経費が低ければ、柔軟性が高まり、事業の運営をいつまでも維持しやすくなる。

コスト（固定費と変動費） Costs: Fixed and Variable

コストに気をつけていれば、利益は自ずとついてくる。
――アンドリュー・カーネギー（実業家）

「お金を儲けるためには、お金を使わなくてはならない」という古いビジネス格言がある。この言葉には一面の真理があるが、すべての費用が同等の性質を持つとは限らない。

固定費は、生み出す価値の量には関係なく発生する。諸経費は固定費だ。ある特定の月にどんなことをしようとも、従業員の給料やオフィス賃貸料を払わなくてはならない。

変動費は、生み出す価値の量に直接関係する。木綿のＴシャツを作る事業であれば、Ｔシャツをたくさん作るほど、木綿生地もたくさん必要になる。原材料、使用量に応じて課金される光熱費、時間単位で契約している労働者はすべて変動費だ。

固定費の削減は蓄積され、変動費の削減は量によって増幅される。電話代をひと月に五〇ドル節約できるなら、年間で六〇〇ドルの貯金ができる。Ｔシャツ一枚につき〇・五ドルを節約できるなら、一〇〇〇枚作るごとに五〇〇ドルの節約になる。

経費をよく理解するほど、生み出したものを使い尽くすのではなく、できるだけ多くの価値を生み出す方法を見つけやすくなる。

インクリメンタルな悪化 Incremental Degradation

品質、品質、品質。品質を維持する余裕を持つ方法がわからないときでも、決して品質を変えてはいけない。妥協すれば、コモディティと化し、死につながる。
――ゲイリー・ハーシュバーグ（ストウニーフィールド・ファーム創業者）

信じられないかもしれないが、食品雑貨店のお菓子の棚にあるチョコレート製品の多くは、もはや「ミルクチョコレート」ではなく、「チョコレート風味のキャンディ」となっている。いったい何が起こっているのだろうか。

高品質のチョコレートを作るためには、高品質のカカオ豆を買って、すりつぶしてカカオバターを作らなければならない。その後、カカオバターを砂糖、水、乳化剤（カカオバターの油分を、水に溶けやすい砂糖に「くっつける」のに役立つ）と混ぜ合わせる。そして、液体状のチョコレートを温め、型へ注ぎ、冷やして固形チョコレートを作る。

マス市場向けチョコレート生産者は、長年にわたって、経費を抑えて、収益性を高めるために、より安い原材料を使うことにしてきた。高品質のカカオ豆を買う代わりに、二流の産地から安価なカカオ豆を買ったとしても、気づく人はいるだろうか、と思ったのだ。そして、彼らはカカオバターを植物油脂に置き換えた。その量があまりにも多かったので、食品規制当局はもはや「ミルクチョコレート」と呼ぶことを許さなくなった。彼らはさらに乳化剤、防腐剤、他の化学添加物を加えて、チョコレートもどきの製品を維持し、永遠に陳列棚の上に置き続けようとしている。

この話を聞いて、食欲をそそられただろうか。

自分が提供するものの品質を落とせば、お金を節約しても役には立たない。その時点では、これらの「経費削減」処置は、チョコレートの品質に多大な影響を及ぼすように見えなかった。それだけの価値があるトレードオフに見えた。しかし、蓄積効果によって、製品の味と品質が**インクリメンタル（漸進的）**にむしばまれていった。人々がそれに気づき、メーカーも気づいた。今では、元来の高品質の成分を含んだ「高級な」バージョンを買うことができる。

財務や会計担当の経営幹部は「ビーン・カウンティング〔豆を数えるという意味で、経理の蔑称〕」と揶揄されるが、それは経費削減、提供品や事業の収益性を高めようと、費用の削減に主に専念しているからだ。経費削減は利益率の向上に貢献するが、しばしば高い代償をもたらす。

収益性を高めることを目指しているなら、経費削減しても、その目標から遠ざかっていくだけだ。価値を創って届けることは常に、少なくとも、ある程度のお金がかかるので、経費削減しても限度がある。削減することで提供する価値が減り始める時点までが、削減可能な範囲と言える。無駄や不要な経費の削減は確かによい考えだが、収穫逓減（後述）が常に始まるので、不要なものと一緒に、大切なものを捨ててしまわないように注意しなくてはならない。

より多くの価値を創出して届けることのほうが、最終利益の向上にはるかに役立つ。ほとんど何の費用もかけないことは不可能だが、提供できる価値や集められる収入の量には上限はない。経費はコントロールしよう。ただし、本来の顧客の購入理由をインクリメンタルになくさないように。

損益分岐点　Breakeven

起業して最初の数年間は、儲けについて心配するのはおかしなことで、まさに異常だ。最初の製品と最初の組織は決してまともであるはずがない。
――ハービー・S・ファイアストーン（ファイアストーン創業者）

仮に、あなたの事業収入が月一〇万ドル、営業費用が月五万ドルかかっているとしよう。あなたは儲かっているだろうか――それは場合によりけりだ。

新規事業を始めるときには通常、費やした以上のものを生み出すまでに、しばらく時間がかかる。収益を出し始めるまでには、システムを作り、従業員を雇って訓練し、マーケティング活動を行わなくてはならない。立ち上げの期間中、そうした費用はかさんでいく。

先ほどの事業で、立ち上げに月五万ドルの費用の一年分、つまり六〇万ドルかかったとしよう。その事業は今、営業費用を賄うのに必要な金額よりも五万ドル多く生み出しており、初期投資の回収を始めることができる。

損益分岐点は、その事業の全収入が全経費を上回る時点、つまりその事業が消費ではなく、富を生み出し始める時点のことだ。毎月一〇万ドルの収入を上げ続け、費用が同じだとすれば、初期投資の回収に一二カ月かかる。その後、その事業は本格的に儲けを出していく。それまでは、利益が出そうな事業に見えているだけだ。

損益分岐点は絶えず変わる。費用と同じく、収入も自然に変動する。経費をいくら使うか、事業活動の開始からどれだけ収入を上げられるかを計算し続けることが、実際に儲かっているかどうかを知るための唯一の方法だ。

継続的に収入が増え、経費が減っていくほど、より早く損益分岐に到達し、本当の意味で自立した事業になる。

減価償却 Amortization

すべての行動をとる前に、「これによってたくさん儲かるのか。私の行動の結果は吉と出るか、重い負担となるのか」と自問すべきだ。

――アルフレッド・A・モンタパート（作家、『The Supreme Philosophy of Man（人間の究極の哲学）』著者）

あなたは世紀の玩具を創り出したとしよう。まったく本物の犬のような外見で動くが、餌などの世話や夜中に散歩する必要のないぬいぐるみだ。あなたが作ったプロトタイプに子どもたちは夢中になり、親たちは発売されたら購入するために、既にクレジットカード番号をあなたに連絡してきている。何百万個も売れるのは目に見えている。

一つだけ問題がある。これらの犬のぬいぐるみを発売できるようにするために、大規模な工場を用意する必要があり、それには少なくとも一億ドルがかかる。あなたの預金口座には、約一億ドルという途方もない大金があるはずもない。どうすれば、工場などに巨額の支払いをしつつ、儲けを出せる事業になるのだろう。

減価償却は、ある資源に投資をしたら、その推定耐用年数にわたって費用を分散させるプロセスだ。おもちゃの犬の工場の場合、工場の耐用年数の間に、一〇〇〇万個生産できるとしよう。単位ベースでは、その工場の単位当たりコストは一〇ドルにまで下がる。生産品一単位を一〇〇ドルですべて販売すれば、非常に健全な粗利が得られる。

減価償却は、大きな支出の是非を判断するのに役立つ。信頼できるやり方で、コストがいくらで、どれだけ生産できるかを推定する限り、減価償却は大規模投資に合理性があるかどうかを理解する助けとなる。

たとえば、ある書籍デザイナーは、一般的に専門家が活字を組むのに使っているソフトウェア〈アドビ・インデザイン〉の購入を選ぶかもしれない。ほとんどのパッケージ・ソフトと比べて、〈インデザイン〉は高額だ。シングル・ユーザーのライセンスは七〇〇ドルかかる。それだけの価値があるだろうか。

その答えは、そのデザイナーが活字に組むために、そのソフトウェアを何冊の本に使うかで変わってくる。本の企画が一つも完了しなければ、お金の無駄になる。各一〇〇〇ドルの本一〇冊分の活字を組むためにそのソフトを使えば、七〇〇ドルの投資で一万ドルを稼ぐことになり、悪い話ではない。一〇冊分の企画全体で減価償却すれば、ソフトウェアのコストは一企画当たりわずか七〇ドル、もしくは、各企画からもたらされる収入の七％となる。そのデザイナーのクレジットカードは、ソフトウェア購入時には痛みを伴うかもしれないが、そのツールは他の手段ではできない形で、より多くのお金を稼ぐ能力を提供する。

減価償却は、予測値である耐用年数を正確に評価できるかどうかにかかっている。作ったものが売れなかったり、設備が予想よりも早く摩耗したりしてしまえば、減価償却しても効果がない。予測には慎重を要する。投資の際に、見積りを間違えば、当初の推定よりも単位当たり費用が大幅に膨んでしまうかもしれない。

クロックスは、面白い外観のゴム靴を作っている。それが予想外にヒットしたので、同社は規模の拡大を図った。中国に工場を開き、生産した商品が売れ続けるだろうと予測して、何百万足もの靴を生産し始めたのだ。結局、それは一時的なブームにすぎず、クロックスの売上高は急落した。高額な生産設備と、売れ残った在庫品を大量に抱えて同社は行き詰まってしまった。減価償却では、倒産へと向かう道から同社を救い出せなかった。

大規模投資をする価値があるかどうかを理解するために、減価償却を使うのは賢明なことだが、予測を行い、それに応じて処理していることを忘れてはいけない。

購買力 Purchasing Power

起業家の仕事は、自社が資金ショートしないように確かめることである。

――ビル・シャルマン（ハーバード・ビジネススクール教授）

「現金は王様だ」という古いビジネス格言を聞いたことがあるかもしれない。

それは真実だ。帳簿上で何百万ドルの注文があったとしても、銀行に現金がなければ話にならない。仮借用証では請求書は支払えない。従業員に給料を払えなかったり、操業を続けられなかったりすれば、あなたはおしまいだ。

購買力とは、ある事業が保有し、自由に使える流動資産の総額を指す。現金、信用、利用可能な外部融資が含まれる。購買力を賢く使う限り、その力は絶えず高まっていく。

購買力は、諸経費と供給先に支払いをするために使うものだ。支払いを続けている限り、事業運営をしていける。購買力が尽きればすぐに、そこで一巻の終わりだ。

常に、どれくらいの購買力が利用できるかを把握しなくてはならない。銀行にどのくらいの現金があるか。利用可能なクレジットの金額はどのくらいか。購買力が大きいほど、より豊かになる。

利用できる購買力を把握すれば、事業運営ははるかに楽になる。購買力があれば、絶えず請求書の支払いに悩まされることなく、息をつく暇が与えられ、急にお金に困ることはないと確実に知ることができる。そうすれば、メンタル面で感情エネルギーをよい形で大いに活用し、事業の改善方法を考え出せるようになる。

購買余力の大きさには常に細心の注意を払おう。それが、継続中の事業と、失敗した事業との差なのだ。

キャッシュフロー・サイクル　Cash Flow Cycle

すべての真実は、勘定科目の現金を見ればわかる。
――チャーリー・バール（経営コンサルタント）

現金は、予測できる形で事業を経由して動いていく。収入、費用、売上債権、信用がどのように働くかを理解していれば、事業の運営を続け、利用可能な選択肢を最大化するのに十分な購買力を確実に手元に持ち続けることができる。

キャッシュフロー・サイクルは、事業を通じたお金の流れを説明したものだ。会社の銀行口座を浴槽だとしよう。浴槽の水面を高くしたければ、水をたくさん入れて、排水管から漏れ出さないようにする。流入する水量が増え、流出量が少なくなるほど、浴槽の水面は上がっていく。収入と費用は、同じ形で作用する。

売上債権は、他の人々からの支払いの約束である。売上高のように感じられるので、売上債権は魅力的だ。誰かがお金をくれると約束してくれるのだから、素晴らしいことだ。しかし、そこに落とし穴がある。約束が履行されるまで、売上債権は現金には移行しない。仮借用証は現金ではない。約束された分が早く支払われるほど、キャッシュフローはよくなる。だが、帳簿上に何百万ドルもの「売上高」を記載しながら、倒産を余儀なくされた企業は多い。

負債は、あなたが後日、誰かに支払うと言った約束だ。今、購入をするという恩恵を受けつつ、後日まで現金を持ち続けられるので、負債は魅力的だ。支払いが遅くなるほど、自分の自由になる現金は多くなる。負債は役に立つが、落とし穴もある。負債は通常、金利の形で追加のお金がかかる。非常に多くの場合、時間とともに、負債の一定額を払い戻さなくてはならない。これは、「債務元利未払金」と呼ばれ、別タイプの費用として扱うことができる。未払金を賄えなければ、困ったことになる。

直接的にその問題に対処するためには、現金の最大化、つまり、収入を増やし、経費を削減することだ。製品の粗利を高め、販売量を増やし、入ってくる分よりも支出を減らせば、常にキャッシュフローは改善される。

支払いを延期するか、返済期間を長くするために債権者と交渉すると、資金繰りが楽になるかもしれない。今受け取った原材料や能力への支払いを後でもよいと思っている供給先、ベンダー、パートナーがいれば、銀行口座により多くの現金を保持できる。借りた金額や返済期日を把握していないと、負債は容易に手に負えないものになることを、よく注意しなくてはならない。しかし、適切に行われていれば、特にマーケティング費用などは、債権者に後払いすることが非常に有効な場合もある。一〇ドル儲けるために一ドルを借りるのは、よい取引だ。最初の請求書の支払期限が来る何カ月も前にそれができれば、なおさらよい。

現金をより早く生み出すためには、集金ペースを上げて、与信を減らすのが最善策と言える。支払ってもらう代金の回収が早くなるほど、キャッシュフロー状況はよくなる。理想的には、原材料を買って価値を届ける前であっても、直ちに払ってもらうよう試みることだ。

多くの業界で、顧客に対して与信枠を広げることが一般的となっているが、だからといって、あなたも同じことをせよ、という意味ではない。あなたは事業をやっているのであって、（融資関係の事業でない限り）銀行業ではないことを、常に忘れてはいけない。金額の大きいものはすべて、できるだけ早く支払ってもらうほうがよい。

必要に応じて、さらに負債を引き受けたり、クレジットライン（信用供与枠）を開設したりすることでも購買力は高められるが、必要性がないならなるべく回避したほうがよい。ただし、利用できる与信枠が大きいほど、確かに購買力は増す。こうした口座は非常時のみに使う、バックアップの資金調達源として捉えよう。

購買力が高まるほど、事業の回復力（後述）が高まり、予想外のことに対応する能力も向上する。

機会費用 Opportunity Cost

ビジネスは、他のどの職業よりも、継続的に将来に対応している。
それは、継続的な計算であり、先を見通す本能である。
——ヘンリー・R・ルース（タイム誌創刊者）

年収五万ドルの仕事をやめて、起業することにしたとしよう。起業にはもちろん独自のコストがかかるが、あなたが以前の仕事を続けていれば獲得したであろう五万ドルもまたコストとなる。

機会費用とは、ある意思決定をすることで諦めることになる価値のことだ。一度に何もかもをすることはできない。私たちは一度に複数の場所にいられないし、同じお金を同時に二つの異なることに使うこともできない。

時間、エネルギー、資源を投じるときはいつでも、私たちは知らず知らずのうちに、他の方法ではそれらを使わないという選択をしている。次善の選択肢によって生み出された価値は、その意思決定の機会費用となる。

機会費用が重要なのは、常に他の選択肢が存在するためだ。ある会社で働いていて年収が三万ドルだった場合に、別の会社に移れば同じ仕事で年収二〇万ドルをもらえるという選択肢があったなら、なぜその会社に留まるのだろうか。従業員や請負業者に、同じ仕事に対して他社よりも安い金額しか払っていなければ、なぜ彼らはあなたのために働くのだろうか。あなたが二〇〇ドル請求するものを、顧客が二〇ドルで入手できるとすれば、あなたから買う理由があるだろうか。

機会費用は隠れているからこそ重要になってくる。「欠如の不認知」の項目で解説するが、人間は存在しないものに注意を払うのが苦手だ。意思決定をする前に、諦めているものに注意を向けることは、すべての選択肢を正確に検討する上で役立つ。

しかし、あまりにも機会費用にこだわりすぎると、不用意に頭を悩ませかねない。（私がそうであるように）普通の探究者は取りうる最善の選択肢を確実に選ぼうと、すべての意思決定を過度に分析したくなるだろう。そうなれば、収穫逓減（後述）のポイントを簡単に超えてしまう。可能な選択肢をめぐって、見動きがとれなくなることがないよう、意思決定の時点では、最善の選択肢と思われるものだけを考えよう。

そうすれば、自由になる資源をより上手に活用できるようになるだろう。

金銭の時間的価値

Time Value of Money

時間が経てば物事は変わるとよく言われるが、実際には、あなたが自ら物事を変えていかなくてはならない。
——アンディ・ウォーホル（アーティスト）

今日の一〇〇万ドルと、今から五年後の一〇〇万ドルとでは、どちらがよいか。答えは明らかだ。なぜ五年も待つ必要があるのか。今現在、お金を持っているということは、現時点でそれを使ったり、投資したりできるということだ。一〇〇万ドルを五％の複利（後述）で運用すれば、今から五年後には一二七万六二八一・五六ドルになる。やむを得ない理由でもない限り、上乗せされる二七万ドル余りを諦めなければならない理由があるだろうか。

今日の一ドルは明日の一ドル以上の価値がある。どれだけ上回るかは、その使い方次第だ。投資対象となる収益性の高い選択肢が多くなるほど、その価値はより高まる。

金銭の時間的価値を計算することは、機会費用を判断する方法だ。投資対象として、様々なリターンが得られるファンドが多数ある場合、どの選択肢を選び、特定の選択肢にいくら投じるかを決める上で、金銭の時間的価値という考え方が役立つ。

一〇〇万ドルの例に戻ると、誰かがリスクなしで一年後に一〇〇万ドルになる投資案件を申し出たとしよう。今日、それに払ってもよいと思う最大の金額はいくらだろうか。

ここで次善の代替案として、「五％の金利でリスクなし」の投資案件があるとすれば、九五万二三八〇ドル以上はびた一文も払うべきではない。なぜなら、同額を次善の選択肢に投じれば、一〇〇万ドルになるからだ。一〇〇万ドルを一・〇五（五％の金利、つまり割引率）で割れば、九五万二三八〇ドルになる。それよりも少ない金額で最初の案件に投資できれば、有利な取引と言える。

金銭の時間的価値は非常に古い概念で、最初に説いたのは、一六世紀初めのスペインの神学者、マルティン・デ・アスピルクエタだ。今日の一ドルが明日の一ドルよりも価値があるという洞察の本質は、多くの一般的な財政状況に拡大して適応することができる。

たとえば、年間二〇万ドルの収益が得られる事業に払ってもよい最高金額を理解する際に、金銭の時間的価値は役立つ。五％の金利で、成長は考慮せずに、一〇年後が予見できるとすれば、一連の将来キャッシュフローの「現在価値」は一五四万四三四七ドルとなる。その金額よりも支払額が少なければ、その仮定が正しい限り、有利な取引をしたことになる（これは四つの価格設定方法で挙げた「ディスカウント・キャッシュフロー方式」だ）。

金銭の時間的価値は非常に用途の広い概念なので、本書の範囲では詳細な説明はしきれない。より深く知りたい人には、ロバート・A・クック著『The McGraw-Hill 36-Hour Course in Finance for Nonfinancial Managers（マグロウヒルの財務経験のない管理職向け36時間財務講座）』が参考になるだろう。

複利 Compounding

一日に一%ずつ改善されれば、ちょうど七〇日で二倍の改善となる。
――アラン・ワイス〔経営コンサルタント、『Million Dollar Consulting〔年商一〇〇万ドルのコンサルティング〕』著者〕

大富豪になるのに確実な方法がある。八%の金利で四〇年間、一日一〇ドルを貯めていけばいい。一日一〇ドルを節約するのは難しいことではない。不要な経費を取り除けば、月に三〇〇ドル節約でき、そのお金を単純に保守的に投資すれば、八%を稼ぐことができる〔テクニカルな低リスク投資戦略に興味があれば、ハリー・ブラウン著『Fail-Safe Investing〔絶対確実な投資〕』と、ラミット・セシ著『I Will Teach You to Be Rich〔お金持ちになる方法を教えよう〕』がお薦めだ〕。

さらに素晴らしいことがある。その四〇年間のうち、一四万六一一〇ドルを拠出するだけでいいのだ。それだけで、どうして百万長者になれるのだろうか。

複利は、時間とともに利殖していくことを指す。利益を再投資できる場合は常に、その投資は指数関数的に積み上がっていく。これは、プラスのフィードバック・ループ〔後述〕だ。

複利の単純な例が、預金口座だ。預金して五%の利子がつけば、一年後、口座にあった一ドルは一・〇五ドルになる。二年目には一ドルではなく一・〇五ドルから始まり、三年で一・一〇ドル、四年で一・一五ドルになる。最初に貯金してから一四年後には、二ドルになる。この関係を拡大して考えるまでは、たいしたことはなさそうだ。しかし一〇〇万ドルから始めて、一四年後に二〇〇万ドルになるとすれば、悪くない話だ。

複利が重要なのは、驚くほど短期間に巨額の利益となる可能性があるからだ。事業収入を再投資することで、事業が急成長を遂げているなら、最初の投資を何度も増やしていくことができる。利益を再投資している小規模企業がほんの二、三年で大企業になる理由を探ってみると、その秘密は複利にある。利益を蓄積することは、時間が経てば必然的に大きな結果を生み出す。大事なのは報酬を待つだけの忍耐強さを持つことだ。

レバレッジ　Leverage

レバレッジの意味を理解していないと、私たちは非難されてきた。（中略）私たちはレバレッジの意味を知ったが、銀行に二、三〇〇ドルの現金があるほうが、膨大なレバレッジをかけることよりも、はるかによい。

――ケニス・H・オルセン（ディジタル・イクイップメント創業者）

「他人のお金」を使うことは、ひと財産を儲ける素晴らしい方法のように聞こえる。お金を少し借りて、儲けを出して、貸し手に返し、残りを維持する。それに勝ることなどあるだろうか。リスクに気をつけていれば、他人からの借金でお金を儲けるのは、抜け目ないやり方だ。

レバレッジは、借金を用いて潜在的な利益を倍増させる行為を指す。

たとえば、二万ドルを持っていて、不動産に投資したいと思っていたとしよう。そのお金を一〇万ドルの資産の頭金とし（二〇％を支払う）、残りの八万ドルを借り入れてもよい。しかしこの場合、一回の投資で全額が拘束されることになる。

その二万ドルを一つの案件に使う代わりに、一〇万ドルの資産四件に分けて投資してもよい。その場合、頭金として各資産に五〇〇〇ドルずつ払うことになる。この戦略では、借入金が九万五〇〇〇ドルの四倍、総額三八万ドルが必要となる。

ここで魔法が起こる。仮に、それらの資産には二倍の価値があり、すべて売れたとしよう。最初のシナリオでは、二万ドルの頭金で一〇万ドルが得られるので、投資に対して五倍のリターンとなる。第二のシナリオでは、全く同じ二万ドルの頭金で、四〇万ドルが得られるので、投資に対するリターンは二〇倍となる。そう聞けば、レバレッジは楽勝のように思えてくる。

ここで事を急《せ》いてはいけない。各資産の価値が大幅に減少し、できるだけ多くのお金を取り戻すために全案件を売ることになったとしよう。資産価値が五〇％下がれば、最初のシナリオでは、五万ドルを失う。第二のシナリオでは、レバレッジが効いて、その四倍の二〇万ドルへと損失が膨らむ。

レバレッジは、金融における増幅の一つの形だ。利益と損失の両方の可能性を増幅させる。投資が成功すれば、レバレッジはより多くの効果を促進する。投資が失敗すれば、レバレッジをかけなかったときよりも、はるかに多くのお金が失われる。

二〇〇八～九年の不況時にマイナスに働いた重要な要因の一つは、投資銀行が過度のレバレッジを活用していたことだ。銀行融資に三〇倍や四〇倍のレバレッジがかけられていることも珍しくなかった。特定の株価が一定比率で上がったり下がったりすると、何百万ドル（あるいは億単位）もの損益が出る。相場が下がると、銀行の損失はかけたレバレッジ分だけ拡大し、会社全体の存続をも脅かすほどになった。

レバレッジの活用は火を扱うようなものだ。適切に使えば有用かもしれないが、大やけどすることもある。その因果関係をよく理解し、それを受け入れる覚悟がないなら、決してレバレッジを使ってはいけない。さもないと、事業と個人の財務状況を危険にさらすことになるだろう。

資金調達のヒエラルキー Hierarchy of Funding

お金というものは、往々にしてコストがかかりすぎる。
――ラルフ・ウォルドー・エマソン（思想家、詩人）

あまり力を使わなくても、物体を持ち上げられる反重力装置を発明したとしよう。その発明は輸送業と製造業に革命をもたらし、多くの新製品が可能になる。その発明に対する需要は既にあり、その需要を満たす台数をただ製造すればよい。

しかし、問題がある。見積りによると、その装置を作るために必要な器材を用いた生産ラインを設置するのに一〇億ドルがかかるという。残念ながら、一〇億ドルも余分な持ち合わせはない。その装置があれば明らかに大きな問題を解決するが、その次のステップは手の届かないところにある。さて、あなたならどうするだろうか。

資金調達をすれば、現状の予算では不可能なことが実施できるようになる。事業で価値を生み出し届けるために、高額の機材や多数の労働者が必要なら、おそらく外部から資金調達する必要がある。銀行口座に多額の余裕資金がある人はごく少数だが、そういう資金を探すのは驚くほど簡単だったりする。

資金調達は、事業のロケット燃料に相当する。事業でさらなる能力が必要となり、正しい方向が既に示されていれば、借入金の賢い利用は、その事業の成長を加速させる一助となる。その事業に構造的な問題があれば、借入金は好ましくない形で爆発を引き起こす。

資金調達先にアクセスするために、その事業活動の支配権の一部を手放さなくてはならない場合が多い。実業家はただでお金を与えることはなく、常に何かをリターンとして要求する。

資本の提供が、多くの事業の価値形態の一つだったことを思い出してほしい。資源と引き替えに、貸し手や投資家は価値、金利、リース料、あるいは、利益配分などを見返りとして求めている。その事業が失敗した場合に、すべてを失うリスクを減らす方法も探している。リスク軽減のために、彼らは支配権、つまり、事業活動に影響を及ぼす力を要求する。こちらがより多くのお金を調達しようとするほど、彼らはより多くの支配力を求めてくる。

資金調達のヒエラルキー、つまり、可能な選択肢の梯子を想像してみるのが役立つと、私は考えている。すべての実業家は梯子の下からスタートし、必要に応じて上に登っていく。高くまで登るほど、より多くの資金を調達し、それと引き換えにさらに多くの支配力を断念することになる。

この資金調達のヒエラルキーを詳しく見ていこう。一番下から始めることにする。

個人の手元資金は、間違いなく最高の資金調達方法だ。既に持っているお金を投資することは早くて簡単で、承認も書類も必要としない。ほとんどの起業家は、可能な限り多くの自己資金を使って始める。

個人の信用は、もう一つの低コストの資金調達方法だ。必要額が二、三〇〇〇〇ドルを超えない限り、個人の信用を使って費用分を工面するのは簡単だ。あなたの信用が高ければ承認は通常すぐに下りる。時間をかけて返済していけば、キャッシュフローを増やす一助となる。返済できなければ、個人の信用格付け（一種の評判）が傷つく危険があるが、多くの起業家には、そうしたリスクはとるだけの価値がある。

私は手元資金と個人の信用を用いて、すべての事業資金を工面した。ほどほどの必要額であれば、予算に気をつけている限り、最初の起業資金の調達に個人の信用を使うことはよい選択肢と言える。

個人融資は通常、友人と家族を頼る。個人資金と個人の信用でカバーできる以上の資金を必要とする場合、友人や家族から借金することも珍しくはない。ここで少し注意してほしい。返済できなくなるリスクは非常に現実的で、大事な個人的な人間関係に破壊的な影響を及ぼす恐れがある。したがって、両親や祖父母に頼み込んで、彼らが生涯をかけて貯めてきたお金をあなたのアイデアに賭けさせることは、極力避けたほうがいい。ほかにもっとよい方法がある。

無担保融資は通常、銀行と信用組合が行っている。書類に記入して一定額の融資を申し込めば、銀行側は特定期間に金利つきで、あなたに返済能力があるかどうかを査定する。借入金はいつでも利用できる一時金やクレジットラインになりうる。銀行は少額(二、三〇〇〇ドル)なので担保を求めないが、その分、おそらくクレジットカードや担保付融資よりも金利がやや高くなる。

担保付融資では担保が必要となる。住宅ローンや自動車ローンはそのよい例だ。返済しなければ、貸し手は法的に担保として約束した資産を差し押さえることができる。貸し手は資金を取り戻すためにその資産を売却できるので、担保付融資は無担保融資よりもかなり多く、数万〜数十万ドルという金額が調達できる。

債券は、個人の貸し手に販売される負債のことだ。銀行に融資を求める代わりに、企業は個人や他の会社に直接、お金を貸してほしいと依頼する。債権の購入者がその企業に直接資金を提供し、一定期間に合意された金利で返済をする。債権が満期を迎えると、その企業はこれまでの返済分に加えて、元本の返済を行わなくてはならない。債権市場をとりまく法規制のプロセスは非常に複雑なので、債権の発行は通常、証券会社を介して実施される。

売掛債権担保融資は、企業特有の特別なタイプの担保付き貸付金だ。売掛債権担保融資は信用力があれば何百万ドルも調達できるが、コストもかかる。融資の担保はその事業の売掛債権をめぐる支配権だ。銀行がそうした受取債権を管理するので、その融資が従業員の給料やベンダーへの支払いなど他の用途に回らないように目を光らせることができる。巨額の資金調達が可能となるが、多くの支配力を貸し手に明け渡すことになる。

エンジェルからの資金調達の場合、借入金から資本へと移行する。「エンジェル」とは、余裕資金があり、通常は一万～一〇〇万ドルを未公開企業に投資したいと思っている個人投資家のことだ。出資の見返りとして、その企業の所有権の一～一〇%を手に入れる。

エンジェルの活用は、おとなしいパートナーを迎え入れることに少し似ている。彼らは資本を与え、その見返りに、その企業の所有権の一部を譲り受ける。一部のエンジェルは助言やコンサルティングも行うが、通常は事業に関する意思決定権は持たない。

エンジェルの次に来るのが**ベンチャー・キャピタル**だ。ベンチャーキャピタリスト（VC）は、非常に多額の利用可能な資本を持った非常に裕福な投資家たち（あるいは、彼らの資金をまとめた投資家グループ）を指す。一回の投資は何千万、何億ドル単位になる。小さく始めて、その後、成長してより多くの資本が必要になった段階で、ベンチャー・キャピタル経由での資金調達が始まる。その後の段階では、現在の株主の保有比率が薄まるので、一般的にかなり多くの交渉が行われる。VCも多額の資金の見返りに、多くの支配力を要求するが、それは通常、取締役会の議席を意味する。

株式公開は一般市場で投資家にその企業の所有権の一部を販売するやり方だ。これは通常、証券会社を通して行われる。一般の株式市場で売るので、その企業には株式と引き替えに多額の資本が供給される。

投資銀行はプレミアム価格で買った株式を、一般市場で一般投資家に売って儲けを得る。新規株式公開（IPO）は、単純にその企業が証券市場に初めて株式を売り出すことだ。

株式を購入する投資家は誰でも、法的にその企業の部分的な所有者であり、取締役を選出して、経営の意思決定に参加する権利を持っている。その企業の株式を大量に保有している人なら、その企業を支配できるので、「株式公開」によって敵対的買収、つまり、その企業を支配しようとして大量の株式購入が行われるリスクが生じる。

公募増資は一般的に、エンジェルとVCが資金と所有権を交換するために用いる。投資家は、その企業から配当金を得るか、自分の持ち株を他の投資家に売るかのいずれかの方法でリターンを得ることができる。公募増資によって、投資家は持ち分を売って資金を回収できるので、エンジェルやVCが、実施した投資をできる限り早く「清算」するために、成功している企業に対して「公開」や他企業への売却を迫るケースはよくあることだ。

資金調達のたびに、支配力をどんどん手放していけば、その資金調達源は魅力を失っていく。意思決定の前に相談しなくてはならない人々が増えるほど、経営は遅くなる。投資家の存在によってコミュニケーション費用（後述）が増し、ものごとを速く進める能力に悪影響を及ぼす恐れがある。

たとえ創業者であったとしても、業績がよくない企業の経営陣に対して、投資家が退陣を迫ることは珍しくない。野心的な経営陣でさえ例外ではない。一九九〇年代にアップルが業績不振に陥っていたとき、取締役会は共同創業者のスティーブ・ジョブスを解雇した。賢者の言葉に、「大量の資本を獲得する前に、その企業の取締役が事業運営にどの程度の権限を持っているかに注意せよ」とある。

資金調達は有用かもしれないが、事業運営の支配力に関して注意が必要になる。やみくもに軽々しく飛びつくべきではない。

投資収益率（ROI） Return on Investment

最終利益が常に最優先事項である必要がないことを知る人は、賢明である。
――ウィリアム・A・ウィード（作家、警句家）

何かに投資するときは、支払った額よりも多くの価値がもたらされることを期待するものだ。投資額に対してどれだけ受け取れるかを推定するスキルは、非常に役立つ。

投資収益率（ROI）は、時間や資源の投資によって生み出される価値のことだ。ほとんどの人は、貨幣についてROIを考える。一〇〇〇ドルに投資して、一〇〇ドルの収益を得れば、ROIは一〇％となる。

（一〇〇〇ドル＋一〇〇ドル）÷一〇〇〇ドル＝一・一〇（一〇％）

ROIが一〇〇％なら、初期投資を二倍にしたことになる。

ROIは競合する選択肢の意思決定に役立つ。預金口座に貯金があるなら、ROIは銀行が設定している金利に等しい。手数料が同じで、金利を二％払ってくれる銀行に預金できるなら、金利一％の銀行にそのお金を預ける理由はない。

ＲＯＩの有効性は金銭以外にも当てはまり、他の共通通貨にも適用できる。「投じた時間に対する収益」は、労力の便益を分析するのに非常に役立つ方法だ。一〇〇万ドルもらう代わりに、一年間休みなく一日二四時間、働くことを強制されるとしたら、その話を受けるだろうか。時間のコストとまっとうな精神に照らし合わせてリターンを考えれば、それほどの価値がない。

あらゆる投資リターンは常に、投資額に直接関連している。（お金と時間の両方に関して）投資が多くなるほど、リターンは少なくなる。家を買う、大学で学位を得るといった「確実な賭け」でも、支払う額があまりにも多すぎれば、賢明とは言えない。推定リターンはすべて投機的なものと言える。実際にどう展開するかは絶対にわからない。リターン計算は将来を予測する行為であって、基本的に不可能なのだ。

将来ＲＯＩの予測はすべて、なかば知識に基づいた憶測にすぎない。ＲＯＩが把握できるのは、投資を行って、リターンを回収した後のことだ。この世には確実な賭けは存在しない。

たとえどれほど潜在的なＲＯＩが高く見えたとしても、投資前に、うまくいかなくなるリスクを常に考慮に入れよう。

サンクコスト　Sunk Cost

一度で成功しなければ、何度か再挑戦すればいい。
やめるのはその後だ。いたずらに時間を無駄にするのは無意味なことだ。
——W・C・フィールズ（コメディアン、喜劇王）

第二次世界大戦から帰還した後、私の祖父はカウフマン建設会社を立ち上げ、オハイオ州のアクロンに店舗、家、集会場、アパートを建設した。創業してから二五年目の一九六五年に、最も野心的なプロジェクトを始めた。ポーテージ・パスに五階建ての二六戸のアパートを建築したのだ。

二軒分の古い家をセットにした多数の「バラネル（Baranel）」をそのプロジェクト用に購入し解体した。鉄筋とレンガを発注し、掘削は予定通りに進行していた。予想されるプロジェクト費用は三〇万ドル（現在価値に換算すると二四〇万ドル相当）だった。

掘削機が非常に不安定な地盤である青い粘土層を掘り当てるまでは、そのプロジェクトはスムーズに進行していた。プロジェクトを続けるためには、固い地盤に到達するまで数千立方フィートの粘土や土を掘り起こし、そこでできた巨大な穴は追加のコンクリートと鉄筋で埋めなくてはならない。建物の完成には、当初の予想をはるかに上回るコストがかかるが、正確な金額を判断するのは難しかった。

祖父はそこで立ち去らずに、プロジェクトを最後までやり遂げようとした。既に多額の資金を土地や掘削に費やしていたので、その努力や投資に対して何も得ないまま「反故にする」のは間違っているように感じられたのだ。彼は数人の投資家を見つけて、担保として別のアパートと住宅を立て、プロジェクトを続行させた。

その建設工事が終了する頃には、当初の計画の三倍以上の約一〇〇〇万ドル（インフレ調整すると現在の八〇〇〇万ドル）を費やすことになった。それは建物以上に高くついた。祖父は、怒った投資家や弁護士への対応に残りの人生を費やすことになった。悲しい物語だが、学ぶだけの価値はある。

サンクコストは、ひとたび投入したら取り戻すことのできない時間、エネルギー、資金などの投資のことだ。何をしようとも、そうした資源を取り戻すことはできない。失われた資源を取り戻すプロジェクトに投資を続けても意味がない。期待される見返りに対して、どれだけの投資が必要かのほうが重要なのだ。

サンクコストは概念としてはわかりやすいが、実践に取り入れるのは非常に難しい。望んでいなかったことがわかるまでに特定のキャリアで何年も無駄にしたり、想定と違って追加で何百万ドルも必要なプロジェクトに資金をつぎ込んだりすると、手を引きにくくなる。大量に投資したので「手ぶらで諦める」のは間違っているように感じるのだ。現実には、過去の投資に対してできることは何もない。もう終わってしまったことなのだ。やるべきなのは、今持っている情報に基づいて行動することだ。

間違いを犯すことは避けて通れない。完璧な人などいない。振り返ってみれば、やらなければよかったと思う決定が一つや二つあるだろう。賭けてもいい。時間を戻せるなら、違ったことをするだろう。しかし残念ながら、それはできない。損失を取り戻すためにリスクの高いプロジェクトに再び賭けなくても、常に他にもプロジェクトがある。「失敗したビジネスにさらに金をつぎ込む」ことは、勝てる戦略ではないのだ。

底なし穴にコンクリートを注ぎ込んではいけない。追加投資の価値がないなら、立ち去ったほうがよい。失ったのと同じ形で、お金を取り戻すことは決してできない。必要な投資やリスクが報酬に見合っていないなら、投資すべきではない。

THE HUMAN MIND

第7章 人の心を理解する

この試合の九〇パーセントは半ば心理戦だ。
――ヨギ・ベラ（元プロ野球選手、迷語録者）

ここまで事業の仕組みのポイントを取り上げてきたが、ここではギアを変えて、人々がどう動くかを理解することにしよう。

ビジネスは人々のために、人々によって構築される。価値創造や価値を届けることについて言及したが、人々がニーズとウォンツを持たなければ、ビジネスは成り立たない。同様に、そのニーズやウォンツを誰も満たせず、進んで満たそうともしないのであれば、企業経営はできない。

人々がどのように情報を取り入れ、どう意思決定し、やることとやらないことをどう判断しているかを理解することは、成功するベンチャー事業を立ち上げ維持していく上で非常に重要になってくる。ひとたび人間の心がどう作用するかを解明したら、もっとうまく物事を行ったり、他の人々と協業したりする方法が見つけやすくなる。

ガソリンタンク　The Gas Tank

塩がなくてはもう喜びはない。それは痛みを伴う挫折ではない。疲労と過ちだ。
——ロバート・フロスト（詩人）

栄養ドリンク〈レッドブル〉で気合を入れて、徹夜で仕事をしてみたところで、できることは知れている。よい仕事をしたいのであれば、自分自身を大事にすることは不可欠だ。活動に必要なものを身体に与えなければ、目的に達するはるか前にガス欠状態になってしまう。

心は何よりもまず身体的なシステムだ。私たちはよく精神的な疲労や感情的な苦悩を感じるが、そうした経験は単純に、栄養、運動、休息など肉体的に必要なものが満たされていないという身体からのシグナルだ。

物事をやり遂げたいなら、「空っぽ」のままで走り続けることはできない。自動車と同じように、あなたは**ガソリンタンク**を持っている。やるべき仕事がたくさんあるとき、概して、自分の身体の心配は二の次となるものだ。しかし、それではいけない。燃え尽きずに重要なことをやり遂げたいなら、自分自身を大事にすることを主な関心事としなくてはならない。

栄養、運動、休息は、自分の身体を生産的なエネルギーに変換するためのインプット（投入物）だ。貧弱な（あるいは、あまりにも少量の）インプットでは、必然的にアウトプット（成果）も質量ともに減少する。毎日、フル活用するのに役立つ基本的なガイドラインを二、三挙げてみよう。

●**高品質の食物を摂る。**ガーベージ・イン、ガーベージ・アウト（後述）なので、体内に入れるものに注意することだ。肉、卵、乳製品を食べるときは、抗生物質やホルモンが含まれている食物源を避けたほうがよい。白砂糖や加工食品もできる限り避ける――私たちの曾祖父母が食べ物としてすぐに認めないようなものは、食べないことだ。

二・五時間おきに軽食や食事を摂ると、血糖値の安定を保ちやすくなり、日中、身体機能が低下しなくなる。私はときどき食べることを忘れてしまうタイプの人間なので、なるべく物事をシンプルにしようと努めている。少量のアーモンドや果物を食べるのが、私には一番よいようだ。そして、ほどよくカフェインを摂る。ハーブ・ティーは炭酸水の代わりによい。水筒を携帯すれば、水分補給がはるかに容易になる。

●**定期的に運動する。**ジョン・メディナの『ブレイン・ルール』（日本放送出版協会、二〇〇九年）によると、強度の低い運動でさえエネルギーが増し、知的能力を向上させ、集中力が高まる。散歩をする、走る、縄跳びをする、あるいは、軽くヨガをすることで、心に張ったクモの巣を払いのけ、その日はずっと、より多くのエネルギーを供給できるようになる。血行をよくするために、私はよく六・三キロの大型ハンマーを振り回す。これは安価で効果的なウェイト・リフティング器具で、たいして場所もとらない（他のものにぶつけないよう注意しなくてはならないが[★1]）。

●**毎晩、少なくとも七～八時間の睡眠をとる。**睡眠は、意志力の喪失（後述）による影響を食い止めるとともに、パターン照合とメンタル・シミュレーションの結果の強化に役立つので、休息を削ってはいけない。私の場合、寝るのを忘れないために、目覚まし時計をセットするとよいようだ。そうすれば、就寝前に緊張をほぐす時間がとれる。早く寝れば早起きになり、クリエイティブな仕事には非常に効果的だ。それから、一日を始める前に、執筆やほかの創造的な作業をするのが最高だということも知った。気を散らさず、時間切れになることもない。

●**十分に日光を浴びる。**ビタミンDは身体の多くの化学反応の重要な要素だ。皮膚がフィルタを通さずに直接、日光を浴びれば、身体はビタミンDを合成できるようになっている（窓越しの日光では不十分だ）。ただし、日光の浴び過ぎはよくない。日焼けや皮膚ガンは愉快なことではない。日光は、睡眠パターンに影響を及ぼす二四時間周期のリズムを作るのに役立つ。私は十分な光を浴びられるように、特に冬期は光線治療器[★2]を定期的に使っている。朝にほんの一〇分間、日光浴するだけで、睡眠と気分の両方が非常に簡単に改善される。

●脳を働かせるのに必要な原材料を供給する。これまでに何らかの理由で、怒り、悲しみ、無関心、無気力を感じたことがあるなら、気分をよくする働きの神経伝達物質を作るための原材料が身体に不足しているのかもしれない。ジュリア・ロスは著書『The Mood Cure（気分の癒し方）』の中で、ドーパミンとセロトニンのように、気分を変えるために重要な神経伝達物質を生産する際には、脳に特定の合成物が必要だと説いている。こうした気分を変える化学物質を作るのに必要な原材料がなければ、たとえ世界の何もかもが申し分ない状態でも、自分はそこから切り離されたように感じるだろう。

現代の食習慣が変わったことにより、こうした物質の一部を補足して摂取する必要がある。よい総合ビタミン・サプリメント、魚油、マグネシウム、必須アミノ酸は、脳が効果的に働くのに必要なものを確認する上で大いに役立つ。注意したいのが、買ったサプリメントが何であれ、体内にうまく吸収され利用されるかどうかだ。消化されずに身体を通過するだけなら、そのサプリメントは何の役にも立たない★3。

エネルギー、生産性、気分を向上させるために、私は絶えず新しい方法を試みている。皆さんにも同じやり方をお薦めしたい。誘導構造を作れば、ライフスタイルを変化させるのがはるかに容易になる。私は環境システムを変えることで、ほぼ苦労もなく、多くの生活習慣を変えることができた。三年間、完全菜食主義（動物性食品をとらない）の食生活を送ったことも含めてである。改善に気づいたなら、新しいことを試してみるのを恐れてはいけない。ただし、くれぐれも安全な形で。

疑わしい時は、私たちの先祖が古代にどんな暮らしをしてきたかを考え、それに従って行動しよう。

玉ねぎ脳　The Onion Brain

ここで示す見解は必ずしも、私の胸中ですべて一致したものとは限らない。
――マルコム・マクマホン（司教）

大部分の人は、周囲の世界について絶えず論評する頭の中の声と一体化している。その声は時々興奮してはずむが、ほとんどの場合は不確かで、心配し、おびえている。

幸いにも、「あなた」はその声ではない。

「あなた」は脳のほんの一部である。あなたの頭の声はちょうどラジオのアナウンサーのようなもので、脳が行うことを自動的に論評する。実際に、自動的に対処できない問題を解くために脳が用いるのは、あなたではなく、あなたの意識である。

人間の言動のルーツは脳の中にあるので、実際の脳の構造を理解しておくと非常に役立つ。脳の働きを少し（というよりも、かなり単純化しているが）見ていこう。

脳を玉ねぎだと仮定しよう。いくつかの層が重なり合っている。中心には心拍、睡眠、覚醒、反射、筋肉運動、生物学的衝動など、基本的に生存維持活動を司る「後脳」と呼ばれる構造がある。

脳のベース部分にある後脳はしばしば「トカゲ脳」と呼ばれる。この基本的な神経構造は、爬虫類や両生類を含めて、私たち生物学的な前駆体［ある物質が生成・代謝される前段階の物質］のすべてで出現するからだ。後脳は主に信号を発生させ、その信号は脊髄と神経を経由して身体のあらゆる部位に伝えられ、最終的に身体的行動となる。

後脳の上には中脳があり、感覚データ、感情、記憶、パターン照合の処理を司っている。中脳は次に起こることを絶えず（自動的に）予測し、その後、情報を後脳に送る。その情報は直ちに行動がとれるよう私たちの身体を準備させる。中脳はラジオのアナウンサーで、後脳はラジオに相当する。

中脳の真上には、薄い折り重なった細胞層の前脳がある。この小さなシート状の神経物質は、自己認識、論理、熟考、抑制、意思決定といった、私たちをはっきりと人間たらしめる認識能力を司っている。

発達に関して言えば、前脳は非常に新しいもので、どうやら曖昧さに対処するために発達したようだ。ほとんどの場合、中脳と後大脳は本能と自動操縦で動いている。しかし、予期しないことや慣れないことに直面すると、そうした変化のせいで、次に起こる事を予測する中脳の能力は混乱をきたす。それが、前脳のギアを入れるタイミングとなり、データを集めて選択肢を考察する。

ある程度の熟考と分析の後、前脳は、その時点で最良と思われることに基づいて何をすべきかを決める。意思決定が行われたら、中脳と後脳が、決定を通常の働きとみなし、実行する。

神経科学者はおそらくこの点で私を攻撃するかもしれないが、この非常に基本的な脳のモデルには、利用に耐えうるだけの正確さが備わっている。[★4] 私の友人でメンターでもある、マインド・ハッカーのP・J・イービーは、心の異なる部位の関係を説明するのに、素晴らしい比喩を用いている。脳は「馬」で、あなたは「乗り手」だと言うのだ。あなたの馬は知的で、自分で動き、課題を特定でき、危険や怖いと思われるものを嫌がる。乗り手であるあなたは方向を決めて、進んでも安全だと馬を安心させる。

より多くのことを達成するためにできる最善策の一つは、頭の中の声から、自分自身を分離することだ。

ラジオのアナウンサーである中脳は、トリプルのエスプレッソを飲めば、注意力を二時間は持続させられる。その仕事は、あなたの環境の中にある、注意を向けようと興味を持つかもしれないことを目立たせることだ。それは、中核となる人間の欲動を引き出したり、何らかのリスクを示したりするかもしれない。とはいえ、その声が常に正しく、絶対真理としてすべてを真に受けよ、という意味ではない。

瞑想は、頭の中で「あなた」をその声から分離するのに役立つ簡単な訓練となる。瞑想は別に神秘的でも摩訶不思議なものでもない。ただ呼吸をして、あなたの「原始人の心」が行うことをじっと見守り、自分自身をそれと関連づけないように保つ。しばらくすると、声は静かになっていき、自分が選んだ道を自ら守り続ける能力が向上していく。

毎日数秒間、静かに瞑想を行えば、恐怖や圧倒される感覚は、自分の運命を支配している感覚へと変わってくるはずだ。瞑想を学ぶことに興味があれば、バンテ・ヘネポラ・グナラタナの『Mindfulness in Plain English（わかりやすい英語で語る心の集中）』とジョン・カバズィンの『Wherever You Go, There You Are（どこに行こうとも、それでいい）』をお薦めしたい。

認知制御 Perceptual Control

生物の行動は制御システムのアウトプットであり、望ましい基準値で認知を制御する目的で実行される。行動は認知制御である。

――ウィリアム・T・パワーズ（制御システム理論家、『Making Sense of Behavior〔行動を理解する〕』著者）

世界中の企業（とビジネススクール）の殿堂の中で、B・F・スキナーは隠れた王様だ。スキナーは、心理学における行動主義の活動を支えた主要な知識人の一人で、生物系は常にある刺激に特定の方法で反応すると考えていた。刺激を制御すれば、行動を制御できる。報酬と罰で生物を「条件づけ」すれば、その生物はどう行動すべきかを正確に学習するというのだ。

それから数十年を経て、心理学の分野で行動主義は時代遅れとなった。行動にはアメとムチ以上のものがあることが、研究で明らかになったのだ。残念ながら、それは世界中の企業やビジネススクールの教室などで扱うビジネス手法にまで広がらず、企業では望むことを人々が正確にこなすようにする魔法のインセンティブの探索が続けられている。

現実は、人間の行動はサーモスタット（温度自動調節器）の類にはるかに近い。サーモスタットは非常に単純なシステムで、センサー、設定温度、スイッチですべて構成されている。センサーは周囲の環境の温度を測り、温度が所定の範囲内にあれば、サーモスタットは何もしない。設定温度を下回れば、暖房のスイッチが入り、ひとたび設定温度を超えれば、暖房のスイッチが切れる。

この関係は**認知制御**と呼ばれている。サーモスタットは、認知された温度を設定温度と比較して室内温度を制御し、その後、「制御《コントロール》されていない」と認知された場合にのみ、何らかの行動がとられる。ひとたびその行動によって制御下にあると認知されれば、再び設定温度からはみ出すまで、システムの作動は停止する。

人間も含めて生きている生物は基本的に、非常に複雑な認知制御システムと言える。私たちは許容できる範囲内で、世の中に対する認知を維持する方法で行動する。私たちがコートを着るのは、周囲の寒さに強制されたわけではなく、寒いと感じてそう感じたくないと思ったからだ。目に入ってくる光が明るすぎるなら、日陰を探す、窓のブラインドを下げる、あるいはサングラスをかける。行動は認知を制御し、最終的にとる行動はその時点の環境によって左右される。

行動を理解する際に、ウィリアム・T・パワーズは『Making Sense of Behavior（行動を理解する）』の中で、制御システムが人間の示す幅広い行動をどれほど説明できるかについて、次の例を用いて解説している。

ひどい嵐の海上に船が航行しているとしよう。船は不規則に上下動し、大波が来ると前後に揺れる。船の甲板上にある岩は制御システムではない。岩は何も欲していないので、制御するものは何もない。どこかで物理的な力が働けば、ただ転がっていく。しかし、船の甲板上にいる人間はまっすぐに立っていたいと思うので、立ち続けるために、バランスを変えたり、動いたり、手摺りにつかまったりと、様々な行動をとる。その人がつまずいて倒れたら、なんとかして自分の足でもう一度立ち上がろうとするだろう。

制御下にある、と認識するために、どのような行動がとれるかを決定するのは、環境である。制御は計画的なものではない。変化が実際に起こったときに、その環境の中でその変化に合わせて調整していく。嵐の中の人間には、自分の足で立つためにとる行動を予め決めておく能力はない。環境が変化すれば、それに反応して、その時点で利用可能な資源と選択肢に応じて行動を変える。

認知制御は、なぜ同じ刺激がしばしば異なる反応をもたらすかの説明となる。刺激・反応モデルが全体像になりえない理由のよい例が、多くの雇用主が使っている古典的なインセンティブの時間外手当だ。時間契約の従業員にもっと多くの仕事をしてもらいたいなら、時間外手当を払うべきだろうか。

必ずしもそうとは限らない。収入でコントロールされている（すなわち、収入が足りず、それを最も求めている）労働者はおそらく残業量を増やすだろうが、既に十分な稼ぎがあり、仕事よりももっと重要な優先事項があると感じている労働者はどうだろうか。そうした労働者のうち、まったく同じ時間で働く人はわずかで、実際には労働時間を減らす人もいるだろう。彼らはある程度は収入でコントロールされるが、その後は、家族と一緒に過ごす、副業を行うなど、他の重要なことに自分の時間を使う。時間外手当を上げれば、そのポイントにより早く到達できるようになり、そうなれば、彼らが仕事に費やす時間は減る。

時間外手当によるインセンティブは三つの異なる結果を生むが、そのうち二つは、より多く働くか、より少なく働くかであり、完全に正反対の結果となる。行動主義とはその程度のものなのだ。

認知制御は、人々がなぜそれをするかということへの理解を根本的に変化させた。ひとたび自らの認知を制御するために人々が動くことを理解すれば、彼らの行動の仕方に影響を及ぼすための知識がより増えるだろう。

参照レベル Reference Level

経験していることと経験したいこととの相違がわかるときにのみ、行動が伴われる。
――フィリップ・J・ランケル（オレゴン大学心理学・教育学教授）

あらゆる認知制御の中心に**参照レベル**がある。これは、そのシステムが「制御下」にあることを示す、一連の認知だ。ある認知がそのシステムの参照レベルの範囲内にあれば、何も起こらない。その認知が参照レベルを外れて、高すぎたり、低すぎたりする場合、そのシステムが作動して、制御下にあることを認識できる状態に戻す。

参照レベルには、設定ポイント、範囲、エラーの三種類がある。

設定ポイントは最低値または最大値だ。サーモスタットがその例で、温度が特定の値を下がったときには暖房が作動する。身体でメラトニンが作られることも、設定ポイントのもう一つの例で、特定の閾値に達するとその人は眠り始める。

企業の財務管理は、設定ポイントとして管理される。収益が特定の設定ポイントを上回り、費用が特定の設定ポイントを下回っている限り、その事業は大丈夫だ。突然、通常よりも費用が三倍になったり、収益が十分なレベルを下回ったりすれば、それが行動の引き金となる。使い過ぎた理由や出費を正常に戻すための方法を探したいと思うだろう。

範囲は許容可能な価値の広がりを指している。範囲と設定ポイントの違いは、制御されている認知に上限と下限があるかどうかだ。設定ポイントの場合は、特定レベルの上か下にあると認知されれば、制御下にある、という判断になる。範囲の場合は、二つの設定ポイントの間にあると認知されれば制御下にある。

たとえば、私たちの身体には、エネルギーを出す時に用いられる血糖の濃度を管理するシステムがある。血糖は多すぎても少なすぎても命に関わるので、身体はインシュリンを放出して、許容範囲内の水準に保とうとする。インシュリンの放出によって、余分のブドウ糖は体内細胞の中（あるいは外）に運ばれる。血糖値が許容範囲内にある限り、何も起こらない。範囲を逸脱すると、制御下に戻すために、身体が作用し始める。

エラーは、ゼロとして定義された設定ポイントだ。ゼロではないと認知されれば、すべて制御外になる。皮膚の疼痛《とうつう》受容体について考えてみよう。ほとんどの場合、受容体は何もしないが、それはすべてが順調なことを意味している。しかし、怪我や火傷をすると、痛みの刺激を受け取った疼痛受容体は何かがおかしいという信号を送り、状況を正常化するために動き出す。ビジネスの例であれば、カスタマー・サービスへの苦情がなければ、すべて順調だ。苦情の問い合わせが殺到すれば、何かを正す必要があることがわかる。

行動を変えたければ、そのシステムの参照レベルか、そのシステムが作動する環境を変えなくてはならない。サーモスタットの場合、暖房を切りたいなら、設定ポイントを低い温度に変えればよい。大きなマーケティング・キャンペーンを開始したため、費用が先月の三倍になりそうだと気づいていれば、財務状況はもはや制御外ではない。タトゥーを入れているときなら、疼痛受容体の発動は許容される状態だ。

認知そのものは変わらないが、既に制御下にあるという設定なら、制御された状態に戻すために動き出することはない。参照レベルを変更すれば、システムの行動は変わる。

参照レベルを意識的に定義したり再定義したりすると、自分の行動を変えるのに役立つかもしれない。費用を管理できないことが心配であれば、予算を作成して、充足点を維持するのに必要な月次売上目標に関する情報がわかるようにしておけばよい。体重が重すぎたり、軽すぎたりするのが気になるなら、医者に行けば、医学データに対する自分の期待と自己認識を調整するのに役立つだろう。常に一日一二時間働いている場合、八時間以上は許容できないと決めれば、仕事の習慣は変わっていく。

参照レベルを変えよう。そうすれば、行動は自動的に変わる。

エネルギー保存 Conservation of Energy

成功したと個人や企業が判断した時点で、進歩は止まる。

――トーマス・J・ワトソン(IBM元社長)

人間の性格の普遍的な真実は、「人間は一般的に怠惰である」ことだ。そこから得られる重要な洞察として、怠惰なのは特徴であって、欠陥ではない。

古代の先祖たちが、疲労して倒れるまで、理由もなく一日中走り回るとしたら、どうなるだろうか。捕食者や敵が現れれば、その脅威に対応する余力はなく、非常に悪い状況だ。その結果、私たちは本当に必要がない限り、エネルギー消費を避けるように進化してきた。それが、**エネルギー保存**と呼ばれるものだ。

過去数十年をかけて、研究者たちはマラソン選手や長距離選手（通常、五〇～一〇〇マイルを一気に走る人々）を調査し、身体がどのように痛みに反応するか研究してきた。そこからわかったのが、あまりにも疲れ果てて生理的に今すぐ死にそうだと感じる瞬間でも、実際の死の間際とはまるでかけ離れていることだ。脳が身体に送っている信号は警告用の策略であり、ある程度、予備のエネルギーを保つように促して、後からエネルギーが必要になる事態に備えている。

人々は一般的に参照レベルを逸脱しない限り、行動を起こさないようにして、エネルギーを保存する。部屋の掃除について異なる基準を持つ二人のルームメートがいるとしよう。一人は流しに汚れた食器があれば問題だと思う。その人の心の中で、汚れたお皿はすべて「制御できていない」状態で、その状況を正すための行動を促す。もう一人のルームメートにとって、流しが溢れれば、食器を洗うために多少のエネルギーを使うが、そうなるまでは「制御外」の状況ではないかもしれない。参照レベルが異なれば、異なる行動となるのだ。

自分の体重、健康、体格が適切な状態にあると思えば、おそらく食習慣を変えたり、自発的に運動を始めたりしないだろう。社会的な交流関係に満足していて自信があれば、社交スキルを向上させて、友人の環を広げるために頑張ろうとはしないだろう。十分なお金を儲けていると思えば、おそらくもっとたくさん稼ごうとは思わないだろう。

エネルギー保存は、一部の人々が、たとえその立場が素晴らしいものではないと知っていたとしても、何十年も将来性のない仕事に留まる理由の説明となる。その仕事が適切に行われていれば、請求書は支払われ、その仕事が期待を裏切るほどストレスになったり、不満をもたらしたりすることはない。人々は、昇進したり、別の仕事を見つけたり、新規事業を立ち上げたりするためにわざわざ頑張ることはない。彼らの参照レベルが何らかの形で逸脱して初めて努力をするのであって、期待が裏切られない限りは何もしない。

参照レベルを変える情報源は、行動を促進する上で重要だ。私が研修コースを作り、コンサルティングをしようと思ったきっかけの一つは、一部のビジネス書の著者とコーチが人々の学習や支援に丸一日費やし、それで高額を得ていることを知ったからだ。それは、当時の私の仕事に対する参照レベルを十分に逸脱していた。私がやってみたいことを行って収入を得ている人がいるなら、なぜ私は一日中「そこそこ」の日雇い仕事に甘んじていなくてはならないのか。人々がそのためにやってきたことを学べば学ぶほど、私は自らのために夢を実現させたいと思うようになった。

一九五四年に、ロジャー・バニスターが記録を破る前まで、一マイルを四分未満で走ることは、人間の身体的な限界を超えると考えられていた。バニスターはそれが可能だと証明した後、心理的な障壁は崩された。一九五七年の終わりまでに、一六人のランナーが同様の偉業を達成した。唯一の変化は参照レベルだった。これらのアスリートは、それは可能なことであり、自分も超えたいと思っていることを知っていたので、やり遂げられたのだ。

良書、雑誌、ブログ、ドキュメンタリー、さらには競争相手さえも、可能なことに関する自分の予想を打ち破るなら、価値がある。それまでは非現実的で不可能だと思っていたことを、他の人が実際に行っていることがわかれば、非常に有用な形で参照レベルが変わる。大事なのは、自分が望んでいることが可能だと知ることだけであり、そのための方法は見つかる。

誘導構造 Guiding Structure

環境は、目的と計画を簡単に打ち負かす。

――スティーヴ・パヴリナ（stevepavlina.com のブロガー）

妻のケルシーと私は三年間、完全菜食主義を実践してきた。これは、肉、卵、チーズ、牛乳など動物性食品を摂らない方法だ。

大方の友人や家族が示した反応は二パターンで、「気は確かか」と「それはひどく難しいにちがいない。私にはとてもできない」というものだった。あまりにも劇的なライフスタイルの変化だったので、私たちの意志の強さにみんなが驚くほどだった。

正直に告白すると、実はまったく難しくはなかった。ごくわずかな努力や意志があれば、大丈夫だった。その秘訣は、意志の力に頼って、ステーキを料理する、ペパローニ・ピザを注文したいという衝動と闘うのではなく、自分たちの選択を支える環境の構造を変えたことにある。

食べたくない食品はすべて捨てて、より健康的だが味もよい食品に入れ替えた。買い物をする場所も変えた。スーパーマーケットに行く代わりに、小さな自然食の店に行った。ステーキハウスに行くのを止めて、菜食主義や完全菜食主義の料理に特化しているレストランに行き始めた。

その結果、一貫した行動をとるための選択において、意志の強さはたいして必要なかった。空腹になれば、リンゴ、ニンジン、ハマス（ひよこ豆のペースト）を食べたが、ただそういう食材が冷蔵庫の中にあったからだ。ピザを注文したり、ステーキを買って料理したりするほうが大変だから、やらなかったまでだ。ケルシーと私は、環境の構造を変えて、やると決めたことをより簡単に実践できるようにした。

誘導構造は、環境構造が行動における最大の決定要因であることを意味している。行動をうまく変えたいならば、直接的に行動を変えようとしてはいけない。行動に影響を及ぼしたり、行動を支えたりする構造を変えたほうがよい。そうすれば、自動的に行動は変わる。アイスクリームを控えたいなら、第一に買わないことだ。

古代ギリシャのホメロスの叙事詩『オデュッセイア』の中で、オデュッセウスと乗組員は航海中に、セイレーンの島を通り過ぎる。セイレーンは半分鳥の姿をした女性で、その歌声があまりにも美しいため、水夫は無意識のうちに理性を失い、身を滅ぼしてしまう。セイレーンの誘惑に負けないためには、オデュッセウスは意志の強さに頼る代わりに、自分を船のマストに縛りつけて環境構造を変えた。こうして誘惑を振り払い、船は安全に通過した。

環境構造を変えれば、自動的に行動は変わるものだ。わずかな摩擦（後述）を加えるか、特定の選択肢を完全に取り除けば、取り組もうとしていることに、はるかに集中しやすくなるのがわかる。

誘導構造の大規模な例は、アメリカ連邦航空局（FAA）が一九八一年に設けた「ステライル（無菌状態）・コックピット・ルール」だ。航空会社事故の大半は高度一万フィート以下で発生し、注意散漫になると致命的だ。一万フィートよりも上空であれば、パイロットは自由に会話をしてよいが、一万フィート以下で話し合いが許されるのは、飛行に直接関連した情報のみとなっている。ステライル・コックピット・ルールは、注意を逸らすものを除くことで、過失と事故を減らしている。

環境構造を変えてみよう。そうすれば、それに対応して自分の行動が驚くほど大きく変わるだろう。

再構成 Reorganization

うろついている者が皆、迷っているわけではない。
――J・R・R・トールキン（小説家、代表作は『新版 指輪物語』〔評論社、一九九二年〕）

システムの参照レベルの逸脱が認知されると常に行動が起こり、制御された状態に戻ったことを認知できるようにする。その反応がうまく定義されていることもある。先述したように、身体は血糖値を正常化させるために必要なことを正確に知っている。だが多くの場合、何が間違っているか正確につかめず、どうやって修正すればよいかもわからないものだ。

「仕事の満足度」のように抽象的な認知について考えてみよう。設定ポイントは、心の中で「仕事をしていて私はなんと幸せだろう」と思うことで、仕事の満足度の認知は、仕事中の実際の経験の平均である。楽しい経験をすると平均は高くなり、不愉快な経験は平均を押し下げる。

このくらいだと考えていること（自分の参照レベル）よりも「仕事の満足度」が低く認知されれば、「私はもっと幸せになれるはずだ。何かを変えなくてはいけない」と、脳は行動を開始させる。

問題は、その「何か」がわからない可能性があることだ。部署を異動する、新しい上司につく、会社を辞める、あるいは、自分で事業を始めるなどすれば、より幸せになれるのだろうか。誰もわかるはずがない。ここで、再構成の話が絡んでくる。

再構成は、参照レベルを逸脱したが、制御下にあるという認知に戻すためにすべきことがわからないときに起こる不規則な行動だ。多くの人々が二〇代の危機や中年の危機を経験するが、これはまさに再構成の例だ。自分の感じている恐怖を取り除くために、どうすればよいかよくわからないので、自分にとって普通とは違うこと、たとえば、仕事を辞めてヨーロッパ中をバックパックで放浪する、タトゥーを入れる、オートバイを買う、といったことを始めるのだ。

再構成のときには、自分が迷っていて、落胆し、常軌を失っているように感じられるが、それは完全に正常な状態だ。脳は、その状況を元に戻すものを見つけようと、関係のないことまで洗いざらい吐き出し始める。時々、本当にストレスが溜まってくると、私は用務員になることが魅力的だと思い始める。仕事は難しくないし、あまり考えなくて済み、それでも給料がもらえる。だからといって、それがよい考えだという意味ではないが、こうした種類のプロセスを経るのは完全に正常なことだ。私の脳は、あるシステムを制御下に戻すために、でたらめな考えをただ試しているにすぎない。

再構成は学習の神経学的な基礎となる。パターン照合のところで触れるが、私たちの心は特定の原因を特定の影響と結び付ける学習装置だ。特定の状況ですべきことを自分の心がまだ学習していない場合、その問題を解決する最高の方法は、新しいものを試して、何とかデータを集めることとなる。再構成はそのために行われ、うまくいくかどうかを見極めるために、新しいことを考え試そうという衝動なのだ。

再構成を理解する上で最も重要なことの一つは、それに抗わないことだ。たとえ時々、何もかも大丈夫だと自ら納得させたい気持ちになったとしても、異なることを試そうという衝動を抑えたり抵抗したりすると、学習を遅らせることになる。

「魂の暗夜」は決して奇妙でも異常なことでもない。それは、自分の人生について何らかの認知を制御できていないという信号であり、もっとデータを集めて正常な状態に戻すために、再構成が必要なのだ。ひとたび、制御下にあるという認知に戻す方法を学べば、再構成は自然に停止する。

迷いがあるときには、気を強く持とう。それは、脳がよい意思決定をするために必要な情報を集めている、ということだ。新しいことを試したいという衝動を受け入れれば、より早く再構成から抜け出せるようになる。

対立 Conflict

私たちが直面する重大な問題は、その問題を生み出したときと同じ思考レベルでは解決することができない。

――アルバート・アインシュタイン（理論物理学者）

誰もが気に入っている性格的な欠点、「先延ばし」について、少し調べてみよう。

誰でもある程度、先延ばしにする。やるべきことがあまりも多ければ、緊急性を感じるまでその課題を延期するのは自然な反応だ。今やらなくてはならないことがあるのに、将来行う予定のことに集中できるはずがない。

特にもどかしいのは、事前にやる時間があるとわかっていても、今はやる気になれない場合だ。ある部分では取り組みたいと思いつつ、別の部分では取り組みたくないと思っている。無理に取り組むよう自分に強いれば、たいしてやらないうちに注意散漫になりやすい。休もうとすれば、働いていないことに罪悪感を覚える自分がいる。それは、実際には休んでいないことを意味する。

本当に働きも休みもせずに丸一日やり過ごすことは可能だが、何もしないでいることに疲れを感じてしまう。いったい何が起こっているのだろうか。

二つの制御システムが同じ認知を変えようとするときに、**対立**が起こる。先延ばしにしているとき、脳の下部システムの一つが「働く」ように制御しようとするが、もう一つが「十分な休憩をとる」ように制御しようとする。両方のシステムが同じ認知、つまり、身体的な行動を制御しようとし、それぞれが進みたい方向に認知を動かそうとして戦っているのだ。

その状況は、室内の温度管理をするために、暖房と冷房が戦っているようなものだ。それぞれの参照レベルが互いに相容れないものである限り、どちらのシステムも制御下に置くことはできない。それぞれが制御の方向へもっていこうと無駄な努力を続けるしかない。たとえ一つのシステムが一時的に制御下にあるという認知に戻ったとしても、他のシステムが再び制御下にないと認知するのは時間の問題だ。

先延ばしは心の中の対立の例だが、対立は人々の間でも起こる。人々が異なるアウトプットを管理していて、そのために同じインプットが必要な場合に、対立が起こる。同じおもちゃをめぐって争う二人の子どもたちを思い浮かべてほしい。先延ばしや温度の戦いと全く同じで、唯一の制御システムは人々だ。一人の子どもがそのおもちゃを持っている限り、もう一人はおもしろくない。その結果、おもちゃは絶えず二人の間を行ったり来たりして、二人とも腹を立てることになる。

大企業のバイスプレジデントたちが、限られた予算の配分をめぐって口論しているとしよう。その対立がどこから来るかを考えてみるのはいいことだ。一方に一〇〇万ドルが配分されたら、他方がその予算をまったく使えないことを意味するので、両者は抵抗する。これぞまさに社内政治である。

個人間の対立の難しさとして、相手の行動を完全には支配できないことが挙げられる。影響を及ぼし、説得し、励まし、交渉することはできても、相手の認知に直接働きかけたり、相手の参照レベルを直接変えたりすることはできない。

参照レベルを変える、つまり、関係者間で成功の定義を変えることをしない限り、対立は解消されない。受け入れられない行動にただ注意を向けるだけでは、意志の強さで行動を直接的に変更できないのと同じく、対立の解消には効果的ではない。それでは、対立の根本的原因に対処していることにはならない。対立する当事者はそれぞれ異なる参照レベルを持っており、それは主に状況や環境によって影響を受ける。対立を解決する唯一の方法は、各当事者の参照レベルを変えることで、そのために最もよいのが「状況の構造を変える」ことだ。

先延ばしの場合、仕事と休みの時間をきちんと予定に組み、それぞれ十分な時間を確実にとれるようにすれば、対立に終止符が打てる。ニール・フィオールは著書『戦略的グズ克服術』(河出書房新社、二〇〇八年)の中で、仕事よりも休みを優先させる「予定外」の枠を設けることを勧めている。自分に必要なリラックスや楽しみの時間をすべて与えられ、一定の時間だけ仕事をすればいいと脳が確信すれば、はるかに集中しやすくなり、生産的な仕事ができる。

暖房と冷房の競争は、サーモスタットで対立した温度設定を保っている場合にのみ生じる。参照レベルを変えれば、対立は解消される。

子どもたち（または、バイスプレジデント）の喧嘩の場合、各自がほぼ同じおもちゃを手に入れるか、そのおもちゃを完全に捨ててしまうか、成功の基準を「自分のものにする」から「一緒に遊ぶ（働く）」へと変更することで、対立状況は変えられる。

各自が成功の基準としている参照レベルを生み出す状況を変えよう。そうすれば、対立をなくすことができる。

パターン照合 Pattern Matching

記憶は怪物だ。あなたが忘れても、記憶は忘れない。記憶はただ物事を整理する。物事を保管したり、隠したりする。また、それらを呼び出して、自分の意志で思い出せるようにする。あなたは記憶したと思っているが、記憶があなたを操っている。

——ジョン・アーヴィング（小説家）

重力が何であるかを知るはるか前から、私たちは手にしているボールを放せば地面の方向に行くことを知っていた。手を放すたびにボールが地面へと落ちていくことを数回繰り返すと、常にそうなることがわかる。こうした経験をそれほど繰り返さなくても、手を放した物体は何でも落ちることを学習していく。脳がひとりでに学んだことの名称が重力というわけだ。

脳をめぐる最も興味深い事実の一つは、自動的にパターンを学習し認知する能力があることだ。ベルが鳴ると唾液を出し始めるという、有名なパブロフの犬のことを考えてみよう。パブロフは犬に、ベルが鳴るたびに食べ物が出てくる、というパターンを教えた。犬はすぐにパターンを学習し、実際に食物が出てくる前でも反応するようになった。

私たちの脳は自然な**パターン照合装置**だ。脳は知覚するものの中にパターンを見つけようと常に活動している。そして新しいパターンを、記憶に保存されている他のパターンと関連づける。このパターン照合プロセスは、意識的に努力しなくても、自動的に起こる。ただ周囲の世界に注意を払うことで、脳は新しいパターンを集め、記憶に加えていく。

人間は主に実験を通してパターンを学ぶ。小さな子どもは母親に抱いてほしければ、いくつかの異なるアプローチを試みて、どの反応が望ましい結果をもたらすかを速やかに学ぶ。よくあるのが、「泣けばママが私のところにやってきて抱き上げてくれる」というものだ。それ以降、その子どもは抱いてほしいときはいつでも、そのパターンを多用するようになる。

記憶は、過去の経験を通して学んだパターンのデータベースとみなせばよい。パターンは長期記憶に保存され、そこで新規や未知の状況への反応を決める際に用いられるのを待つことになる。思い出すことによって、正確さではなく、スピードが最適化される。つまり、脳は情報をコンテクストと一緒に保存することで、必要に応じて素早く関連するパターンを思い出せるようにする。なくした鍵のセットを見つける最適な方法は、心の中で最近行ったことのある場所をすべて探し回ることだ。前後関係によって、その情報は思い出しやすくなる。

学習したパターンが正確であるほど、新しい問題を解決するときの選択肢が多くなる。パターン照合は、未経験者よりも、経験豊富な人のほうがよい意思決定をする傾向がある主な理由の一つだ。彼らは経験を通して、より正確なパターンを学習してきた。心の中に、情報を引き出すことのできる、より大きなデータベースを持つことが、専門家が専門知識を持つということなのだ。

パターン照合は私たちの心の基本能力の一つで、心の作用である。記憶に保存されたパターンが正確であるほど、人生が何を投げかけてこようとも、より速くより正確に反応することができる。

メンタル・シミュレーション Mental Simulation

私は大理石の中に天使を見つけ、その身体が解放されるまで彫っていった。

――ミケランジェロ（彫刻家、画家）

活火山の真ん中に飛び込む状況を想像してほしい。果たしてよい考えだろうか。

この質問に答えるのに、一秒の何分の一もかからないだろう。たとえ個人的に火山に飛び込んだことや、誰かが飛び込むのを見たことがなかったとしても、である。あなたがやってのけたことは非常に驚くべきことだ。これまで考えたこともなかったことの答えをすぐに見つけられるとは、いったいどうして可能なのだろうか。

メンタル・シミュレーションは、特定の行動をとることを想像する能力で、行動の前に予想される結果をシミュレーションする。私たちの心は、周囲にあるものや検討している行動に基づきながら、将来起こることを絶えず予測しようとしている。行動の結果を予想することは重要なメリットとなり、それによって新しい問題を解決する能力が格段に高まる。

メンタル・シミュレーションは、私たちが知覚と経験を通して学んだパターンのデータベースである記憶に依存している。火山に飛び込むことを想像したとき、脳はいかなる個人的な経験も探し出せなかったが、関連する事柄を見つけた。溶岩は熱い。熱いものに触ると火傷する。火傷は痛くて危険だ。痛みを伴い、危険なものは悪いことだ。こうした一連の連想は瞬く間に、予想される結果のシミュレーションに用いられ、すぐに「非常に間違った考えだ」という判断が下される。

メンタル・シミュレーションは非常に強力で用途が広い。まったくもって勝手気ままな行動でさえも、リスクなしでテストすることができる。どんな目的やシナリオでも、今いるA地点と、想像しているB地点とを結び付けるために、脳はメンタル・シミュレーションを活用する。シミュレーション可能なことの限界を決めるのは唯一、自分の想像力だけだ。

たとえば、南極大陸に行くために何をすればいいだろうか。ランダムな質問だが、脳は二〜三秒で最終結果を思い描き、学習したパターンに基づいて自動的に点と点を結び付け始める。「旅行代理店に電話すればよい。船旅ツアーがいつも南極大陸に行っている。飛行機でアルゼンチンに行かなくてはならない。非常に暖かいコートを買わなければならない」というように。こうした考えはすべて、たいして努力しなくても、自然に思い浮かんでくる。脳はそのような作りになっているのだ。

メンタル・シミュレーションは、「B地点」が与えられたときにのみ作用する。たとえその行動や目的が完全に恣意的でも構わない。想像しうる最も非現実的で不合理な目的地への道さえ、シミュレーションできる。グーグルマップや車のGPSシステムのようなサービスを利用するとしよう。こうしたシステムは正確に道案内をしてくれるが、目的地を入力しない限り、機能しない。目的地はニューメキシコ州のアルバカーキというように、親友の家やランダムな場所でよい。いずれの方法でも、目標を設定しなければ、システムを作動させることはできない。同じ法則はメンタル・シミュレーションにも当てはまる。目的地がないとシミュレーションはできない。

意識的に活用方法を学ぶ場合に、メンタル・シミュレーションは特に力を発揮する。事実に反するシミュレーションを通して、詳しく探求できるようになる。

解釈と再解釈 Interpretation and Reinterpretation

私たちは物事をあるがままに見ない。自分たちのあり様のままに物事を見る。

——アナイス・ニン（作家）

自分に対して非常に怒っている人から、電子メールを受け取ったことがあるだろうか。そして後から、自分がそのメッセージの調子や意図を誤解していたことが判明する。これは知覚した考えに基づいて心が間違った結論に達したが、最終的にまっとうなメッセージを違った形で**解釈**していただけだった、ということだ。

私たちの心は常に異なる一連の行動をシミュレーションしているが、あるパターンをすべて正確に確認するだけの情報がないこともある。私たちは全知全能ではないので、心には完全なデータは揃っていない。したがって記憶に保存したパターンを通して、知覚したことを解釈し、欠けている部分を自動的に補っていく。逆に他の情報がまったくない場合でも、心が創り出す解釈を頼りに「早合点する」ことになる。

空白を埋めるこの能力は、生理的レベルで生じることすらある。私たちの視界には、完全な盲点が二つある。それは、視神経が目につながるポイントである。そのポイントでは文字通り見ることはできないが、脳が自動的に周囲の情報をすべて理解し、その空白を継ぎ目なく埋める。その結果、たとえそれが脳による情報を解釈する能力が引き起こした幻想だったとしても、私たちは確かな視野を持っているかのように思えるのだ。

人間の脳は常に先行するパターンや情報に依存して、情報がない場合の解釈を行っている。電子メールの迷惑メールフォルダを考えてみてほしい。過去の迷惑メッセージを集め、ベイズ推論と呼ばれるプロセスを用いて、新しく受信するメッセージも迷惑メールである可能性を推定する。メッセージそのものが迷惑メールとして自己識別するわけではないが、コンピュータの迷惑メールフィルタが見つけ出すのだ。

人と会った直後にその人が好きかどうかを判断するたびに、脳はおおむね同じことを行っている。脳は、他の人々との過去の経験を通して学んだパターンに基づいて、瞬時に判断する。

こうした瞬時の解釈は変わることもある。**再解釈**と呼ばれるプロセスだ。ある魅力的な人に会ったが、あなたが近くにいるときは一貫して静かでよそよそしかったとしよう。一見すると、その人の言動は内気なのか、あるいは、あなたのことをあまり好きではないという合図かもしれない。しかし、友人の一人から、その人が恋愛対象としてあなたに興味を持っていると聞かされれば、その人の過去の行動に対する解釈は瞬時に変わるだろう。

記憶は基本的に一時的なものなので再解釈ができる。私たちの記憶は、コンピュータのディスクとは違う。記憶を思い出すときはいつでも、単純に同じ状態で同じ場所に再保存するわけではない。私たちが何かを思い出すたびに、記憶はひねりを効かせた形で異なる場所に保存される。その新しい記憶には、私たちが行ったすべての変更も含まれている。

過去の出来事を思い出し、積極的に再解釈することによって、信じていることやメンタル・シミュレーションを意識的に変更することができる。メンタル・シミュレーションや再解釈は、記憶に保存されたパターンに依存している。そのため脳のシミュレーションの結果を変えたいなら、その基となる情報のメンタル・データベースを変更することが最良の方法となる。再解釈はデータベースを変える方法なのだ。

モーティ・レフコーは『Re-Create Your Life（あなたの人生を再創造する）』の中で、シンプルで有益な方法で過去の出来事を再解釈するのに役立つプロセスを教えている。

1 好ましくないパターンを確認する。
2 基本的に信じていることを挙げてみる。
3 記憶中でその信念の源泉を、できるだけ感覚的な詳細情報を含めて確認する。
4 その記憶についての別の解釈を考え出す。
5 最初の信念が解釈であって、現実ではないことを理解する。

6　最初の信念は「間違った」ものとして意識的に捨てるようにする。
7　再解釈を「真実である」と意識的に認めるようにする。

一例として、私も個人的にレフコーのプロセスを使ってみた。P&Gでのブランドマネジャーのキャリアについての一つの解釈は、私が惨めな敗残者だったというものだ。私は出世コースに乗っていたが、「それを断ち切る」ことができず、「疲弊」していた。しばらくの間、それが真実だと私は思っていたが、その信念はほとんど役立たなかった。他の道を探索しようとしたとき、私の心は自然に、私の「失敗」を新しいプロジェクトにも拡大させるシミュレーションを行っていた。心がこの解釈に基づいて将来のシミュレーションを行う限り、私は自滅的なサイクルに陥り、身動きがとれなくなった。

P&Gでの私のキャリアを別の形で解釈するとこうなる。大企業の仕組みについて、経験を通してたっぷりと教わり、自分が得意なこと、特に楽しめないこと、どう自分の時間を使いたいかを学習した。P&Gで働くことは、自分のためにならない道を見つける上で有益だった。したがって、私はその道を進むのをやめて、これだと思うものを見つけるまで、自分の能力や希望に合うものをいろいろと試してみた。それが大きな勝利につながり、人生が大きく改善された。

どちらの解釈が「真実」だろうか。どちらも有効な解釈だ。最初の解釈を創り出したとき、私の心は故障していたわけではなかったが、その解釈はあまり役立たなかった。状況を再解釈して、第二のバージョンを「真実」として受け入れたほうがはるかに有益だった。そうでなければ、皆さんは本書を読むことはなかっただろう。

過去を再解釈してみよう。そうすれば、今素晴らしいことを実現させる能力が高まるだろう。

モチベーション Motivation

「でも、やりたくないんだ!!」
——どこにでもいる二歳児

モチベーション（動機づけ）とは、「これをやると本当にやりがいを感じる」や「今すぐ、これをやるのはあまり気が進まない」といった言い方で、皆さんがおそらく常に考えていることをいう。私たちの多くは、日常の体験を説明する言葉にあまりにも頼りすぎているので、実際に話している中身を理解することは大切だ。

モチベーションは、脳の部位と行動を司る部位とを結び付ける感情的な状態だ。玉ねぎ脳を基本モデルとして用いると、モチベーションは中脳（世界を認識する）と後脳（身体に動けという信号を送る）を結び付けるものと言える。ほとんどの場合、モチベーションは自動的である。実際の状況とそうであってほしい状況との差を心が認識すると、その差をなくすために身体が自動的に動く。

モチベーションの体験は、二つの基本的欲求に分けて考えることができる。物事が望ましい方向へ動く場合と、望ましくない方向に行く場合だ。中核となる人の欲動は好ましく見えるので、そちらの方向に進みたいという衝動にかられる。危険で、怖くて、脅威に見えるものは好ましくないので、当然ながら立ち去りたいという衝動が芽生える。

一般的に、「立ち去る」ことは「そちらに向かう」ことよりも優先される。その理由は、私たちの原始時代からの本能にある。つまり昼食を料理することよりも、ライオンから逃げることが自動的に優先されるのだ。

新規事業を始める刺激的な機会があるとしよう。期待に胸を膨らませて、その機会に向かっていこうとするかもしれない。同時に、その場合は高収入の仕事から離れる必要があり、それを危険だと感じれば、同じ機会から逃げ出したくなり、対立が生じる。危険が興奮を上回る限り、たとえ大きく飛躍すれば危険に遭う可能性が非常に小さかったとしても、あなたは躊躇するだろう。心の中のこの安全メカニズムは非常にまっとうな理由で発達したものだが、今日、私たちが行う意思決定の大半は、生死に関わる結果をもたらすものではない。

モチベーションは感情であり、決して論理的で合理的な活動ではない。前脳が何かをするためには動機付けされるべきだと考えたとしても、あなたが自動的にそれを行うように動機付けされるわけではない（そのくらい簡単ならいいのだが）。非常に多くの場合、中脳の中に隠されているメンタル・シミュレーション、パターン、対立、解釈が、達成したいことに向かって進んでいくときの障害となりうる。「立ち去れ」という信号が送られている限り、望むことに向かって進もうという気持ちにはそう簡単になれない。

同じ調子で「もっと速く仕事をしろ」とどなりつけても、人々にモチベーションを持たせることはできない。あなたが鬼軍曹アプローチをとって達成されることは、人々をあなたから離れるように仕向けることばかりだ。やらなければ何らかの脅威に見舞われると認識すれば、彼らは一時的に従うかもしれないが、隙あらばあなたのもとで働くのをやめようとするのは間違いない。

潜在的な脅威から逃げ出すように強いる内部の対立は、取り除こう。そうすればモチベーションの感覚を持ちつつ、自分が本当に望むものに向かって進んでいることがわかるだろう。

抑制 Inhibition

抑制は止める能力である。成功の準備が十分に整うまで、反応を遅らせる。

――マイケル・ゲルブ〔『ダ・ヴィンチ 7つの法則』（中経出版、二〇〇七年）著者〕

信じがたいかもしれないが、あなたの日々の行動の大半は意識的に考える必要はない。ほとんどの場合、私たちの身体と心は自動操縦の状態で、心が周囲の世界を感じとり、内部の参照レベルで環境と行動を比較し、それに応じて行動を起こす。自動車の運転を考えてみると、練習すれば意識的に考えなくても、路上に駐車するために必要なことを身体がすべてやってのける。

しかし時には、自動操縦を無視して違うことをしたほうがよいこともある。森で偶然クマを見つけとしたら、たとえ本能が「そうすべきだ」と言ったとしても、最も避けたいのは走って逃げることだ。走り出せば、クマはあなたを昼飯だと判断して追いつめようとする可能性が高くなる。

走って逃げる代わりに、しっかりと大地に足を据えて、できるだけ大声を出し、自分を大きく脅威であるかのように見せたほうが効果的だ。自分が脅威だと示すためには、自然の反応を意識的に避けなくてはならないが、それによって、クマはあなたを脅威とみなし、放っておこうと決める。

抑制は、私たちのそうしたいと思う自然な傾向を一時的に無効にする能力だ。兄弟や同僚の一人が大人気もなく、不愉快で、腹立たしい振る舞いをするのを我慢した経験があるなら、それは抑制によって、後で悔やむようなことをするのを回避できたということだ。

意志の力は抑制の燃料となる。玉ねぎ脳の説明で触れたように、前脳の仕事は曖昧の解消、意思決定、抑制である。環境に対する自然な反応を妨げるときはいつでも、意志の力が働いている。中脳と後脳は自動操縦し、前脳はそれを無効にする。その意味では、「自由意志(free will)」というのは少し紛らわしい。「自由にさせない意志(free won't)」というほうが、より正確な説明になる。

特定の意思決定や反応を抑制することは有益かもしれないが、私たちの抑制能力には限界がある。それについては次の項目で取り上げる。

意志力の喪失 Willpower Depletion

滑って転ぶのが嫌なら、滑りやすい場所に行くな。

——アルコホーリクス・アノニマス(無名のアルコール依存症者たち)の格言

一九六〇年代に、コロンビア大学の研究者であるウォルター・ミッシェル博士は、幼い子どもたちに対して「組織的な拷問」と思えるような研究を行った。彼はテーブルと椅子が置かれた小さな部屋に、子どもをつれていく。テーブルの中央に大きなフワフワしたマシュマロを置き、「私が戻って来るまで待っていたら、二つあげましょう」と子どもに告げてから、ミッシェル博士は部屋を出ていく。

その結果は次の通りだ。一部の子どもたちは、博士が出て行った数秒後にマシュマロを平らげた。別の子どもたちは、誘惑から気を散らすために英雄的な努力で自分を抑え、マシュマロ以外に注意を払おうとし、より大きい報酬を得るために長く持ちこたえようと苦闘した。

ミッシェル博士は、意志の強さと成功との間に相関関係を見つけた。「満足感を延期する」能力がより大きい子どもは、学校やその後の人生でもより成功していたのだ。本能を抑えることで、後からより大きな報酬を得られる場合が多い。浪費するのは簡単だが、節約するのは難しい。たとえ、時間が経てば節約したほうがより有益だと知っていても、そうなのだ。

意志の力は本能を抑えるものと捉えることができる。つまり、他のことをするために自動処理を中断させる方法だ。自然な性向を抑えたほうがよい状況になったときにはいつも、意志の力で反応しないようにしなくてはならない。そのように、意志の力は役立つツールだが、内在的な限界もある。

意志の力を蓄えようとしても、その量は非常に限られており、使えばなくなってしまう。

フロリダ州立大学の研究者であるロイ・バウマイスター博士は、自制するために意志の力をうまく使う能力は、生理的な燃料である血糖に依存していることを発見した。意志の力を行使すると、かなり大量のブドウ糖が失われ、その蓄積量が低下すると、意志の力で行動を抑えることが難しくなる。だからこそ、ダイエットをしているときに、夜の八時半に、いけないと思いつつ、つい器にアイスクリームをよそってしまうのだ。その頃までにはとっくに、意志力の蓄えはなくなっている。

限られた意志力の蓄えを最も有効に使う方法は、誘導構造を活用して、行動ではなく、環境構造を変えることだ。たとえば、アイスクリームを食べるのをやめようと決めたなら、冷凍庫にアイスクリームを入れたままで、意志の力に頼って食べたい誘惑に抵抗するのは無理な話だ。そういう状況は失望を招くだけで、当然ながら意志力が負けてしまえば、その過ちは基本的な性格上の欠陥だと誤解しやすい。これは帰属エラー（後述）に当たる。

それよりも、他の人にあげたり、捨てたりして、冷凍庫からアイスクリームを一掃することに、意志の力を少し使ったほうがはるかに効果的だ。環境からアイスクリームを取り除けば、意志の強さは要らなくなる。実際に、アイスクリームを得るためにどこかに行かなくてはならなくなり、それにはより労力が求められる。最小限の抵抗の道は状況に応じて変わるので、空腹であれば、おそらくリンゴなどほかのものを食べるだろう。

インターネットは、新しいものを学ぶのが大好きな私にとって大きな誘惑となる。ウェブには、際限なく熱中してしまう興味深い情報があふれている。私の場合、書くことよりも、読むことに時間を費やすほうが簡単だ。しかし、コンピュータに向かって執筆することは、アイスクリームを冷凍庫に常備するのも同然で、常にそこにあって、書くことから離れるように私を誘惑する。

私はこの本を書き上げるために、常に意志の力に頼るのではなく、環境を変えることにした。小さな意志の力で、アップルの〈フリーダム〉[★5]というアプリケーションをインストールした。これはパソコン上のインターネット接続を一時的に不可能にするプログラムで、二〜三時間、インターネットが使えなくなる（ウィンドウズ・ユーザーは、〈リーチブロック〉[★6]と呼ばれるプログラムでも同じ結果が得られる）。このように誘惑になるものを取り除いて、私は執筆している。〈フリーダム〉がなければ、今頃、この本は出版されていなかっただろう。

意志の力は節約しよう。環境を変えることを重視して使っていれば、抑制が必要なときにはいつでも、より多くの意志の力を動員できる。

損失への嫌悪感 Loss Aversion

疑念は裏切り者だ。そのせいで、私たちは試みることを恐れ、勝ち取れそうなものをしばしば失ってしまう。
——ウィリアム・シェークスピア（劇作家、戯曲『尺には尺を』より）

妻のケルシーは近頃、投資口座から一部の資金を引き出すことにした。証券会社が彼女の銀行口座に誤って一万ドル多く入金していた。

理性的に考えれば、たいしたことではない。簡単に訂正できる単純な間違いだった。しかし感情的には、たとえそれが実際には自分のものではなかったとしても、ケルシーはお金を余分に「失った」ように感じたのだ。

損失への嫌悪感は、人々が物事を獲得することを好む以上に、物事を失うことを嫌うという考え方だ。これは心理学で定量化できる極めて少ないことの一つだ。人々は、同等の利得をもたらす機会よりも、潜在的な喪失に二倍強く反応する。投資ポートフォリオを見て一〇〇%増加したことに気づけば、かなりよい気分になる。ポートフォリオが一〇〇％減少したことに気づくと、ひどく不快になるだろう。

モチベーションが絡むと、概して脅威が機会に勝るようになる理由は、損失への嫌悪感で説明がつく。損失は非常に高くつき、命の危険も生じうるので、損失の脅威があれば直ちに注意が必要になる。捕食者、病気、露出、飢餓のために愛する者が死んだり失ったりするのは通常恐ろしい経験なので、私たちはそういうことが起こらないように全力を尽くそうとする。現代、私たちが一般的に直面する潜在的な喪失はそれほど深刻になることはめったにないが、私たちの心はいまだ自動的に損失を優先させる。

損失への嫌悪感は、なぜ不確実性が危険に見えるかの説明にもなる。研究結果によると、大人の八〇～九〇％が、自分の事業を持ち、自分のために働くことは素晴らしいと考えている。それが真実だとすれば、なぜもっと多くの人々が起業しないのだろうか。それを阻むのが、損失への嫌悪感だ。安定した（幾分予想できる）仕事を失うことへの脅威があるので、自立して新規事業を立ち上げる機会に対して注意を促す。事業を始めることには潜在的な損失という恐怖が含まれており、それがそもそも人々に起業を思い留まらせる要因となっている。

損失への嫌悪感は、不況や景気後退のときに特に顕著となる。仕事や家、年金基金のかなりの割合を失っても、生命に関わることではないが、それと同じくらいの恐怖感がある。その結果、人々はより保守的になる傾向があり、物事をより悪化させかねないリスクを避ける。残念ながら、新規事業を始めるなどのリスクの一部は、実際に物事を改善する大きな機会を秘めているかもしれない。

損失への嫌悪感を乗り越える最良の方法は、損失のリスクを「たいしたことはない」と再解釈することだ。カジノは日々、損失への嫌悪感を克服する営みの中にある。ラスベガス・ストリップ地域の仰々しい建物は、ある意味で人間の愚かさに対する巨大な記念碑と言える。損失への嫌悪感がそれほど重要だとすれば、カジノはどのようにして人々を、お金を失うことが数学的に確実なゲームへと誘うのだろうか。

カジノは損失を取り除くことで成功している。貴重だと認識される貨幣を使ってプレーヤーにギャンブルをさせる代わりに、貨幣を貴重だと感じないチップやデビットカードに交換させる。プレーヤーがやがてこの「偽の」お金を失っていくが、カジノは無料の飲物、Tシャツ、部屋のアップグレード、その他の特典のような「報酬」を提供して、喪失感を少しでも軽減させようとする。その結果、失敗は「一大事」ではなくなり、プレーヤーはギャンブルを続ける。そして、夜な夜なお金を失い続けるのだ。

損失への嫌悪感は、潜在顧客に提供品を示す場合に、リスクの逆転が非常に重要になってくる理由だ。人々は負けることを嫌い、負ければ自分が愚かで利用されたと感じる。その結果、絶対に負けまいとして、どんな苦労も惜しまない。そして、愚かな意思決定をしないようにする最善の方法は、最初からあなたの提供品を買わないことだ。あなたが販売に従事しているとすれば、それは大問題だ。返金可能な保証や類似したリスク逆転の提案をして、そうしたリスクへの認識を払拭しなくてはならない。その意思決定ならリスクがより低い、と人々が感じれば結果的に販売は増える。

脅威の封じ込め　Threat Lockdown

恐怖心のもとでは、できることがどれほど少ないことか。
――フローレンス・ナイチンゲール（近代看護教育の母）

夜中にぐっすりと眠っていると、物音がした。あなたはほぼすぐに目を覚ます――心拍数が上がり、光と詳しい情報を求めて瞳孔は広がり、アドレナリンとコルチゾールなどのストレス・ホルモンが血流にあふれ出す。あなたの心は雑音の発生源と思しき場所、逃げ道、防御の武器となりそうなものを自動的に確認する。あなたは瞬時に、それがたとえ何であれ、脅威に対して身を守る用意をする。

あなたの心が（現実であれ想像上であれ）潜在的な脅威を認識すると、身体はすぐに反応の準備をする。自動的な生理反応として組み込まれているのは、「戦う」「逃げる」「動きを止める」という脅威を取り除く三つの方法のいずれかをとることだ。「防御モード」にある限り、脅威以外のことに集中するのは難しくなる。家の中を探索するまで、眠りに戻ることは不可能だ。脅威に直面していないことを確認した後でようやく、身体は防御モードを解く。

「戦う」「逃げる」「動きを止める」という潜在意識下での選択は、おおむね脳が自動的に行う状況のメンタル・シミュレーションで決まる。戦って勝てると脳が予測すれば、あなたは戦うだろう。逃げるが勝ちだと予測すれば、逃げるだろう。逃げきれないと予測すれば、脅威がそのまま過ぎ去ることを願いながら、動きを止める。動きを止めることで、脳は脅威の封じ込め、すなわち防御モードに向かう。この状態では、脅威以外のことに注意を向けにくくなる。

脅威の封じ込めは、自己防衛に役立つように意図された建設的な反応だが、多くの古代の本能と同じく、現代の環境ではうまく機能しないことが多い。今日、直面する脅威は深刻さの度合いがはるかに少ないが、しばしば慢性的に存在する。

昔であれば、捕食者や怒った群れのボスが脅威だったので、封じ込めは建設的な反応だった。それで生き延び続け、群れの一員として留まることに、エネルギーを集中させればよかった。たとえ私たちの頭を毎日よぎる考えには、古代の先祖の考えとの共通点がほとんどなかったとしても、そうした思考をもたらすハードウェアはいまだにほぼ変わらず、まったく新しい環境で、非常に古い脅威に絶えず目を光らせている。その結果、私たちは食べ過ぎてしまい、運動不足に陥る。怒っている上司や住宅ローンの遅延に対処する際には、「猛然と戦う」「逃げる」「動きを止める」といった本能的な行動はあまり建設的とは言えない。

株式市場の最近の混乱は、脅威の封じ込めが起こっているよい例だ。家や仕事を失う恐れがなかった人々でさえ、二〇〇八年後半の株式市場の崩壊によって、パニックと出口の見えない不安感に襲われた。事業をよい状態に保つために生産性の向上が必要とされているまさにその時に、悪いことが起こったらという万一の事態に備えて、企業を急停止させてしまう。従業員はよい仕事をすることに集中する代わりに、大部分の時間とエネルギーを使って、将来待ち受けていることを案じたり、次に誰がまな板の上に乗せられるかを噂したり、創出された価値の全体量を減少させたり、会社の将来がさらに悪化する可能性を増やしたりする。

脅威の封じ込めは悪循環へと発展しやすい。仮にあなたが労働者を解雇しなければならない不運な状況にあるなら、素早く、手際よく、一気に実施するのが得策だ。迅速な人員削減がベストであり、その後は、これ以上の削減はないことを告げて、残った従業員を安心させる。一次解雇の噂や労働者が「次は自分かもしれない」と絶えず心配している状態は、脅威の封じ込めをわざわざ作り出すだけだ。

脅威の封じ込めが起こっているなら、脅威の信号を抑制しようとしてはいけない。多数の研究によると、無理に抑制しても、脅威はなくなったという認知にはつながらないそうだ。それどころか、信号を徐々に強めていく。小さな子どもがあなたの注意を引きたがっていて、あなたが無視しているときに、何をするかを考えてみてほしい。あなたが気づいたと確信するまで、子どもは騒ぎを起こし続ける。脳もそれと同じことをする。抑制は脅威の信号をより強くさせるだけだ。心の中で「メッセージを受け取った、進んでも安全だ」という信号を意識的に脳に送ることは、その問題にこだわるのをやめる方法として、シンプルだが驚くほど効果的だ。そうすれば、適切な反応が考えられるようになる。

脅威の封じ込めに対処する鍵は、脅威がもはや存在しないと、自分の心に確信させることにある。その方法は二つあり、①実際にはいかなる脅しもなかったと心に確信させる、②脅威は通り過ぎたと心に確信させる、ことだ。それができれば、深夜に暗闇の中で家中を調べ回らなくても済む。つまり、調査して脅威が存在しないことを確かめれば、防御モードを解いても安全だ。脅威が去ったと自分の心に確信させる行為はそれと同じで、身に危険が及ぶ脅威がなくなったとわかれば安心して生き続けられる。

時として、脅威の封じ込めを解くのが難しいこともある。とりわけ長い間、そういう状態にあった場合はそうだ。防御モードは生理的なものなので、多くの場合、最もよいのは自分を落ちつかせる生理的手段を用いることだ。運動、睡眠、瞑想は身体にあふれ出ていたストレス・ホルモンを代謝したり、中和させたりして、心を静めるのに役立つだろう。感情を抑えられないときは、走りに行ったり、ウエイトを持ち上げたりすると、素晴らしく効果的だ。

脅威の信号に注意しつつ、心に対して、脅威がもはや存在しないことを証明するためにできることをしよう。そうすれば、脅威の封じ込めから抜け出すことができる。

認知範囲の限界 Cognitive Scope Limitation

一人の死は悲劇である。一〇〇万人の死は統計である。
――クルト・トゥホルスキー（風刺作家）

観光シーズン中にニューヨーク市のタイムズスクエアの真ん中を歩く機会があれば、ほとんどの人々がこちらに向かって突き進んできて、あなたは自分がもはや人ではないことに気づくだろう。そう、人ではなく、物体なのだ。人々が現在いる場所と行きたい場所との間に立ちはだかる障害物だ。だから、人々は何の咎めも受けずに、あなたを押しのけていく。

人間がどれほど知的であったとしても、一つの心が処理し、保存し、反応する情報量には上限がある。限界を超えた情報は、抽象的な用語で保存されるかもしれないが、その人の個人的な経験や懸念に関連した情報とは違う形で処理される。

「ダンバー数」とは、人が一度に維持できる安定した社会的関係の数に関する理論上の**認知限界**のことだ。イギリスの人類学者のロビン・ダンバーによると、人の認知能力では、個人的に親しい関係として把握できるのは一五〇人程度までだという。この限られた交友関係を超えると、私たちは人々を個人というよりも、物体のように扱い始める。この限界を超えた人々の集団はやがて、サブグループに分かれる可能性が高い。

小学校の同級生となぜ文通をしなくなったのかと不思議に思ったことがあるなら、ダンバー数がもっともな仮説となるだろう。旧友とつきあうよりも、すぐそばにいる社交仲間との関係を維持するのに忙しすぎるからだ。

認知範囲に限界をきたし始める正確な関係者数については、いくつか異論もあるが（競合する推定値であるバーナード・キルワースの中央値は二三一人）、いずれにせよ、そのような限界が存在することはほぼ間違いない。世界中で災害に見舞われ、何百万人もの人々に影響が及ぶとき、私たちは気の毒には感じても、その災害によって自分の親友や家族に直接影響が及ぶときの感じ方の何百万倍もの強さで感じるわけではない。関係が疎遠になるほど、個人としてあまり影響を受けなくなる。

タイムズスクエアの観光客が悪人なのではなく、ただ数が多すぎるのだ。タイムズスクエアの通行者は一日に三六万四〇〇〇人以上[★7]にのぼり、私たちの心は到底一度にそれほど大量の情報を扱うことができない。抽象的には、人々はあなたが人間だともちろん理解しているが、あなたを個人として扱うのが難しい場所で、あまりにも多くのことが進行中だ。心は圧倒されてしまい、バランスをとるために、現実を単純化し始める。

同じことは、大企業の経営陣にも起こる。理性では、自分が何十万人もの従業員と何百万人もの株主に対して責任があることに気づいているかもしれないが、彼らがどんなに知的であろうとも、脳は単純にその現実の大きさにうまく対応できない。その結果、経営陣はそうとは知らずに、多くの人々を傷つけかねない。大企業のＣＥＯは、何千人もの現場の労働者が解雇されるかどうか特に気にしないかもしれない。結局のところ、個人的に知っている現場の労働者は一人もいない可能性もある。

何百万もの人々が飲料水に利用している川に有毒廃棄物を投棄する、何千人もの雇用を削減するというような愚かな意思決定を役員がする一方で、彼らが何百万ドルものボーナスを手にしているのを目にすることがある。そういうときはたいてい、彼らが芯から腐りきっているからではない。言いにくいことだが、おそらく彼らはそういうことをあまり考えてこなかっただけなのだろう。彼らが管理する範囲と規模では、あまりにも複雑すぎて手に負えなかったので、彼らの心は意思決定する際に、本能的にではなく抽象的な形で処理しているのだ。

問題を個人化することは、こうした一般的な限界を解決する方法となる。脳のアップグレードはできないので、心が処理できる情報の範囲を直接拡大することは不可能だ。この限界をうまく回避するためには、近い関係にある誰かに影響が及ぶことを想像すると、意思決定や論点を個人の問題にすることができる。

愚かな役員ですら、自分の母親が使う水が汚染されるとしたら、あるいは、自分の子どもの仕事がリストラの対象となったとしたら、自分の決定について大きく異なる感じ方をするだろう。問題を抽象的に考える代わりに、個人化することで、意思決定の影響を本能的に感じとり、よりよい意思決定がしやすくなる。

ダニエル・エスティとアンドリュー・ウィンストンは著書『グリーン・トゥ・ゴールド』（アスペクト、二〇〇八年）の中で、大きな意思決定の結果を内在化しやすくする方法をいくつか解説している。「新聞のルール」と「孫のルール」は、意思決定の結果を個人化する効果的な方法だ。

新聞のルールでは次のようなシミュレーションを行う。自分の意思決定が翌日のニューヨークタイムズの一面で発表されると仮定し、自分の両親や重要な人々がそれを読むとしよう。彼らはどう思うだろうか。自分の意思決定に対する個人的な結果を想像することは、短期的な意思決定の影響を評価する非常に正確な方法となる。

孫のルールは、長期的な観点でその決定を評価する方法だ。今から三、四〇年後、自分の孫が自分の意思決定の結果についてフィードバックすることを想像する。孫たちは、自分の賢さを誉め称えるのか、愚かだという理由でたしなめるのか。

自分の意思決定と行動の結果を個人的なこととして受け止めよう。そうすれば、認知範囲の限界に突き当たる可能性ははるかに低くなる。

連想 Association

私たちは概して、私たちの心が最も得意とすることに、ほとんど気づいていない。

——マービン・ミンスキー（コンピュータ科学者、認知科学者）

タイガー・ウッズがどのゴルフ・クラブを使うかを気にするのは、誰だろう。マイケル・ジョーダンがどのシューズをはくかを気にかけるのは誰か。パリス・ヒルトンがどんな財布を持っているかを気にするのは誰か。

それは、あなたの心だ。思い出してほしい。あなたの脳は常に情報を取り入れ、それを世界がどのように作用するかを説明するパターンの作成に用いている。

理性的に考えれば、これらは別にたいしたことではないのかもしれない。タイガー・ウッズと同じゴルフ・クラブを使っても、自分の下手なスライスが魔法のように修正されないことはわかっている。しかし、ゴルフ・クラブを買う場面になると、あなたの心は、気分がよくなるクラブに引きつけられる。そして、どちらかと言えば、タイガーが使っているクラブのほうが魅力的だと発見するのだ。

人間の心は、環境や相関関係などのヒントも含めて、文脈の中で情報を蓄積していく。脳はパターン照合装置なので、何と何が関係しているかを絶えず知ろうとする。その結果、論理的に関係のないもの同士でさえ、心は楽々と**連想**を形成する。

コカコーラは数十年間、「幸せ」という感情とコーラを結び付けてきた。ユーチューブ上でコカコーラのCMをざっと検索してみると、一次解雇や葬儀の画像はいっさい見つからないだろう。見つかるのは、幸せな瞬間ばかりだ。アドリアン・ブロディが車でドライブしている映像、自動販売機からコカコーラが一本出てくるたびに浮かれ騒ぐ風変わりな生き物たちがパレードする映像、百貨店メイシーズの感謝祭のパレードでコカコーラ瓶の形の風船の奪い合いでチャーリー・ブラウンが勝つ映像、というように。祝日にさえもその影響は及ぶ。現代のサンタクロース像を作り出したのはコカコーラであり、そのサンタクロースはたまたまコカコーラの瓶を持っている。

連想のヒントを用いれば、たとえ論理的に意味を成さない連想でも、行動に影響を及ぼすことは可能である。コカコーラの広告は、炭酸飲料の消費者にコカコーラが機能面で優れていると思わせることはないが、人々がコカコーラのことを考えるときにはいつもいい気分になる。顧客がどの清涼飲料を買うかを決めて、スーパーマーケットに行ったときに、こうした感情は一人ひとりの顧客の最終選択に大きな違いをもたらす。

ビールのCMを考えてほしい。通常は魅力的な女性と自信に満ちた男性が登場する。特定の種類のビールを飲むことで、より魅力的になったり、自信がついたりするわけではないと、あなたの合理的な心は理解している。しかし、相互関係は強力で、とにかく脳が連想を作ってしまう。その結果、たとえイメージの内容を真剣に受け止める人がいなかったとしても、ビール広告は行動に影響を及ぼしているのだ。

ポジティブな連想を提示することで、潜在顧客があなたの提供するものをどう考えるかに影響を与えることができる。有名人を出演させると効果的なのは、人々がその出演者に対して既に持っている強い連想と結び付くからだ。そして、その連想はその製品やサービスの支持にも影響を及ぼす。ジェームズ・ボンドは架空の人物だとみんな知っているが、俳優のダニエル・クレイグが腕時計のCMにタキシードを着て登場すると、「洗練された国際的なスパイ」という連想が自動的にその腕時計にも波及する。

正しい連想を醸成していこう。そうすれば、潜在顧客はあなたの提供するものをもっと欲しがるようになる。

欠如の不認知　Absence Blindness

事実は無視されるから、存在し続ける。
——オルダス・ハックスリー（エッセイスト、『すばらしい新世界』〔講談社、一九七四年〕著者）

人間をめぐって奇妙な事実がある。私たちは、そこにないものを認識することを非常に苦手としている。

私がP&Gのホームケア部門で働いていたときの最初のプロジェクトは、対象物の汚れを防ぐ製品の実現可能性をテストすることだった。ユーザーはまったく洗わなくてもよくなるわけではないが、その製品を使えば汚れがつきにくくなるので貴重な時間と労力の節約になる。

しかし、いざその製品をテストにかけてみると、そのアイデアが実現可能でないことは明らかだった。同製品には本当に効果があったが、ユーザーはそれに気づかなかった。起こっていることが目に見えないので、製品の効果をなかなか信じてもらえなかったのだ。テスト段階が終了した後、そのプロジェクトは打ち切られた。

欠如の不認知は、観察できないものを特定するのを妨げる認知バイアスである。私たちの知覚能力は、環境の中に存在する対象物を見つけるために進化してきた。存在しないものに気づいたり、確認したりするのは、はるかに難しいことだ。

欠如の不認知の例は至る所で見られる。その典型例が優れたマネジメントであり、退屈で報われないことが多い。優秀なマネジャーの特徴は、起こりそうな問題を予想し、問題になる前にあらかじめそれを解決することだ。世界最高の経営者の中には、たいしたことをしているようには見えないのに、すべてのことを計画どおりに予算に沿って進めていける人もいる。

問題は、優れたマネジャーが未然に防いだ数々の良くない出来事を誰も見ていないことだ。実際に、あまり有能ではないマネジャーのほうが報いられる可能性が高い。なぜなら、彼らは「何事か行い」「全力を尽くして」問題解決に当たっている様子が、誰の目にもはっきりと見えるからだ。しかもその問題は、自らのお粗末なマネジメントのせいで招いた可能性がある。

静かに効果的にものごとを行う地味なマネジャーが十分に報いられるように忘れずメモしておいてほしい。彼らの仕事はとりたてて難しそうに見えないかもしれないが、彼らがいなくなると、不自由な思いをすることになるだろう。

欠如の不認知のせいで、防止行為はひどく不当な評価を受ける。私が関係した製品の場合も、機能は見えないが実際に効果が及ぶことを、人々はなかなか信じられずにいた。販売するものが、何かが「ないこと」や「予防すること」であるなら、たとえその製品がどれほど素晴らしくても困難な戦いを強いられることになる。ユーザーが直接経験できるものに集中して、前向きで、即時に、具体的で、特定の言葉を用いて、常に便益を説明することだ。

さらに、悪いことが起こったときに、欠如の不認知のせいで、人々は「何もしない」ことに居心地の悪さを感じる。たとえ何もしないことが最高の行動方針だったとしても、そうなのだ。多くの場合、最高の行動方針は行わない選択をすることだが、それは人として、感情的に受け入れ難いことが多い。

ほとんどの市場が経験する「一次的活況」という景気循環は、部分的に欠如の不認知の結果と言える。

ルートヴィヒ・フォン・ミーゼスの『ヒューマン・アクション』（春秋社、二〇〇八年）によると、政府が人為的に金利を下げて、資金を調達しやすくすることで、経済成長を促そうとするとき、「バブル」が生じる。資本調達を異常に簡単にすることで、[8] この方針は投資家を投機的になるよう煽り、チューリップ、[9] 売上高を出していないドットコム企業、[10] 危険な住宅ローンを組み込んだ証券のように、[11] 通常なら避けるはずの資産に法外な金額を支払うようになる。最終的に、思惑買いをしてきた資産に、支払っただけの価値がないことを投資家が理解すると、バブルがはじけ、過大評価された資産の価値が急落する。

損失への嫌悪感のために、人々は異常な精神状態に陥り、市場の崩壊に対する即時の解決策を強く求め始める。ほとんどの場合、その「解決策」とは、さらに金利を引き下げて、経済を再び成長し始めるように促すことだ。つまり、自己強化型のフィードバック・ループ（後述）であり、将来的にもっと大きなバブルを引き起こす原因となって、問題を悪化させてしまう。

問題を解決するために、最高の行動方針は、人為的に金利を操作するのをやめることだ。それが問題を引き起こした元凶なのだから。残念ながら、欠如の不認知のせいで、私たちは何もしないと心理的に気まずい思いになる――結局、「世界が燃える間、何もせずにここに座ってはいられない」のだ。その結果、たとえ政府が最終的に講じた措置がものごとを悪化させるとしても、一般的に政府が行動に出ることを人々は歓迎する。

経験を重ねることによって、欠如の不認識は回避しやすくする。経験が重要になってくる主な理由は、専門家のほうが、より大きな関連パターンに関する精神的なデータベースを持っていて、欠如に気づく可能性が高くなるからだ。経験者は期待されるパターンの逸脱に気づいて、「どうもおかしい」という「違和感」を抱く可能性が高い。そうした違和感は往々にして、深刻化する前に問題を発見するのに役立つ警告となる。

研究者のゲーリー・クラインは『決断の法則』（トッパン、一九九八年）の中で、ある家の一階で消火活動をしている消防士のチームの話をしている。火元に向かって放水しても、期待に反して、火の勢いはまったく衰えなかった。チーフはふと気づいて、皆に外に出るように命じた――何か変だと感じたのだ。数分後、その家は崩れ落ちた。地下で火が燃え始め、土台が崩壊したのだ。家の中に留まっていたなら、その消防士チームは命を落としていただろう。まさに経験の力、経験の賜物である。

欠如の不認知を克服するために、私が発見した唯一の信頼できる方法は、チェックリストを用いることだ。どういう見え方ならよいかを事前に考えたり、それを意思決定の際に参照できる視覚化された備忘録に置き換えたりすることにより、チェックリストがあればすぐに品質の欠如を探すことを思い出せるようになる（チェックリストの詳細は第12章を参照）。

対比 Contrast

世界は、誰もまったく見たことのない明らかなものであふれている。
――アーサー・コナン・ドイル（作家）

ビジネス・スーツを買うためにデパートの中に入ると、二、三着の商品が異常に高額なことに気づくだろう。その店で、そのスーツが売れるのは極めてまれなことで、販売目的で置いているのではない。三〇〇〇ドルのスーツに比べれば、四〇〇ドルのスーツはそれほどたいした金額ではない——たとえ、別の店ではそれと同じスーツが二〇〇ドルで買えたとしても。

同じ原則は、販売員が提示する製品の順番にも当てはまる。スーツを選んだ後に、シャツ、靴、アクセサリーを勧める。四〇〇ドルのスーツと比較して、一〇〇ドルの靴、八〇ドルのベルト、六〇ドルでシャツ二〜三枚、五〇ドルでネクタイ一〜二本、四〇ドルのカフスボタンのセット、というように。スーツと比較すれば、アクセサリーは安価に見える。早速買おうではないか、と思わせるのだ。

私の顧客の一人、ヨルダン・スマートはこんな報告をしている。

「昨年のブラック・フライデイ［感謝祭の翌日の金曜日。クリスマスセールが始まり、小売店が黒字になるため、黒い金曜日と呼ばれる］に私は買い物に出かけました。ややフォーマルな洋服を探していました。（中略）私はシャツ一枚とブレザー二着を買うつもりでした。その服に合うネクタイも買おうかと、しばし考えましたが、既にクローゼットの中にあるネクタイで間に合うだろうと判断しました。私は一つ目の店に行き、最初にシャツを選びました。私がその店を出ようとすると、販売員がそれに合わせてネクタイはどうかと聞いてきました。私は丁重に断り、内心では自分の毅然とした態度を誇らしく思いました。

二店目で、ブレザーを二、三着試着し、購入することにしました。再び販売員がそのブレザーに合わせて、ネクタイはどうかと尋ねてきました。そのとき、私はブレザーの価格を考えて、心の中で『どうせこんなにお金を使ったのだ』と思ったのをはっきりと覚えています。そして、ネクタイを一揃い買いました。

比較について学ぶまで、そのことについて何も考えていませんでした。レシートを見直してみると、ブレザーにかけたよりも、ネクタイに多く払っていたことに気づきました」

私たちの認知は、周囲の環境から集めた情報によって影響される。一万ドルが多いかどうかは、置かれている状況によって変わる。預金口座にあるのが一〇ドルなら一万ドルは大金だが、口座に一億ドルあるならはした金だ。

私たちの知覚能力は、**対比**に気づくために最適化されている。これは、把握したものと、そこにないものとを比較することではない。そこに、欠如の不認知の本質がある。私たちが気づくことのすべて、そして、私たちが行う意思決定のすべては、周囲の環境から集められた情報に基づいている。だからこそ、カモフラージュが有効になる——ある対象とその周囲の環境との対比を減らし、気づきにくくさせるやり方が通用するのだ。

対比はしばしば、購買決定に影響を及ぼすために用いられる。ビジネスの世界では、価格設定のカモフラージュとして、対比はよく使われる。六〇ドルのシャツの場合、別の店では全く同じシャツが四〇ドルで買えるかもしれないが、対比を用いている店には、それよりも安いシャツは置かれていない。置かれているのは四〇〇ドルのスーツなので、六〇ドルのシャツはお買い得品のように見える。

二〇〇〇ドルのコンピュータと比べれば、三〇〇ドルの保証延長サービスは安価に見える。たとえそれを払うと、購入総額が一五％上がるとしても。三万ドルの車と比較すると、革製シートに一〇〇〇ドルを費やすことは格安に感じられる。四〇万ドルの家を買うことに比べれば、台所の改築に二万ドルをかけても、たいしたことないように感じる。

フレーミングは、対比の認知を制御する方法だ。たとえば、オンライン・ビジネス集中コースのマーケティングをするときに、「トップクラスのビジネス・プログラムよりも一四万九〇〇〇ドル安い」という文句を私はよく使う。書籍を一冊買うのと比べれば、私のコースは高く見えるが、MBAプログラムの費用と比べれば格安だ。

提供品を紹介するときには、対比をうまく活用しよう。そうすれば、潜在顧客がその提供品に好印象を持ってくれる確率が高まるだろう。

稀少性 Scarcity

何かを愛する方法は、それが失われる可能性に気づくことだ。
――ギルバート・K・チェスタートン（作家、詩人）

エネルギー保存のため、すぐにやらなくてはならない説得力のある理由がない限り、「後回しにする」と判断するのが、人々の自然な傾向だ。ビジネスパーソンにとって「後回し」は大問題となる。顧客があなたのことを忘れてしまえば、「後で」は「決して～ない」に変わる。どうすれば、顧客がすぐに行動するように奨励できるのだろうか。

稀少性は、人々が早く決定するように促す。稀少性は、私たちの後にとっておこうとする性向を自然に克服するものの一つだ。稀少性のあるものが欲しければ、それを失うリスクを冒さずに、待っている余裕はない。損失への嫌悪感によって、失う可能性に不安を感じ、直ちに行動をとらなくてはならないと確実に思うようになる。

その結果として、自分の提供するものに稀少性の要素を加味することは、人々が行動を促す素晴らしい方法となる。稀少性によって、待っていれば貴重なものを失ってしまうことを人々は理解し、それが欲しいなら、直ちに行動することを選ぶ可能性が高まる。

その価値が稀少であるほど、欲求はより強くなる。一九九六年のクリスマス時期に、「くすぐりエルモ」は人気のおもちゃだった。子ども向け教育番組「セサミストリート」に登場するエルモは既に人気キャラクターだが、おもちゃの数が限定されていたので、親たちは必死で買おうとした。通常は合理的な考え方をする人々がオークションサイトのイーベイで数百ドルも使ったり、新しく入荷されると小売店に殺到したりした。

稀少性の要素を提供品に追加する方法は次の通りだ。

1 **量を限定する。** 限られた数量を販売することを潜在顧客に知らせる。
2 **価格を上げる。** 近い将来、その価格がさらに上がることを潜在顧客に知らせる。
3 **価格を下げる。** 近い将来、現在の割引が終わることを潜在顧客に知らせる。
4 **期限を定める。** その提供品が、限られた期間のみ有効であることを潜在顧客に知らせる。

露骨で人為的な希少性は逆効果になりかねない。たとえば、電子書籍、ダウンロード可能なソフトウェア、電子的な音楽ファイルの販売を人工的に制限するのは理屈に合わない。電子ファイルは基本的にコストをかけずに、無限に複製できることを誰でも知っているので、そうした希少性は意図的な操作だと感じられ、購買意欲を減退させる。その一方で、期限を設定して値上げする方法はうまくいく傾向がある。一定数の注文や、一定時間が過ぎた後で、価格を上げるのは妥当な方針で、不合理や操作的だという印象を顧客に与える可能性は低くなる。

自分が提供するものに希少性の要素を加えよう。そうすれば、「後」ではなく、「今」買うように人々を促すことができる。

WORKING WITH YOURSELF

第8章 自分と上手につきあう

考えるのは容易だが、実行するのは難しい。考えているように行うことが、最も難しい。
――ヨハン・ヴォルフガング・フォン・ゲーテ（作家、詩人）

身体と心は、物事を行うときに使う道具だ。自分にとって効果的な働き方を学べば、より簡単に、より楽しく目標を達成できるようになる。

今日の忙しいビジネス環境の中で、これをしなくてはならない、あれもしなくてはならない、とやるべきことを全部強調するのは容易いことだ。効果的かつ効率的な働き方を学ぶことは、充実したキャリアと徒労に終わるキャリアとの分かれ目となるだろう。

本章では、すべきことの決定、目標の設定と達成、日々の課題の追跡、抵抗の克服、燃え尽きずに常により生産的に仕事をする方法について検討していく。

単一理想主義　Monoidealism

とにかくやってみろ。
――ナイキのブランド・スローガン

ここ二、三年で、どうすればより多くのことができるかという生産性をテーマにした書籍が多数、書かれてきた。デビッド・アレンの『はじめてのGTD ストレスフリーの整理術』（二見書房、二〇〇八年）、レオ・バボータの『減らす技術』（ディスカヴァー・トゥエンティワン、二〇〇九年）、『Master Your Workday Now!（さあ、就業日を極めよう！）』などの本で、ワークフローの最適環境を実現するための様々な方法が提案されている。

「生産性を高めよう」としているとき、私たちは具体的に何を狙っているのだろうか。理想的には、一度に一つのテーマに全精力と意識を集中させたいと思っている。

単一理想主義は、対立なしに、一つのことだけにエネルギーと注意を集中させる状態を言う。単一理想主義はよく「フロー」の状態と呼ばれる。これは心理学者のミハイ・チクセントミハイによる造語で、人の注意が最も生産性の高い状態を指す。視界がはっきりしていて、一定期間、一つ（唯一）のテーマに注意と努力を集中させている。

人々がより生産的に心を活用することを専門とする元コンピュータ・プログラマーのP・J・イービーは、単一理想主義を次のように定義している。

「誰かが『いいから、やってみろ』と言うときは、あなたに他のことはするなと伝えようとしている。こう言い替えてもよさそうだ。『やってみろ。他のことは一切考えるな。今やっていることもだ。本当は、やろうとさえするな。それすらやらずに、ただ自分がやっていることだけを見て、実際に何かをやろうとはするな』と。『単一理想主義』とは正確には、対立なしに、心の中にただ一つのことしかない状態を言う。あるテクニックそのものというよりも、思考に関連して自然に行動した結果の状態である。特定の個人にとって特定の（生産的な）テクニックが役立つかどうかは、単一理想の状態の実現に際して、特定の障害物に対処できるかどうかにおおむね左右される」

「いいから、やってみろ」と言うとき、あなたは「フロー」と呼ばれる単一理想主義の状態にある。気が散ったり、中断されたり、自己判断したり、疑ったりすることはない。心が一〇〇％「実行」モードにあれば、当然ながら、多くのことができる。

それでは、どれくらい確実に単一理想主義の状態になれるものだろうか。

第一に、注意散漫になったり、中断されたりしそうなものを取り除くことだ。その仕事を終えるために必要な認知活動のレベル次第で、従事していることに没頭するまでに一〇～三〇分かかる。電話がかかってきたり、同僚が「知恵を借りたい」と立ち寄ったり、他の予期しない形で注意を求められたりすると、単一理想主義の状態は壊されてしまうので、優先順位のトップに来るのは、絶対に邪魔が入らないようにすることだ。

私はしばしば耳栓を使ったり、背景の雑音を消すために音楽を流したりする。中断されたくないときは電話も切ってしまう。執筆中はインターネット接続も切ることで、単一理想主義の状態をはるかに維持しやすくしている。そうでもしないと、行き詰まったときに、ウェブの閲覧に走ってしまう確率が高いからだ。同じような誘導構造の手法を用いることは、注意が逸れそうになるのを防ぐよい方法だ。

第二に、内部対立を取り除く。心の中で二つの制御システムの間で葛藤が起こっていると、物事を始めるのが難しくなる場合が多い。働き始める前にこうした葛藤を取り除けば、単一理想主義の状態がはるかに早く実現できるようになる。始めるのに抵抗感があるなら、作業を続ける「前」に、その対立を深く調べることに時間とエネルギーを割いてみるのが有益だ。

本書の執筆中に、私はどうしようもなく抵抗したくなる期間を何度か経験した。抵抗感を無視して、無理に押し通す代わりに、メンタル・シミュレーションと再解釈を使ってその抵抗を調べてみると、隠れていた葛藤が明らかになった。私は自分の仕事の結果に満足しておらず、うまくいかないことをやり続けるのは無駄だった。少し時間をかけて本の構造を修正することで、その葛藤は解決した。それと同時に、よりよい本になり、抵抗の元凶は取り除かれた。

第三は、「ダッシュ」して注意のプロセスを促進させることだ。「ゾーン」に入るのに一〇～三〇分かかるので、仕事にすぐとりかかるためにそのくらいの時間を予定しておくと、速やかにゾーンに入りやすくなる。ダッシュが終わる頃までに生産的になっていないなら、自分にやめてもよいという許可を与えて、他のことをしたほうがいい。ただし、そういうことはめったに起こらない。一度始めれば容易に続けられる。

私がよく使うテクニックは、「ポモドーロ・テクニック」[★1]と呼ばれるものだ。フランチェスコ・シリロが作った、トマトに似た形の（イタリア語でトマトはポモドーロ）、愉快な小さな台所用タイマーにちなんで名づけられた。そのテクニックは次のように働く。台所用タイマーを二五分に設定する。その間中、一つの課題に集中する。行き詰まっても、タイマーが解除されるまではひたすら集中し続ける。二五分の作業時間が終わったら、五分間休憩をとり、全部で三〇分間とする。そのくらいのまとまった時間であれば、誰でもスケジュールのあちこちに入れることができる。

ポモドーロ・テクニックで私が特に気に入っているのは、一度に二つの目標が達成されることだ。それは、着手しやすくなることと、気が散ることは無視してもよいという許可を与えることである。たとえあまり気が進まないことでも、「たったの二五分だ」と言い聞かせれば、着手するまでの最初の抵抗に打ち勝つための素晴らしい方法となる。

ポモドーロ・テクニックは、注意を逸らすものを無視するための正当な理由にもなる。電話が鳴っても、「ポモドーロは分割できない」ことを思い出せば、無視してもよいと自分に許す上で効果的な方法となり、単一理想主義の状態が維持される。ダッシュを始める前に、気が散ることと対立を取り除けば、仕事に取りかかって二、三分で単一理想主義の状態へと自然に移行する。

瞑想は「抵抗のトレーニング」という単一理想主義の一つの形態だ。呼吸に集中し、その後、注意が散漫になってきたら、意識的に（批判的にならずに）呼吸することに集中し直すような簡単な瞑想は、邪魔なものに直面したときに注意を保つスキルを意識的に訓練する方法となる。毎日わずか一〇分間でも簡単な瞑想をすると、集中力が格段に高まる。

認知転換ペナルティ Cognitive Switching Penalty

心を制御しないと、心があなたを制御する。
——ホーレス（紀元前一世紀ローマの詩人）

やろうと決めたプロジェクトや仕事をすべて実施するためには、ある程度の注意、エネルギー、集中力が必要になる。問題は、最も効果的に行うために必要なことすべてをどのように達成できるかだ。

多くの人々は、マルチタスク、つまり、同時に複数のことをしようとする。マルチタスクでより効率的になると思っている人が多いが、これは単一理想主義とはまったく正反対の状態だ。神経学的に、脳にとってマルチタスクは不可能だ。一度に複数のことをしようとしても、実際には並行処理は行われない。こちらからあちらへと急いで注意を切り替えているだけなのだ。課題Aに注意を向けている間、注意が切り替わるまで課題Bは無視される。

つまり、生産的なマルチタスクは幻想だと言える。最近の神経学の研究によると、[★2]ある時点で多数のものに注意を向けようとするほどすべての成果が低下する。車を運転しながら携帯電話で話すのは決してよい考えではないとされる理由もここにある。一度に二つのことに集中しようとするので、反応時間が酔っ

払い運転と同じくらい遅くなるのだ。[★3]

ある対象から別の対象に注意の矛先を変えるたびに、**認知転換ペナルティ**が生じる。行動を起こすために、脳は作業記憶の中で、自分が行っていることのコンテクストを「読み込む」必要がある。注意の焦点を絶えず切り換える場合、コンテクストを捨てたり、読み込んだり、もう一度読み込み直したりすることに、何度も時間と労力を費やさなくてはならない。だから、マルチタスクに丸一日かけても、何もできず仕舞いで、その日が終わる頃にはぐったりしている。先に進める代わりにコンテクストの転換に追われてエネルギーが燃え尽きてしまうのだ。

認知転換ペナルティは、摩擦コスト（後述）に該当する。転換が少ないほどコストは低くなる。それは、単一理想主義が非常に効果的な理由でもある。一度に一つのことに注意を集中させれば、脳は作業記憶の中にコンテクストを一回で読み込ませることができ、それによって、目の前の課題を実際に達成することにエネルギーを集中させられる。

非生産的なコンテクストの転換を避けるためには、ある程度まとめてから一括処理する「バッチ処理」の戦略がベストだろう。気が散るものを取り除くことは不要な中断を妨げるために役立つが、自由になる時間が終日とれたとしても、エネルギーを精神的に酷使して無駄にしてしまうことは大いに起こりうる。不要な認知転換を避ける最高のやり方は、似たような課題をまとめることだ。

たとえば私の場合、顧客に電話をかける合間に、創造的な仕事（執筆や研修ビデオの撮影など）を進めていくのは難しいことがわかった。同時に両方のことをこなす代わりに、まとめてバッチ処理することにした。通常は午前中に二、三時間連続して執筆に集中し、午後に電話と会議をバッチ処理する。その結果、それぞれにすべての注意を向けることができるようになった。

雑用をしたり、財務報告を更新したり、用事に出たりするときにも、私は同じような戦略を用いている。こうした仕事を終えるのには、ほんの二、三時間かければよい。その結果、ごく短時間でやるべきことはすべて片づく。

ベンチャーキャピタリストで、プログラマーで、エッセイストでもあるポール・グレアムは、このバッチ処理の戦略を「メーカーのスケジュール、マネジャーのスケジュール」★4と呼んでいる。何かを作ろうとしているときに、私たちがやりがちな最悪なことは、事務仕事の合間に創造的な仕事を入れようとすることだ。これはコンテクストの転換につながり、生産性が低下する。「メーカーのスケジュール」は連続的時間の大きなブロックで構成され、「マネジャーのスケジュール」は会議のために多数の小さな塊に分解されている。どちらのスケジュールも異なる目的のために組まれている。有益な仕事をすることを目指しているなら、両者を組み合わせてはいけない。

非生産的なコンテクストの転換を取り除こう。そうすれば、より少ない労力でより多くのことができるようになる。

仕事を完了させる四つの方法

Four Methods of Completion

私はたった一人だが、一人の人間だ。すべてのことはできないが、何かはできる。すべてのことはできないので、自分にできることをするのを拒んだりするまい。私にできることは、私がすべきことだ。そして、私がすべきことは、神の御加護を頼みに、やるつもりだ。

——E・ヘール（一九世紀ユニテリアン派の聖職者、作家）

何かを「する」方法は、実際には「遂行」「削除」「委任」「延期」の四つのみだ。

遂行——その課題を行うことは、ほとんどの人々が考える選択肢だ。やるべきことのリストを作っているなら、おそらくそれらの仕事を片付けるのは完全に自分の責務だと思っているだろう。実際にはそれは真実ではない。自分だけが特別にうまくできる重要な仕事であれば遂行するべきだ。だがそれ以外のことはすべて、別のやり方で対処できる。

削除——その課題を取り除くことは、重要性や必要性のないことに対して効果的だ。仕事リストに載っているものがあまり重要でないなら、それを省くことに罪悪感を持ってはいけない。やる価値がないなら、急いで行うほどのことはない。ためらわずに、捨ててしまうことだ。

委任――他の人にその課題をやってもらうことは、自分が手掛けたときの八〇%の出来栄えで他の人ができる場合に効果的だ。職務を委ねるためには、誰かを指名しなくてはならない。従業員、請負業者、アウトソーサーはすべて、あなたのために課題を遂行してくれるので、あなたはもっと多くのことがこなせるようになる。

オンライン版パーソナルMBA集中コース[★5]を準備するとき、ケルシーと私はビデオを撮るが、タイピングが非常に速いケルシーの祖母にビデオの記録を手伝ってもらっている。その結果、私たちは悲鳴を上げることなく、新記録で全コースを完成させることができた。

日常的な仕事を任せる相手がいないなら、バーチャルのアシスタント会社を起用するのも助けとなる。ひと月一〇〇ドル未満で、プロフェッショナルのチームに仕事の協力を求めることができる。委任した経験が少ないなら、実験してみる価値はある。[★6]

延期――その課題を後にとっておくことは、重要性が低い、あるいは、時間の制約がない課題に対して効果的だ。一部を後回しにすることに罪悪感を持ってはいけない。泥沼にはまる最たる方法は、一度に多くのことをやろうとすることだ。あまり重要でない仕事を後回しにするのは、最も重要なことに注意を維持し、エネルギーを集中させる上でよい方法だ。

デビッド・アレンは『はじめてのGTD ストレスフリーの整理術』の中で、いつかはやりたいが、現時点ではそれほど重要ではないことについて、「いつか／たぶん」リストを作ることを奨励している。創造性について研究しているスコット・ベルスキも『アイデアの99%』(英治出版、二〇一一年）の中で、似たようなアプローチを推奨している。それは、最終的にはやりたいが、今は優先順位が低い仕事についての「後回し」リストを作成することだ。新しいことやワクワクすることを探しているときに、このリストを定期的に見直してみると非常に役に立つ。

やるべき仕事のリストを処理するときには、四つの選択肢をすべて駆使しよう。そうすれば、これまでに可能だと思っていた以上に多くのことができる。

最重要課題（MITs）　Most Important Tasks

小さなことをしながら、大きなことを考えなければならない。
そうすれば、小さなことはすべて正しい方向に向かう。
——アルビン・トフラー（作家、未来学者）

すべての仕事が等しく創られているわけではない。ある仕事は他の仕事よりも重要だ。毎日、何かをするのに使える時間とエネルギーは限られている。現状のやるべき仕事リスト上の項目もすべて、一部は重要だが、一部はそうでもない。限られた時間とエネルギーを最大限に活用したいなら、別のことではなく、まず最大の違いを生み出す課題を完了させることに集中すべきだ。

最重要課題（MITs）は、実現しようとしている最も重要な結果を生み出す、重要な課題のことだ。今抱えていることのすべてが極めて重要なわけではないので、リスト上の全課題を平等に扱ってはいけない。二、三分かけて特に重要な課題を二つ三つ特定すれば、最初にそれらに集中しやすくなる。

毎日、一日の始まりに二つか三つのMITsのリストを作成し、その後、それをできるだけ早く終わらせることに集中するとよい。このリストは、一般的なToDoリストや課題追跡システムとは分けておく。私は通常、三×五インチサイズのインデックス・カードか、デビッド・シーアの「エマージェント・タスク・プランナー」[★7]を使っている。後者は無料ダウンロードができるPDFファイルで、一日の計画を簡単に作成できる。

MITsリストを作成するときには、自己導出用の質問が役に立つ。「今日しなくてはいけない最も重要なことを二つか三つ挙げるとしたら、それは何か。今日行ったら、非常に大きな違いをもたらすことは何か」という問いだ。MITsリストにそうした仕事のみを書き出し、午前中に真っ先に手掛けるようにする。

このテクニックをパーキンソンの法則（後述）と組み合わせて最終期限を決めるようにすると非常に効果的だ。MITsをすべて午前一〇時までに終えるという目標を決めれば、その日の最重要案件が驚くほど早く片付くようになる。

MITsリストを持つことで、重要性の低いものによる中断は拒否してもよいと思えるので、単一理想主義の状態を維持するのに役立つ。MITsに取り組んでいるときに誰かから電話があっても、呼び出し音を無視したり、「今、電話に出られませんので、折り返し連絡いたします」と伝えたりしやすくなる。

できるだけ早くＭＩＴｓを達成しよう。そうすれば、残りの時間は別の案件が生じても対応に当たることができる。

目標　Goals

漠然とした目標を決めることは、レストランに入って「お腹がすいたので、食べ物をください」と言うようなものだ。何かを注文するまで、空腹のままだろう。
――スティーヴ・パヴリナ（stevepavlina.com のブロガー）

目標を持つことの重要性については、ビジネス書で多くのページが割かれてきた。よい目標は二つの役割を果たす。自分が望んでいることの視覚化を助けることと、その達成に向けて張り切って取り組めるようになることだ。目標とは、自分が達成したいものを正確かつ明確に説明したものだ。脳はメンタル・シミュレーションを使って、その目標を達成することはどういうことなのかを視覚化しやすくする。追求している最終結果が漠然としていて不明瞭であれば、心の自動計画システムはそれを叶える方法を見つけにくい。よい目標は、モチベーションの面でも重要な役割を果たす。目標が明確に定義されているほど、それを叶えるために必要なことに対して、張り切って臨めるようになる。

曖昧な目標はただ「山を登りたいです」と言うようなもので、脳を働かせる材料をまったく提供しないのであまり有効ではない。どこで、いつ、なぜ、という質問に答えることなくして、おそらく何もできないだろう。

よい目標は「エベレスト・テスト」に合格する。たとえば、「四〇歳の誕生日の前にエベレスト山頂まで登り、パノラマ写真を撮り、勝利の記念として壁に飾る」という目標なら有効であり、脳はシミュレーションをしやすい。エベレストはネパールにあるので、旅行の準備をしなくてはならない。登山のスキルを磨き、ガイドを探し、装備を買い、適切なパノラマカメラなどを入手する必要もあるだろう。ひとたび目標を達成するために意識的に決定を下せば、心は自動的にそれを達成する方法を探し始める。

目標設定で最も有効なのが、ＰＩＣＳの四つの要素、「前向き（Positive）」「即時（Immediate）」「具体的（Concrete）」「特定された（Specific）」で構成することだ。

●**前向き**とは、モチベーションに関わる。目標は避けるのではなく、前進させるものでなくてはならない。「これ以上太りたくない」というような目標は、脅威の封じ込めを引き起こすやり方だ。再解釈を使って、改善に向けてワクワクするように、心の予想を変更する代わりに、否定的な気持ちを増強させる。最高の結果を出すためには、最初に対立を取り除き、その後、達成したいことに向かって動き出すとよい。

●**即時**とは、時間枠に関わる。目標は、「いつか」や「最終的に」ではなく、今、進めていくという意思決定でなくてはならない。現在、特定の目標に取り組むことに注力したくないなら、「将来やること」リストに入れて、別のことに集中するとよい。

●**具体的**とは、現実の世界で結果を見ることができる、という意味だ。目標は達成するものであり、試みたものがいつ達成されたかがわかるようにしなくてはならない。「幸せになりたい」というような目標設定は具体性がないので、うまくいかない。いつ幸せになったかは、どのように把握できるだろうか。エベレストの山頂に到達したら、現実の世界で具体的なことを達成したことになる。具体性というのは、そういうことだ。

●**特定**とは、目標の達成において、何を、いつ、どこで行うかを正確に定義できることだ。近い将来の特定の日にエベレストに登るという場合、特定されていて、その達成に向けてどのように取り組むかを、私たちの脳は正確に計画しやすくなる。

最高の効果を引き出すためには、自分で管理できる目標を設定しなくてはならない。「体重を二〇ポンド減らす」というような目標は、直接自分の管理下にないので心理的な負担が大きい。自分の体重がある日二～三ポンド増えたら、そのことで選択の余地がなかったとしても負けた気分になりやすい。最高の結果を出すためには、毎日「最低三〇分間は運動して、消費カロリー数を管理する」というように、自分のコントロールの範囲内にある行動に目標を置いたほうがよい。

目標を追跡するために、簡単なノートや参照システムがあれば役立つ。私は、目標をすべて簡潔にテキストファイルに書き出し、印刷して、やることリストに綴じることにしている。やるべきことを考えているときは常に、目標を手軽に参照できるようにしておくと、どれが最も重要な課題かを判断しやすくなる。目標を変えることは、まったく構わない。ある時は何かが欲しくても、後になってようやく、たいして欲しくなかったと気づくこともある。そのことに罪悪感を持つ必要はない。それが、いわゆる学習というものだ。気持ちよく取り組めなくなった目標に向かって自分が勤しんでいることに気づいたときには、他のことに取り組むようにしよう。

Beingの状態 States of Being

行こうと思った場所には行けなかったかもしれないが、そうありたいと思った場所にはたどりつけたと思う。
——ダグラス・アダムス（脚本家、作家）

人々が目標設定するときに常に見かける間違いの一つは、一つの成果で何もかもうまくいくと思っていることだ。

「幸せになりたい」、「胸が高まる思いをしたい」、「成功したい」という場合、その目標が達成されたかどうか、どうすればわかるのだろうか。日々の経験が変わるとしたら、幸せになったり、胸が高まる思いになったり、成功したりすることが本当に実現するのだろうか。

Beingの状態（そうある状態）は現在、経験していることの品質を示す。時間とともに変わってしまうので、感情的な経験は、達成するという類のものではない。今は楽しくても、一時間後には怒っているかもしれない。したがって、「幸せであること」は成果ではなく、現在経験していることの品質と言える。

Ｂｅｉｎｇの状態は意思決定の基準であって、目標ではない。「幸せになる」あるいは「成功する」ことを望むのは構わないが、こうした欲求を目標とみなすのは欲求不満のもとになる。こうした状態を成果と思う代わりに、意思決定の基準、つまり、自分の行動が望ましい結果につながっているかどうかを理解する方法だと考えたほうがはるかによい。

Ｂｅｉｎｇの状態は、「今現在やっていることはうまくいっているか」という問いに答える上で役立つ。たとえば、幸せを感じたい場合に、親友や家族と一緒に過ごす時間を持つことが自分の望んでいる経験だと気づくかもしれない。となれば、それに割く時間を作ることが明らかに重要になる。穏やかでいたいと思うのに、常に仕事のストレスが溜まっているなら、状況を変える必要があることは明白だ。今やっていることはうまくいっていないのだから。

複雑なＢｅｉｎｇの状態を小さく分解してみることも非常に役立つ。「成功」や「幸せ」のような複雑な状態を意思決定の基準に用いる代わりに、そうした状態が実際に自分にとって何を意味するかを確認するほうがはるかによい。たとえば、私は「成功」について、「好きな人々と一緒に楽しめることに取り組むこと」、「取り組みたいことを気兼ねなく選べること」、「経済面でストレスを感じずに暮らせるだけのお金を持つこと」だと定義している。こうしたＢｅｉｎｇの状態は、成功の定義としてはるかに有用だ。世の中でその状態を経験しているなら、自分は「成功」している。

同じことは、「幸せ」にも当てはまる。「幸せ」であることは、Ｂｅｉｎｇの状態の一つとしてではなく、

「楽しむこと」、「楽しい人々と一緒に時間を過ごすこと」、「穏やかな気持ちになること」、「気兼ねしなくていいこと」が組み合わさったものだ。このようなＢｅｉｎｇの状態で、今の瞬間の自分の経験を説明できるなら、自分は「幸せ」である。「幸せ」を要素分解すれば、自分の取り組んでいることが、より豊かに、より頻繁に、幸せを味わうために役立っていると確認できるようになる。

どのようなＢｅｉｎｇの状態を経験したいかを決めよう。そうすれば、まったく新しく有益な形で、行動の結果を評価するための、一連の強力な意思決定の基準を持つことができる。

習慣 Habits

私たちは繰り返し行うことによって形づくられる。したがって、エクセレンス（卓越性）とは行動でなく習慣である。
——ウィル・デュラント（作家、歴史家）

運動のように、毎日やりたいと思っていることは、目標なのか、Ｂｅｉｎｇの状態なのか。実際には、そのどちらでもない。

習慣は、私たちを支える定期的な行動だ。運動、歯磨き、ビタミンの摂取、特定の食生活、友人や家族との交流はいずれも、私たちが幸せで健康であり続けるための習慣の例だ。積み重ねの威力によって、小さな習慣は時間とともに大きな結果になりうる。

習慣化するためには通常、ある程度の意志の強さが必要になる。したがって、自分が身につけたい習慣を根付かせるために最適な方法は、誘導構造で論じたテクニックを使うことだ。朝一番にジムに行きたいなら、前日の晩のうちにジム用バッグにトレーニング・ウェアを詰めておくとすぐに行くことができる。それは、少ない労力で行動できるような環境を整備しているからだ。

行動する時間を告げる合図になるものがあると、習慣を身につけやすくなる。たとえば、ビタミンを摂取したい場合、そのきっかけとして、別の習慣的な行動を用いると忘れにくくなる。昼にビタミンを摂るのを忘れまいとする代わりに、備忘として朝晩の歯磨きを活用すればよい。

最高の結果を出すためには、一度に一つの習慣を身につけることに集中することだ。思い出してほしい。毎日、使える意志の力は限られているので、既定の行動様式を超えれば、意志の力はすぐに減っていく。あまりにも多くの習慣を同時に身につけようとすれば、長い時間をかけても、おそらく成功しないだろう。自動的に行動を起こせるようになるまで、一つの習慣を身につけることに集中し、その後で、次のことに取り組むようにしよう。

「なぜ」を五回繰り返す Five-Fold Why

次の質問をして、それに続く質問をして、また、それに続く質問をする。
――シオドア・スタージョン（SF作家、『人間以上』〔早川書房、一九七八年〕著者）

私たちは往々にして、自分が欲しいものがなぜ欲しいかを意識的に理解していないものだ。「根本原因の分析」は、欲求の背後にある動機の発見に役立つ方法となる。

「なぜ」を五回繰り返すことは、実際に何を求めているかを発見するのに役立つテクニックだ。自分の欲求を額面通りに受けとる代わりに、その根本原因を調べてみると、中心的な欲求をより正確に把握できるようになる。

「なぜ」を五回繰り返すテクニックを使うのは簡単だ。目標や目的を設定するときには常に、なぜそうしたいのかと自問してみる。百万長者になりたいなら、なぜ一〇〇万ドルを持ちたいのかと自分に問いかければよい。

無理に答えを出そうとしてはいけない。好奇心の精神でただ自ら問いかけ、心がおのずと答えるまで待つ。心がある答えを返してきたら、再び「それはなぜか」と問う。当初の目標の根本原因に達したことを示す「そうしたいから」という答えになるまで、「なぜか」と問い続ける。

一例として、「百万長者になりたい」という古典的な目標に、「なぜ」を五回繰り返すテクニックを使ってみよう。

1　なぜ私は一〇〇万ドルが欲しいのか　↓　お金のことで悩まされたくないから。
2　なぜお金のことで悩まされたくないのか　↓　そうすれば、不安を感じなくなるから。
3　なぜ不安を感じたくないと思っているのか　↓　そうすれば、安心できるから。
4　なぜ安心したいと思っているのか　↓　そうすれば、自由な気持ちになれるから。
5　なぜ自由な気持ちになりたいのか　↓　そうありたいと思っているから。

根本的な欲求は、一〇〇万ドルを手にすることではなく、自由な気持ちになることだ。一〇〇万ドルがなければ、自由な気持ちになるのは不可能なのか。金銭とは全く無関係に、自由な気持ちになる方法はたくさんある。真の欲求に応える代替手段をとったほうが、当初の目標よりも効果的な場合もある。

目標の背後にある根本原因を発見しよう。そうすれば、実際に望んでいるものを獲得する新しい方法が見つかるだろう。

「どのように」を五回繰り返す　Five-Fold How

見渡せる限り遠くまで行け。そこに行けば、さらにもっと遠くまで見通せる。
——トーマス・カーライル（歴史家、評論家）

「なぜ」を五回繰り返した後に、おそらく、自分が望んでいると思っていたことと、実際の欲求が全く異なっていることがわかるだろう。当初の目標である根本原因を特定したら、次はそれをどのように実現するかを見つける番だ。

「どのように」を五回繰り返すことは、中心的な欲求を身体的な行動につなげる方法だ。先ほどの例を使ってみると、中心的な欲求は自由な気持ちであることだ。そうなるためには、どう取り組めばよいのだろうか。

1　未払いの債務を清算する。
2　労働時間を減らすか、別の仕事を見つけるか、起業家になる。
3　新しい町や国に移る。
4　窮屈な個人的な人間関係を断ち切る。

いい考えだと思われる「どのように」が見つかったら、再び「どのように」と問う。たとえば、仕事を辞めて起業すれば、最も自由を得た感覚が得られるだろう。そのためには、どのように取り組めばいいいか。詳細を詰めていけば、最初は曖昧な考えだったものが、より明確になっていく。

次の行動（後述）に関する計画が明らかになるまで、「どのように」と問い続ける。「どのように」を五回繰り返す目的は、大きな構想から、今の自分にできることにまで結び付く一連の行動をすべて引き出すことにある。

これを適切に行えば、それぞれの行動によって、自分が行った通りに望むことを経験できるようになる。負債を清算することで自由な気持ちになれるなら、そうした形で点と点をつないでいくと、支払う度により自由が感じられ、はるかに継続しやすくなる。

大きな目標に、今できる小さな行動を結び付けよう。そうすれば、目標の実現に向けて試みていることが必ず達成できるだろう。

次の行動 Next Action

自分にできる小さなことに絶えず素早く注意を向けるようにすれば、やがて、できないままのことがいかに少ないかを知って驚くだろう。
――サミュエル・バトラー（小説家）

私たちが達成したいことは多くの場合、ただ座って待っているだけではやり遂げられない。プロジェクトは、完了するために複数の行動をとる必要がある目標であり、プロジェクトが大きくなるほど、必要な行動をすべて予測することは難しくなる。

エベレスト登頂は、複雑さと不確実性に満ちたプロジェクトと言える。あまりにも大きくて、押しつぶされそうな気持ちになるほどのプロジェクトに、どのように取り組めばよいのか。簡単なことだ。目標に向かって次に前進していくために必要な行動に集中すればよい。

次の行動とは、そのプロジェクトを進めるために自分に今できる、次の特定の具体的な事柄のことだ。プロジェクトを進めるためにすべきことを全部知っておく必要はない。把握しておかなくてはならないのは、そのプロジェクトを先に進めるために、次にできる事柄だ。

『はじめてのGTD ストレスフリーの整理術』の著者、デビッド・アレンは持説の「基本プロセス」の中心的なステップを、次のように説明している。

1　この瞬間に、自分の心を最も占めているプロジェクトや状況を書き出す。
2　その問題や状況に対して望む成果を一文にまとめる。これが「完了した」と記すためには、どんなことが必要になるか。
3　その状況を前進させるため次に必要となる実際的な行動のステップを書き出す。
4　その答えを、信頼するシステムに組み込む。

アレンによると、こうした質問は、「完了した」や「する」が実際にどういうことなのかを明らかにする上で役立つという。「完了した」場合にどうなるかをはっきりさせれば、そうなるように物事を「行う」ことに、注意とエネルギーを集中できるようになる。

この本の執筆は大仕事だった。研究をまとめるのに何年もかかり、実際に文章を書くのに一年余りを要した。「本を書く」ことは行動というよりも、プロジェクトだ。ただ座っているだけでは原稿は完成するはずもないが、一時間未満で本書の短い一節を書くことは可能だ。記載する項目を明確に分けてみると、はるかに進めやすくなった。個別の課題にすることで圧迫感が減ったからだ。

押しつぶされそうになる感覚を防ぐために、プロジェクトと課題を分けて追究していくとよい。私のやり方はこうだ。三×五インチのインデックス・カードを含んだノートを常に持ち歩く。[★8]カードには、現行のプロジェクトの短いリストが書かれている。ノートにはやることリストがあり、プロジェクトを前進させるための次の行動が書かれている。この部分は、マーク・フォスターが作成した「オートフォーカス」[★9]と呼ばれるシステムを使用して処理している。このシステムにより、直観を働かせながら、先に進めるために自分に今できることが特定しやすくなる。プロジェクトが自分の目標とつながり、自分が好むあり方と合致している限り、やり遂げるのはただ時間の問題となる。

次の行動を終えることに専念しよう。そうすれば、プロジェクト全体が必ず完了するだろう。

外部化 Externalization

言葉は、人の心を集中させるレンズである。

――アイン・ランド（哲学者、『肩をすくめるアトラス』〔ビジネス社、二〇〇四年〕著者）

私たちの心の働き方で意外なのは、頭の中で混乱している思考よりも、外部の情報のほうがうまく扱えることだ。

これまでにパーソナル・トレーナーやコーチについたことがあるなら、私が言わんとすることがわかるだろう。自分でエクササイズをするとき、「これは本当につらい。やめようか」という頭の中の小声に耳を傾けやすい。たとえ続ければよりよい結果が得られることがわかっていても、である。

他の人と一緒なら、自分の環境内に「もう少し頑張るように」と励ます人がいるので、そうした小声は押しのけられる。その結果、よりよいトレーニングができる。

私たちは内部の思考よりも、外部の刺激に反応しやすい。そこで、生産性の向上に使える簡単な方法がある。内部の考えを、心が効果的に働く外部のものへと転換すればよいのだ。

外部化は、知的な形で私たちの知覚能力を利用することを言う。内部の思考プロセスを外部の形式にすることによって、基本的に異なるチャネル経由で脳の中に情報を再入力できるようになる。それにより、同じ情報を異なる方法で処理するために使える、さらなる認知資源にアクセスできるようになる。

思考の外部化には、主に「書く」「話す」という二つの方法がある。

文書にすること（あるいは好みによっては、スケッチすること）は、アイデア、計画、課題を把握する最良の方法だ。書くことは、単に後から参照できる形で情報を蓄積する能力であるだけでなく、自分が知っていることを異なる角度から吟味する機会を自分の心に与える。前頭葉の中をぐるぐる回っていたときには、克服しがたいと思われた課題や問題が、紙に書き出した後では、驚くほどすんなりと解決してしまうことも多い。

アイデアを紙に書き留めておくと、後から参照したり、見直したりするために保存できることに加えて、他の人々と共有しやすくなる。「最も薄いインクは、最も好ましい記憶よりも明白だ」ということわざの通り、定期的に使うノートや日記は黄金に匹敵する価値がある。

自分自身に、あるいは、他の人に話すことは、もう一つの効果的な外部化の方法だ。友人や同僚と話している間に、抱えていた問題が解決したという経験のある人は多いと思うが、それは声に出して外部化したからだ。話を終える頃には、聞き手が一言も発していなくても、自分の問題に対する知見が増している可能性がある。

声に出した外部化で重要なのは、その問題を話し終えるまで、辛抱強く耳を傾け、途中で遮らない聞き手を探すことだ。自分自身や無生物に向かって話すのでもよい。ゴム製のアヒル、テディベア、アクションもののヒーローのフィギュア、他の机の上の擬人化された対象物に自分の問題を説明することは、最初のぎこちなささえ克服できれば、うまくいく可能性がある。たいていの場合、問題を回避しなければ、解決しやすくなる。

どのようなやり方で思考を外部化するにせよ、頭の中に思考を閉じ込めたままにしてはいけない。異なる方法を実験してみて、自分に最も合ったやり方を見つけたほうがよい。日中に心を明晰に保つために、外部化に割く時間を少し設けておくとよい。通常この目的にもってこいなのが早朝や深夜だ。

どのようなやり方であれ、外部化をすればするほど、思考はより明確になり、目標に向かってより速く進めるようになる。

自己誘出　Self-Elicitation

自分の話を聞くまでは、自分が考えていることなどわかるはずがない。
——E・M・フォースター（小説家）

外部化は、計画、目標、行動を調べるツールとして最も効果的だ。日記などの形でその日の出来事を書き留めておくと、後から確認するだけでなく、問題解決用ツールとしても役立つ。

自己誘出は、自問してそれに答えるというやり方をとる。自分によい質問をする（あるいはよい質問をしてくれる人と協業する）ことで、重要な洞察が得られたり、非常に素早く新しいアイデアを生み出したりできる。

「なぜ」や「どのように」を五回繰り返すのは、自己誘出の一つのやり方だ。ただ自問してみるだけで、以前は考えもしなかった選択肢を探り、関連情報に注意するようにと脳に準備させる。

デビッド・ワトソンとローランド・サープは『Self-Directed Behavior（自立的な言動）』の中で、あまり有用でない言動の背後にある理由を見つけるのに非常に役立つ、自問のテクニックを解説している。前例（Antecedent）、言動（Behavior）、結果（Consequences）というＡＢＣメソッドは、変えたい言動に気づいたときに自ら問いかける一連の質問だ。

日記に次の質問の答えを書き、特定の言動をついとってしまう時を記録し、その頻度や期間に注意することで、その言動や思考プロセスのパターンを発見できる。ひとたびパターンがわかれば、その言動は変えやすくなる。

●前例

○それはいつ起こったか。
○誰と一緒にいたか。
○何をしていたか。
○どこにいたか。
○自分自身に何を言っていたか。
○どんな考えを持っていたか。

○どんな感じがしたか。

●言動

○自分自身に何を言っていたか。
○どんな考えを持っていたか。
○どんな感じがしたか。
○どんな行動をしていたか。

●結果

○その結果として、何が起こったか。
○それで嬉しかったか、不快だったか。

自分自身によい質問を投げかけることは、よい答えを見つけるのに役立つ。常によい質問をすることを習慣化しよう。そうすれば、直面する課題の克服がどれほど容易になるかに驚くことだろう。

パーキンソンの法則 Parkinson's Law

仕事というものは、それを終えるために使える時間を満たすだけ拡張する。
――シリル・ノースコーテ・パーキンソン（歴史学者、経営理論家）

一九五五年、シリル・ノースコーテ・パーキンソンはエコノミスト誌に、イギリスの官公庁での経験に基づいたユーモラスなエッセイを書いた。その中で、彼は自分の名前がつくことになる法則を発表した。それは、「仕事とは、それをやり終えるために使える時間を満たすまで拡張する」というものだ。

一年でしなければならないことがあれば、一年で行われる。来週しなければならないことは、来週行われる。明日しなければならないことは、明日行われる。時間と期限に基づいて私たちは計画を立て、その課題を期限までに終えるために必要なことについて選択や妥協を始める。

パーキンソンの法則を、不合理な期限を設定するための自由裁量権とみなすべきではない。どのようなプロジェクトにもそれなりの時間は必要だ。確かに、一日で高層ビルを立てたり、一週間で工場を建設したりすることはできない。プロジェクトが複雑になるほど、通常はより多くの時間がかかる――ある程度までは。

パーキンソンの法則は、反事実シミュレーションの質問として使うのが最適だ。非常にタイトな時間枠でそのプロジェクトを終えられたら、どんな感じがするか。一日で高層ビルを建設しなければならないとすればどう取り組んでいくか。その質問に対して、自分がとると思われる反事実的な方法を答えれば、より少ない時間で仕事を終えるためのテクニックや方法が見つかる。

家具販売店イケアの創業者であるイングバル・カンプラドはかつて、「一日を一〇分単位に分けると、できる限り単位数を減らそうとするので、驚くほど多くのことができる」と語っていた。小さな課題に対して、それぞれを完了させる時間は一〇分しかないと考えるやり方を「イングバルのルール」と私は呼んでいるが、これをぜひ使ってみてほしい。これには、会議や電話も含まれる。必要があろうとなかろうと、会議の標準時間はなぜか一時間となっている。会議の基本的な時間単位は一〇分だと仮定すれば、少なくとも、一時間かけたときと全く同じことができることが多い。イングバルのルールは反事実的だ。何かをするにせよ一〇分しかない場合どうするか。それに即して行動してみよう。

地球最後の日のシナリオ　Doomsday Scenario

遠くから大きく見えるものは、近づいてみると、それほど大きくもない。
――ボブ・ディラン（ミュージシャン）

脅威の封じ込め状態に陥ると、何かをすることは難しくなる。あなたの心はその脅威に囚われ、まさにひどいホラー映画に入り込んでしまったような感覚を抱いている。

たとえば、あなたは起業を考えているが、一人で始めることを考えるといつも、不安で身動きがとれなくなるとしよう。仕事を辞めることを想像すると、あなたの心はすぐに、成功しないものを作るために多額の投資を行い、破産してホームレスになる姿を思い浮かべる。他の仕事が得られず、みんなに嫌われ、残りの日々を川沿いに停めたワゴン車の中で暮らすことになる。

それが明らかに過剰反応だとすれば、自分を守ろうとするのをやめるように、どのように脳に働きかけられるだろうか。

地球最後の日のシナリオは、うまくいかないかもしれないと思うことが、すべてその通りになってしまう場合の反事実シミュレーションだ。時間通りにプロジェクトが終わらないとしたら、どうなるだろうか。計画がうまくいかないとしたら、すべてを失ったら、みんなの笑い物にされたら、どうなるだろうか。

地球最後の日のシナリオは、ある側面では悲観的だが、どんな状況になってもほとんどの場合、自分は大丈夫だ、と思えるようにするためのものだ。ほら穴で暮らしていた原始時代の名残で、私たちの古代の脳は誇張して物事を捉え、潜在的な脅威はすべて生死に関わる状況だと考えてしまう。私たちがストレスをためこむ理由は、資源を失ったり、地位を損なったり、拒絶されたりすることを、生存の脅威として脳が解釈するからだ。太古の時代にはそれが真実だったかもしれないが、もはやそうではない。今では、お金を失ったり、大失敗したり、一日に何百回も拒絶されたとしても、生き残って話をすることができる。

最も恐れていることを実際に調べてみると、思っていたほど物事は悪くないことがわかる。地球最後の日のシナリオを作ることは、ベッドの下にいる怪物を怖がっている幼い子どもに、懐中電灯を与えるのと同じだ。怖いと思う対象を照らし出せば、恐れることは何もないと知ることができる。

意図的に外部化したり、最大の恐怖を定義したりすると、それが本当は不合理な過剰反応だと露呈する。たいていの場合、実際には重要でないことを恐れているものだ。たとえ具合の悪いことが起こったとしても、実際に思っているほどひどくはならない。死ぬことはない、とわかればすぐに以前は身構えて臨んでいたことがはるかに気楽にできるようになる。

いったん、地球最後の日のシナリオを想像すれば、最悪の事態の改善に着手できる。起業するのであれば、実際のリスクを定義し、それを軽減する計画を立てられる。恐怖の犠牲者になるのではなく、それを建設的に利用できるようになる。

地球最後の日のシナリオを作成してみよう。そうすれば、ものごとを誇張しがちな脳を、抵抗するのではなく、協力的に機能させることができる。

過剰な自己愛 Excessive Self-Regard Tendency

間違いを犯したと思った一九六一年以来、私は間違ったことをしてこなかった。
——ボブ・ハドソン（政治家）

オーディション番組「アメリカン・アイドル」では、二、三カ月ごとに、妄想を抱いた参加者が聴くに堪えないような歌声を披露して、世界中のテレビ視聴者をげんなりとさせている。

この光景で最も印象的なのは、音痴であることを大々的に見せつけていることではない。オーディションを受けている人々の多くが、自分は素晴らしい歌い手だと思っている事実だ。その不一致たるや驚くべきものだ。これほど自明なことを、どうしてひどく誤解してしまう人がいるのだろうか。

過剰な自己愛の傾向は、自分の能力を過大評価する自然な傾向だ。あまり身近に経験したことがないものについては、特にそうなる傾向がある。自分の能力に対して楽観的になることにはメリットもある。何か新しいことを試そうとする可能性が増えるのだ。初心者が時々、すごいことを達成する場合はそうした形をとる。自分が目指しているものがどれほど危険で困難かを理解する前に、彼らはやってのけてしまうのだ。

スティーブ・ジョブスと共同でアップル・コンピュータを創業したスティーブ・ウォズニアックは、世界初のパソコンを生み出した。その経験について彼が告白したことがある。「私はそれまで全くトライしたことはなかった。コンピュータを作ったこともなければ、会社を創ったこともなかった。自分が何をしているか、まるでわかっていなかった。しかし、私はやろうと思っていたので、やり遂げた」。彼は自分のやっていることをわかっていなかったが、できると思っていたのでその通りになったのだ。

残念ながら、私たちが自然に抱く自信は高くつくことがある。有害な自己欺瞞《ぎまん》に陥ってしまう恐れがあるのだ。

そのテーマが身近なものではなく、ほとんど知らないときは、過剰な自己愛の傾向がいっそう顕著になる。無能な人ほど、自分が無能であることに気づかない。実際に、多くを知るほど能力を自己評価することがうまくなり、そのテーマに熟達したとわかるだけの経験を積むことで、初めて自分の能力を疑うようになる。

コーネル大学のデビッド・ダニングとジャスティン・クルーガーによると、チャールズ・ダーウィンが語った有名な皮肉、「無知な人のほうが、知識のある人以上に信頼感を与えることが多い」は、文字通り真実だという。彼らは「ダニング・クルーガー効果」として、次のように説明する。

1 無能な人は、自分のスキルの水準を過大評価する傾向がある。
2 無能な人は、他の人々の本当のスキルを認識できない。
3 無能な人は、自分の極度の至らなさを認識できない。
4 自分のスキルの水準を大幅に向上させる訓練を受ければ、それ以前のスキルの欠如を自覚し、受け入れることができる。

「無能なことに無自覚な」人々は、自分が無能であることを知らない。そのテーマについて少ししか知識がないので、実際に自分がほぼ何も知らないことを十分に評価できない。だからこそ、「経済と国際政治の専門家」と自称する理髪店の店主とタクシー・ドライバーをよく見かけるのだ。

ひとたび新しいテーマについてもっと学べば、「無能なことを自覚」するようになり、自分がしていることを実際には知らないことを思い知らされる。その結果、ほとんどの人々は、あるテーマを学ぶときに、自分の能力に対して自信が持てなくなる。知識が多くなるほど、自分の知識や能力の限界を十分に評価しやすくなる。

「意識する能力」を身につけ、自分がしていることがわかる状態になるためには、経験、知識、実践が必要になる。自分の能力を意識できれば、自信を取り戻し、自分の知識の限界を知り、自分にできることを正しく評価できるようになる。

ある程度の謙虚さは、品質の自動修正において重要だ。時には、自信過剰は素晴らしいものを生み出すこともあるが、それはハイリスクの賭けと言える。指針なしでは、まずい状況に陥ってしまう可能性がはるかに高い。ほどほどの謙虚さを育むことで、自分が何もかも知り尽くしていると思い込み、後からそうではないと思い知らされることはなくなる。

過剰な自己愛の傾向はごく普通のことなので（自分は該当しないと真っ先に思ったとすれば特に用心したほうがよい）、自分が間違っていないかを遠慮なく教えてくれる、信頼できるアドバイザーを持つことが重要になる。過剰な自己愛の傾向のせいで、困難な状況に陥りやすい最たる例が期限の見積りだ。自身過剰は計画誤謬《ごびゅう》を招く主な原因となる。計画誤謬とは、計画を立てる際に私たちが常に終了時期を甘く見積もる傾向のことだ。私が本書の執筆に同意したとき、約半年かかるだろうと思っていたが、それまでに執筆経験がなかったので、実際の状況をまるでわかっていなかった。より経験豊かな友人やアドバイザーは、おそらく一年はかかるだろうと忠告してくれた。それを聞いておいて本当によかったと思う。彼らの言う通りだった。

私たちは皆、自分の能力を過大評価する傾向がある。常に自分の意見に賛同する人々はそうした傾向を正したりしないので、イエスマンばかりのチームは極めて危険だ。あなたの意思決定を常に支持する人々は、あなたが大きな間違いを犯すのを防いでくれない。

自分が疑わしい推測をしたり、間違った道を進んでいたりするときに、遠慮なく教えてくれる人々との関係を深めていこう。彼らはまさにかけがえのない友人だ。

確証バイアス Confirmation Bias

自分がトラブルに巻き込まれているのがわかっていない、ということではない。ただそうではないと確かにわかっている、ということだ。

——マーク・トウェイン（小説家）

逆説的だが、自分が大丈夫かどうかを見極める最良の方法の一つは、自分が間違っていることを証明する情報を積極的に探す、ということだ。

確証バイアスは、自分の結論を支持する情報に注意を向け、そうではないことを示す情報を無視する一般的な傾向だ。自分が間違った決定をしたと知ることを特に好む人はいない。そのため、私たちは注意する情報を選別する傾向がある。

意見や信念がより強くなるほど、その立場に疑問を呈する情報源を無視しがちになる。だからこそ、多くの保守主義者は政治的にリベラルな情報源を読まないし、リベラル派も保守的な情報源を読まない。自分が同意しないことは既に承知しているので、気にする必要はないと思っているのだ。残念ながら、両派とも自分の信念に疑問を投げかけるかもしれない情報を探さないので、ますます極端に走ってしまう。

確証バイアスを打ち破る最高の方法は、意図的に現在の仮説や信念に疑問を投げかける情報源を捜すことだ。ケルシーと私は、もう何年も完全菜食主義をとってきた。私たちの健康にとって、私たちの友である動物にとって、地球にとって、明らかに最適な選択をしてきたというマインドセットを適用しやすかった。こうした世界観であれば、当然ながら、反論する情報源に注意を向けることは難しい。

反証となる根拠を見つけた結果、私たちは最終的に考えを変えた。リアリー・キースの『The Vegetarian Myth（ベジタリアンの神話）』を読んだ後に、私たちは当初信じていたほど、完全菜食主義が健康にも環境にも優しくないことを知った。マイケル・Rとメアリー・ダン・イーズの『Protein Power（タンパク質の力）』は、私たちの身体が食べたものをどのように生化学的に分解し、代謝の中に存在するフィードバック・ループ（後述）が実際にどう機能するかを教えてくれた。その結果、私たちが経験していた慢性的な健康問題（低エネルギー、消化不良など）が実は食生活の結果であることを知った。

この二冊の本は、私たちの最初の立場に矛盾する証拠を提供し、私たちの考えを改めさせた。食生活と反証となる根拠に注意を向けることの重要性について、私たちはこの経験から多くを学んだ。

反証となる根拠に注意を向けるのは、もちろん難しいことだ。それは、意図的に自分が間違っているという理由を探すことを意味するが、私たちは概して間違うことを嫌う。反証となる根拠を探すことは、自分のやり方の間違いを示すか、自分たちが実際に正しいという更なる証拠を提供するか（経験から学ぶのに十分な期間、判断を先延ばしできる場合に限るが）のいずれかだ。

反証となる情報を探すのは不快なものだ。しかし、最終的にどのような判断をしようとも、それは有益である。

後知恵バイアス

Hindsight Bias

毎日の終わりには、やり残しがないようにしよう。自分にできることはやってしまう。大失態や不合理が万一、心に忍び込んできたら、できる限り早く忘れてしまおう。明日は新しい一日だ。元気に穏やかに始めよう。かつての戯言で悩まされないくらい高らかな精神で。

——ラルフ・ウォルドー・エマソン（思想家、詩人）

間違いを犯したと気づいたら、どんな気持ちになるだろうか。

後知恵バイアスは、「知っておくべきだった」ことを嘆く自然な傾向だ。職を失うと、「そうなることを知っておくべきだった」と思う。保有する特定の株価が一晩で八〇％下落すれば、「売っておくべきだった」と思う。製品を発売したのに誰も買わなかったら、「うまくいかないことを知っておくべきだった」と思ってしまう。

今、知っていることがその時点でわかっていたら同じことはしていなかっただろう、というのは、まったくもってナンセンスだ。

これまでに行ったすべての意思決定は不完全な情報に基づいている。空白を埋めるために、私たちは解釈しなければならない。私たちは全知全能ではないので、実際に意思決定したときよりも、実行した結果を評価しているときのほうが、通常はより多くの情報を持っている。

その結果、期待通りにことが運ばないと愚かだったと感じやすくなる。こうした感情は不合理だと気づくことが重要だ。意思決定はその時点で得られた最高の情報に基づいて行ったのであって、今更それを変えることはできない。

「見ておくべきだった」、「やっておくべきだった」と思って罪悪感を持ってはいけない。過去の変更は、コントロール範囲を超えているので、そうだったかもしれないと考えて自信を喪失するためにエネルギーを浪費しても意味はない。知りようのないことがわからなかったからといって、自分や他の人々を否定的に判断する場合、後知恵バイアスは破壊的なものとなる。

ことわざにも「後知恵なら、何とでも言える」とある。過去の過ちは建設的な観点で再解釈しよう。そして、前向きに進んでいくために、今できることにエネルギーを集中させよう。

成果に対する負荷　Performance Load

コントロールしなければ、その人が押しつぶされるまで、仕事は有能な人へと流れていく。
——チャールズ・ボイル（NASA元アメリカ議会担当者）

忙しいほうが退屈するよりもマシだが、自分のためにあまり忙しくしすぎないようにすることは可能だ。**成果に対する負荷**は、あまりにも多くのことをやりすぎた場合にどうなるかを説明する概念だ。やるべき仕事量がある点を超えて増えていくほど、すべての仕事の成果は低下していく。

ボウリングのピンでジャグリングすることを想像してほしい。上手な人はミスを犯すことなく、三、四本のピンを扱うことができる。一度に投げ上げるピンが増えるほど、ミスを犯して全部を落してしまう可能性が高まる。

生産性を上げたいなら、限度を設定しなくてはならない。多数のプロジェクトで何百もの課題をうまく調整しようとしても持続可能ではない。失敗したり、標準以下の仕事をしたり、燃え尽きたりする恐れがある。パーキンソンの法則を忘れてはいけない。利用可能な時間に限度を設けなければ、その時間をすべて埋めるために仕事は増えていく。どこかで線を引かなければ、すべてのエネルギーを仕事に費やし、きっと燃え尽きてしまう。

限度は常に影響を及ぼす。それに向き合う覚悟がなければ、本当の限度ではない。あなたが週七日間、一日二〇時間働くと思っているマネジャーのもとで働いている場合、労働時間に制限を設けて、彼らに「できません」と言えば、あなたはその仕事を失いかねない。そんなペースで働くことは完全に非現実的だが、その職を失う可能性を受け入れたくないなら、実際には限度を設けていることにならない。

予想外のことに対処するためには、予定外の時間をとって、新たに生じた事柄に対応しなくてはならない。多くの現代企業の標準的なマインドセットは、「休止時間」は能率が悪く、無駄なもので、労働者は常に忙しくなければならない、というものだ。

残念ながら、この哲学は予想外の出来事を扱う必要性を無視しているが、そういうことは常に起こる。誰でも、一日にそれほど多くの時間があるわけではない。常に予定が一杯なら、新しい予想外の需要が出てきたときに、自分の時間とエネルギーでは常に間に合わないことになる。

いつも自分の能力を一一〇％発揮することはできない。それほど重要でないが、成果に対する負荷を増やすような仕事は、完了のための四つの方法を使って削減するか、延期するか、誰かに任せるかしよう。予備の能力を維持しておけば、最も重要な課題にすぐに対応できるようになる。

エネルギー・サイクル Energy Cycles

私たちは皆、より効果的に考えているときと、まったく考えていないときがある。
——ダニエル・コーエン（作家）

「時間管理」に関する問題を挙げてみよう。時間は管理すべき対象ではない。たとえ何をすることにしようと、時間は必然的に過ぎていく。

時間管理システムの暗黙の前提は、毎時が代替可能で、他のものと同等だというものだ。これほど真実とかけ離れていることはない。すべての人は平等に作られているが、すべての時間は決してそうではない。

一日を通じて、エネルギー・レベルは自然に上がったり下がったりしながら循環していく。身体には、その日の中の自然なリズムがあり、それは**エネルギー・サイクル**と私が呼ぶものだ。ほとんどの人々は二四時間周期のリズムに慣れ親しみ、朝になると目が覚め、夜になると疲れたと感じる。

あまり知られていないのは、九〇分周期の「超日リズム」と呼ばれるもので、ジム・レーヤーとトニー・シュワルツの著書『成功と幸せのための４つのエネルギー管理術』（阪急コミュニケーションズ、二〇〇四年）で説明されている。

超日リズムは身体のシステムに影響し、身体全体のホルモンの流れを制御している。エネルギーが上昇していれば深く集中し、多くのことを達成できる。下降していれば心身が望むのはとにかく休息をとり回復することだ。日中のこうしたエネルギーの変化は異常なことではないが、私たちはエネルギーが低下するにつれて、それが解決すべき問題であるかのように振る舞うことが多い。

最近では、休息を減らして、より多くのことをするために、このサイクルの「ハッキング」を試みようとするのが一般的になっている。休憩なしで八〜一二時間働こうとするのは、競争が熾烈な職場では珍しいことではない。私たちのほとんどは、砂糖とカフェインを大量に摂って、脳をオーバークロック［過負荷をかけて高性能を得ること］しようとする。なかには、少しでも長く速く働くために、処方薬に頼ったり違法な薬物を濫用したりする人さえいる。

すべての生物有機体のように、人間は最大の成果を出すために休息をとって回復を図る必要がある。休息は怠惰や弱さの印ではない。基本的な人間のニーズを認識しているということだ。自然なエネルギー・サイクルに注意を払うことは、長期にわたって一貫して最善の力を発揮するのに役立つ。

それに対抗する代わりに、身体に役立つ簡単な四つの方法がある。

1 **自分のパターンを学ぶ。**ノートやカレンダーを使って、一日の異なる時間帯のエネルギー量と、飲食したものについて追跡する。二、三日続けてみると、エネルギーの盛衰パターンに気づき、それに応じて仕事の計画が立てられるようになる。★10

2 **上昇サイクルを最大化する。**上昇サイクルでは多くのことが達成できるので、そのエネルギーを活用するように、その日の計画を立てる。創造的な仕事をしているなら、上昇サイクル中の三〜四時間を当てる。会議に出席することが多い仕事なら、上昇サイクル中に最も重要な会議を組むようにする。

3 **休息をとる。**下降サイクルにあるときは、そこで頑張って力を出そうとするよりも、休憩をとったほうがよい。休息と回復は任意的なものではない。今、休んでおかないと、下降サイクルが通常よりも長引いたり病気になったりと、身体は後から強制的に休もうとする。下降サイクルの間は、散歩に行ったり瞑想したり、二〇分程昼寝したりする。下降サイクルにリラックスすることで、エネルギーが回復し、次の上昇サイクルをフルに活用できる。

4 **十分な睡眠をとる。**睡眠をとらないと、下降サイクルを長引かせる結果となり、物事を行う妨げとなる。毎晩、きちんと十分な睡眠をとるために、理想的には就寝の一時間前にタイマーが切れるように設定しておく。タイマーが切れたら、パソコンやテレビの電源を落として、夜の日課を行い、ノン・カフェインのお茶を一杯飲み、少し読書の時間を楽しむ。読解力が低下し始めたら就寝の時間だとわかる。

日中、エネルギー・サイクルに注意することは、使える時間を最大限に活用するのに役立つ。上昇サイクルの長所を極力活用し、下降サイクルで休憩をとるようにしよう。そうすれば、一日にいかにたくさんのことが達成できるかを知って、きっと驚くはずだ。

ストレスと回復 Stress and Recovery

度を越して危険を冒す人々だけが、どこまで遠くに行けるかを見つけることができる。
――T・S・エリオット（詩人、劇作家）

大学四年の最終学期、ちょうどパーソナルMBAに取り組んでいた頃、私は自分を極限状態に追い込んでいた。

私はビジネス情報システム、不動産、哲学という三つの学科で二二単位をとっていた。その全クラスで、期末テストに加えて、ある種のクライマックスとなる研究課題が出されていた。そのうちの二科目は大学院レベルで、合格するためには極めて複雑なテーマについて二〇枚以上の論文を書くことが要求されていた。使える時間内にやらなくてはいけないことがあまりにも多すぎた。

その学期の最後の二週目になる頃には、私は完全にボロボロになっていた。睡眠を削り、疲れ果てて信じられないほどの**ストレス**を抱えていた。私の燃料タンクは完全に空っぽだった。すべて期限に間に合わせたが、仕事量は大きな負荷となった。私は卒業後、何をするでもなく過ごし、完全に**回復**するまでに二、三週間かかった。

あまり愉快な経験ではなかったが、自分の限界がわかったのはよかった。今では、自分がどれだけできて、どの程度でやりすぎなのかを把握している。ストレスに対して心身がどう反応するかよくわかっているので、やりすぎで物事が手に負えなくなる前に警告サインを確認することができる。

結果的に、私は九〇％の能力で走り続けることを学んだ。燃え尽きずに多くのことをこなすためには、それで十分なのだ。時間があれば、私は執筆し、コンサルティングを行い、二、三の興味深いサイド・プロジェクトに取り組んでいる。ストレスと回復に注意を払うことで、手に余るほど多くのことは絶対に行わないようになった。限界を学ぶことで、頑張り時と緩め時とを見極めやすくなった。

限界に挑まない限り、自分がどのくらいできるかを知るのは不可能だ。死にそうになったり、永遠に損害を与えたりすることは避けて、安全性が保たれている限り、能力を極限まで目一杯に使ってみることで、自分がどうなるかについて学ぶことができる。そこで得た知識は、どのプロジェクトを引き受けるべきか、どれだけやればやり過ぎかなど、将来的によりよい選択をする上で役立つ。

要するに、私たちの身体は常に最大能力で動くように設計された機械ではない。一日にしてローマを造り、その後、楽しいサイド・プロジェクトとして万里の長城を建設できるというような理想像と、自分の成果とを比較する罠に陥るのは極めて簡単だ。それが個人の有能さを示すビジョンだとすれば、常に満足できない結果に終わる。

あなたは機械ではない。人間の生産性の理想は、ロボットのように行動することではない。人が効果的に働くためには、休息し、リラックスし、睡眠をとり、遊ぶ必要がある。どれが不足しても、いい仕事をする能力をひどく減退させ、どれだけ人生を楽しめるかということにまで影響を及ぼす。

罪悪感に悩まされることのない時間を休息と回復に当てることで、自分の人生はより楽しく、より生産的になる。

コントロール範囲　Locus of Control

変えられないものを受け入れる心の平安と、変えられるものを変える勇気と、その二つを区別する知恵を私にお与えください。
——ニーバの祈り（平安の祈り）

ある仕事をどれほどやりたくても、面接が終わってしまえば、その職が得られるかどうかをコントロールする術はない。できることはやってしまったのだから。

どれほど熱心に株式市場を見守っても、特定企業の株価を上げるよう命じることはできない。どれほど従業員を大切にして、個人的な人間関係でつなぎとめようとしても、依頼退職を防ぐことはできない。

自分の**コントロール範囲**を理解すれば、自分が管理できることとできないことを区別できるようになる。実際に自分のコントロール下にないことを管理しようとすることは、永遠に欲求不満を作るだけだ。

私たちがどれほど望んでも、すべての出来事を管理することはできない。その完璧な例が自然災害だ。竜巻や地震が自分の家を破壊したとしても私たちに成す術はない。想像通りそれは不愉快なものだが、環境にはコントロールできないことが多く含まれている。それは、どれほど望んでも変えることのできない人生の基本的な側面なのだ。

正気を保ちたければ、自分のやっていることに集中することだ。目標に直接影響を及ぼさない結果を変えることは、欲求不満の元凶となる。ダイエットのせいで人々がイライラする理由の一つは、体重という「結果」を管理しようとするからで、それは直接、自分のコントロール下にはない。健康的な食べ物を摂ったり、運動したり、関連する医学的状態を管理するためにできることに集中すれば、体重はおのずと対処できる。

影響を及ぼせないことや、コントロールできないことについて心配するのは、時間とエネルギーの無駄だ。私がこれまでに行った最高のことの一つは、ニュースに注意を払わないようにしたことだ。新聞やテレビのニュース番組の情報の九九・九％は、完全に自分のコントロール範囲外にある。「世の中で起こっていること」について無駄な心配をする代わりに、ニュースを無視すれば、実際に物事をよりよくするためにできることに、もっと時間を費やせるようになる。

コントロールできないことから、コントロールできることを上手に区別できるようになるほど、より幸せで、より生産的になれる。影響を及ぼすことができるものに、ほとんどのエネルギーを集中させて、ほかのことは放っておこう。自分が送りたい人生にする活動に注意を保つことができれば、そこに到達するのは時間の問題でしかない。

WORKING WITH OTHERS

第9章
他の人々とうまく協業する

部下を奪われて工場が残ったとしたら、すぐに工場の床に雑草が生えてくるだろう。
工場をとられて部下が残ったなら、すぐによりよい新工場が持てるだろう。
――アンドリュー・カーネギー（実業家）

他の人々と一緒に働くことは、ビジネスと人生において常につきまとってくる部分だ。たとえ望んでいなくてもそれを避けて通ることはできない。顧客、従業員、請負業者、パートナーはすべて、それぞれ独特の動機づけと欲求を持った個人だ。世の中でうまくやっていきたいなら、他の人々と一緒に物事を進めていく方法を理解したほうが得るものが大きい。

本章では、他の人々との効果的な協業のやり方を検討していく。より効果的なコミュニケーションを行い、他の人々の尊敬や信頼を得て、集団での相互作用の限界と落とし穴を見極め、チームを効果的に引っ張り、マネジメントするための方法がわかるだろう。

権力 Power

権力はすべてを征服するが、その勝利は短命に終わる。（中略）ほぼ全員が逆境に耐えられる。だが、その人の性格を試したいなら、権力を与えることだ。
――エイブラハム・リンカーン（アメリカ第一六代大統領）

すべての人間関係は**権力**、つまり、他の人々の行動に影響を及ぼす能力に基づいている。認知制御の項目で述べたような意味において、私たちは決して人々をコントロールできない。実際にできるのは、私たちが提案することをやってもらうように人々に働きかける形での行動くらいだ。

権力の行使は通常、「影響」あるいは「強制」という二つの基本形を用いる。影響はあなたが提案するものを誰かに促す能力で、強制はあなたが命じることを誰かに強いる能力だ。

従業員が忠誠心《ロイヤルティ》や技能に対するプライドから「一層の努力をする」ように奨励するのは影響である。一方で、拒絶すれば解雇すると従業員を脅して週末の間もずっと働かせるのは強制だ。その従業員がとる行動はまったく同じかもしれないが、その行動に対する感じ方はまったく違う。

概して、影響は強制よりもはるかに効果的だ。大多数の人々は、自分の意志やよりよい判断に背いて何かをするように強いられれば自然に抵抗する。したがって、常に強制して何かをやらせる方法をとるのはお粗末な戦略だと言える。人々にあれこれと指図すれば、みんなから嫌われるだけで、彼らは隙あらば報復したり、あなたと一緒に働くのを辞める方法を探したりするだろう。これに対して、影響力は持続可能だ。人々にあなたが望むものを人々が自ら望むように促すことで、いたずらに悪意を招くことなく、求める結果が得られるようになる。

好むと好まざるとにかかわらず、誰もが権力に頼って物事を行っている。ロバート・グリーンは『権力に翻弄されないための48の法則』（角川書店、二〇〇一年）の中で、他の人々とまったく関係を持たずにいられる人は存在せず、必ず権力が関係してくると述べている。

権力はニュートラルなツールで、よくも悪くも使い方次第である。権力は、他の人々と物事をやり遂げる能力を示す。権力を持てば持つほどより多くのことができる。したがって、他の人の権利を尊重するなら、意識的に権力を増強させようとすることは決して道徳的に間違っていない。権力が増すほど、最終的に達成できることが増えていくが、大きな権力には大きな責任を伴う。

大勢の人々が相互に関わり合うとが必ず政治的になる理由は、絶えず存在する権力の性質にある。あなたに計画がなければ、あなたの行動は他の人が決める。自分が最善だと思う方向に進む努力を拒むことで、計画を持つ人に権力を譲り渡しているのだ。権力が重要だと理解しなければ、自分が持つ影響力はすべて瞬く間に消えてしまうことに気づくかもしれない。勝つための唯一の方法は、「ゲームに参加する」と決めることだ。

権力を増すための最良の方法は、自分の影響力と評判を高める行いをすることだ。人々があなたの能力を知り、あなたが培ってきた評判を尊敬するようになればなるほど、より多くの力を持てるようになる。

比較優位 Comparative Advantage

誰かの二番煎じではなく、自分自身が一級品であれ。
――ジュディ・ガーランド（女優、歌手）

他の人々との協業を考えるときに欠かせないのが、そもそもなぜ他の人と一緒に働くのかと問うことだ。彼らを支配できず、常に望む通りのことをやってもらえるとは限らないなら、なぜそんなことをしなくてはならないのだろうか。

その答えは**比較優位**にある。これは経済学という「陰気な学問」から始まった概念だ。デイビッド・リカードが一八一七年に書いたテキスト『経済学および課税の原理』（岩波書店、一九八七年）に出てくる「リカードの比較優位の法則」は、国家経済にとって、自給自足ですべてを自前で生み出すことと、特定の財を創ることに特化して互いに取引することとの、どちらがよいかという国内政治に関する問いに対する答えを提示している。

リカードはポルトガルとイギリスを例にとり、両国とも衣類とワインを生産できるが、イギリスははるかに少ない労力で衣類を生産でき、ポルトガルはワイン生産がはるかに得意だと予測した。その結果、苦労して不得意なことに取り組んで時間やお金を浪費する代わりに、得意なことに特化して互いに取引したほうが両国はともに豊かになる。

比較優位は、弱みを強化するよりも強みを活用するほうがよいことを意味している。マーカス・バッキンガムとカート・コフマンの『まず、ルールを破れ』（日本経済新聞社、二〇〇〇年）や、トム・ラスの『StrengthsFinder 2.0（ストレングスファインダー 二・〇）』の中で、世論調査会社ギャラップの人間の生産性に関する包括的な研究結果が紹介されている。それによると、国と同様、個人にも比較優位が当てはまる。事業運営を行う人が得意なことに集中し、ほかに必要なことはすべて他の人々と協業して達成すれば、その事業はうまくいく。「強みに基づく経営」は比較優位の言い換えにすぎない。

比較優位は、自分自身で何もかもやろうとするよりも、請負業者やアウトソーサーを起用したほうがしばしば合理的である理由の説明となる。家を建てたいなら、日々建設にまつわる仕事をしているゼネコンや専門家を雇ったほうがおそらく効率的だろう。確かに自分でやってみてもよいが、あまり詳しくない分野なら時間がかかり、出来栄えもいまひとつだろう。

比較優位は、多様性のあるチームが同質的なチームよりも一貫して優れた成果を出す理由の説明にもなる。異なるスキルやバックグランドを持つ多種多様なチームメンバーは重要な資産となる。チームの誰かが特定の状況で何をすべきかを知っている確率が高まる。チームメンバー全員のスキルとバックグラウンドが同じであれば、チームが行き詰まったり、防止可能な間違いを犯したりする可能性が高い。

自立することによって、時間とともに柔軟性や知識は自然に向上していくが、自立しすぎるのはよくない。私は独学や自分でやる方法を学習することを熱心に提唱しているが、極端に「自分でやろう」という倫理観を持つことは、有害無益になりかねない。他の人々と一緒に働くことは、より多くのことを迅速に行い、最終結果の品質を高める上で役立つ。あのソロー［アメリカの作家、自然の中で自給自足生活を送ったことで有名」でさえも、時々町で買い物をするためにウォールデン湖を離れた。

他の人々と一緒に働くときに独学が主に役立つのは、各スキルがどういうものかが把握できる点だ。求人サイトを介して、世界中のプログラマーを雇えるかもしれないが、まったくプログラミングの経験がなければ、彼らの仕事の良し悪しの判断がつかない。しかし、プログラミングを少し学べばよいプログラマーを見分ける能力が高まり、スキルの高い同僚やパートナーを見極められるようになる。

イギリスの詩人、ジョン・ダンの不朽の言葉には「人は一人では生きていけない」とある。自分が得意なことに集中し、残りは他の人々と一緒に取り組もう。

コミュニケーション費用 Communication Overhead

人類がこれまで達成できず、これからも達成することのない理由を一語で特定しなくてはならないとすれば、大いに可能性があるのは「打合せ」という言葉だ。

――デイヴ・バリー（コメディアン、コラムニスト）

高業績の外科医のチーム、軍隊、スポーツチームが少数精鋭の場合が多いのは、コミュニケーションや調整にあまりにも多くの時間をかけすぎると、チームの有効性を殺ぐことになりかねないからだ。

コミュニケーション費用は、生産的な仕事をしてもらう代わりに、チームメンバーとのコミュニケーションにかかる時間の割合のことだ。みんなが同じ考えを持つためには、コミュニケーションは欠かせない。一緒に働くメンバーの数が多くなるほど、足並みを揃えるために彼らとのコミュニケーションを増やさなくてはならない。

一緒に働く人数が増え、各人がグループ内のコミュニケーションにあてる時間の合計比率が一〇〇％に近づくまでコミュニケーション費用は幾何級数的に増加していく。特定の閾値の後、チームメンバーが増えるたびに、グループはコミュニケーション以外のことをする能力が減る。

大企業の動きが遅いのはコミュニケーション費用が負担になっているからだ。五〜八人以上との仕事を統括している場合、仕事の少なくとも八〇％は必然的に協業者と効果的にコミュニケーションをとることに割かれる。行動を起こすのに十分な程度関係者のことを理解していない限り、目的、計画、アイデアは役に立たない。

P&Gで働いている間、私は毎日このことを経験した。私の主要なプロジェクトの一つは、特定のマーケティング施策の測定方法に関する全社戦略を作成することだった。グローバルなプロジェクトだったので何かを実行に移す前に、私の提案に対して全社的に何十人もの意見や承認をとる必要があった。

当然ながら、関係者は異なる見解を持ち、様々なアプローチについて果てしなく議論し、それほど作業や費用面には注力せずに功績者として名を連ねたがった。実行可能な提案をまとめるだけで、フルタイムで三カ月もかかった。その一方で、実際の仕事はまったく行われず、私の時間の九九％はただグループ・メンバーとのコミュニケーションのみに費やされた。これが、コミュニケーション費用というものだ。

ケンブリッジ大学のマイケル・サトクリフ博士は、コミュニケーション費用に悩むチームに現れる「官僚的崩壊への八つの徴候」を提唱している。[★1]

1 **見えない意思決定。**どこでどのように意思決定が行われるかを誰も知らず、意思決定プロセスに透明性がない。

2 **未完の事業。**あまりにも多くの業務が始まるが、最後までやり遂げられるのはごくわずかしかない。

3 **調整マヒ。**多数の関連部門と確認しないと、何もできない。

4 **新規性の欠如。**大胆なアイデア、発明、既成概念にとらわれない思考がなく、一般的に独創性が欠如している。

5 **見せかけの問題。**些細な事柄が完全にバランスを失って大きなものになる。

6 **難問を抱えた中央組織。**一貫性と支配をめぐって、中央組織が地元や地域の部門と戦っている。

7 **問題のある期限。**仕事の期限が、行われる仕事の質よりも重視されるようになる。

8 **インプットの支配。**個人がインプットに対して、つまり、彼らの未決書類入れに持ち込まれるものは何であれ、自分の主導権の行使に反するものとして反応する。

これらの兆候のいずれかを日々の仕事で経験しているなら、そのチームはおそらくコミュニケーション費用の問題で苦しんでいるはずだ。

コミュニケーション費用の解決は単純だが、簡単ではない。それは、チームをできるだけ小さくすることだ。人数を減らしていくのだが、それが問題となる。人員を追加すると、恩恵よりも仕事が増えてしまうことがある。チームから不要な人々を外すことは、みんなの時間を節約し、よりよい結果を生む。

効果的チームワークの研究では一般的に、三〜八人で働くことを勧めている。プロジェクトマネジャーを務めたトム・デマルコとティモシー・リスターは『ピープルウエア』（日経BP社、二〇〇一年）の中で、チームを「エリートと外科医」にすることを推奨している。小さなチームは、コミュニケーション費用が減るので大きなグループよりも生産性が高くなる傾向がある。つまり、効果的なコミュニケーションに要するものよりも、各メンバーがチームにもたらすネットワーク能力のほうが上回る。ところが、グループの規模が八人を超えると、メンバーが一人加わるたびに、それぞれが生産的な能力を追加するよりも多くのコミュニケーション費用を投じなくてはならない。

チームに最高の業績を望むなら、できるだけ小さく自主的なチームを持とう。

安全性 Safety

恐怖によって企業を経営することはできない。なぜなら、恐れをとり除く方法は批評を避けることで、批評を避ける最高の方法は何もしないことであるからだ。

——スティーブ・ロス（タイム・ワーナー元CEO）

「それは、これまでに聞いたうちで最も愚かなことだ。冗談抜きで、君は口を開く前に十分に考えもしなかったのか」

そんなことを言いたくなるような会議を経験したことがあるだろうか。私にはある。

残念ながら、この種のやりとりは常に起こる。ベテランのエグゼクティブ・コーチであるマーシャル・ゴールドスミスは著書『コーチングの神様が教える「できる人」の法則』（日本経済新聞出版社、二〇〇七年）の中で、上級管理職はしばしば自分がより賢く、より重要だと感じるために、同僚や部下をそれとなく（時には、あからさまに）けなすことがあると解説している。だが実際には、他の人々を貶めれば、効果的なコミュニケーションはできなくなる。

効果的なコミュニケーションは、両者が安全だと感じるときにのみ成り立つ。会話の中で重要でない、あるいは、脅されていると感じ始めるとすぐに、人々は「妨害」を始め、コミュニケーションを停止させる。脅威を感じた当事者はやりとりを続けていても、精神的にも感情的にも身を入れて会話していない。

妨害を妨げる唯一の方法は、コミュニケーションの相手に、こちらに対してオープンで誠実になっても安全だと感じさせることだ。人々には、自分のことを重要だと感じたいという基本的ニーズがあるので、心の中で思っていることを表したり、自分にとって重要なことを話したりするときには、そうしても安全だと感じる必要がある。ある考えを持っていることや、ある立場をとっていることによって、自分が非難されている、値踏みされている、見下されていると感じ始めたとたんに、人々は心を閉ざしてしまう。

ケリー・パターソン、ジョセフ・グレニー、ロン・マクミラン、アル・スウィッツラーは、共著『ダイアローグスマート』（幻冬舎ルネッサンス、二〇一〇年）の中で、重要な問題を同僚と協議している間、安全だという感覚を維持することに言及しており、怒りや防御を誘発せずにコミュニケーションをとるために、「ＳＴＡＴＥモデル」の活用を薦めている。

1　**事実を共有する（Share）。**事実は結論よりも、物議を醸さず、説得力があり、侮辱的でもないので、最初にそれらで導くとよい。

2　**自分の言い分を話す（Tell）。**自分の立場から状況を説明し、他の人を安全ではないと感じさせる侮辱や非難を避けるよう配慮する。

3　**他の人々のやり方について尋ねる（Ask）。**その状況について他の人の立場、彼らが意図していたこと、望んでいることを聞いてみる。

4　**暫定的なものとして話す（Tentatively）。**結論、判断、最後通告は避ける。

5　**試してみることを奨励する（Encourage）。**生産的で相互に満足のいく一連の行動に達するまで、提案したり、意見を求めたり、議論したりする。

一部の人々は他の人々よりも敏感だ。自分の言葉や行動、それについて人々が異なる態度で解釈するかもしれないことをより意識するようになれば、勝ったも同然だ。両者がその会話から恩恵を得て、何かを達成できる形で、誰かとコミュニケーションをしたいなら、両者が安全だと感じる必要がある。それを実現させる最高の方法は非難を浴びせることを避け、尊重されていると相手が感じるように集中することだ。その方法を学ぶときには、先述の『ダイアローグスマート』、デール・カーネギーの『人を動かす』（創元社、一九九九年）、ダニエル・ゴールマンの『EQ こころの知能指数』（講談社、一九九六年）などの書籍が役立つ。

ゴールデン・トリフェクタ Golden Trifecta

どんな愚かな人でも、批判したり、非難したり、文句を言ったりすることができる。
そして、そういうことをするのは、最も愚かな人である。
——デール・カーネギー（『人を動かす』〔創元社、一九九九年〕著者）

自分は重要な存在で、安全だと感じたいという基本的なニーズを人々が持っているなら、そうなるために、どうすればいいのだろうか。

ゴールデン・トリフェクタ〔トリフェクタは、競馬や競艇で一〜三着まで当てる賭け〕は、どのように友人を獲得し、人々に影響を与えるかについて、私が個人的に三つのキーワードにまとめたものだ。あなたと一緒にいるときに、大切にされていて安全だと他の人に感じてもらいたいなら、「感謝」「礼儀」「尊敬」の念を持って接することを常に忘れてはいけない。

感謝とは、たとえ十分に完璧でないにせよ、他の人々があなたのためにしていることに謝意を表明することを意味する。製品のデザインに関して、あなたがうまくいかないと思っている模型を主任デザイナーが提示してきたとしよう。単刀直入に「これは完全にダメだ。もう一度やり直してくれ」と答えるのは、自分は重要でも安全でもないのだと同僚に感じさせるためのまたとないやり方だ。その代わりに、感謝の意を表して「ありがとう。一生懸命に取り組んでくれたことがよくわかる。まだ改善の余地がありそうだけど、助けになるかもしれないアイデアが二つ、三つあるんだ」と言えば、内容は同じでも伝わり方は非常に違ってくる。

礼儀とは丁寧で、純粋で、控えめなことだ。礼儀について「別の人のために、多少の不都合さを甘受すること」という定義を聞いたことがあるが、これは非常に役立つものだ。他の人のためにドアを開けるのは少し手間がかかるが、それによって、彼らのあなたに対する受け止め方に大きな影響を及ぼすかもしれない。ささいな事柄をいちいち大げさに言う必要はない。

尊敬とは、他の人の立場に敬意を表すことだ。コミュニケーションの相手とどんな関係にあっても、相手がどのような社会的地位であっても、自分は大切に思われており、安全だと相手に感じさせたいなら、個人として尊敬することが重要になる。

特に関心のある人々だけでなく、他の人とのすべてのやりとりにおいて、ゴールデン・トリフェクタを適用することが大切だ。自分に対しては丁寧だが、接客係に失礼な態度をとる人と昼食や夕食を一緒にとったことがあるなら、私の言う意味がわかるはずだ。他の人にひどい扱い方をすれば、この人は信用できない、という明白な信号をみんなに送ることになる。

どのような状況でも、「感謝」「礼儀」「尊敬」を持って人々と接する方針を持とう。そうすれば、他の人々はあなたと一緒にいるときに、自分は大切に思われており、安全だと感じるようになるだろう。

司令官の意図 Commander's Intent

部下にどうやるかを説明してはいけない。何をすべきかを伝えれば、彼らの独創性に驚かされるだろう。
——ジョージ・パットン（第二次世界大戦時のアメリカ陸軍第三師団司令官）

ほぼすべての人々が、やるべきことを事細かに指図されるのを嫌がるものだ。「マイクロ・マネジメント〔細部まで指示を出して管理する手法〕」は、労働者をつぶす元凶となる。有能なプロフェッショナルにとって、誰かに細部に至るまで自分の仕事を定義され、詮索されること以上に屈辱的なことはない。

マイクロ・マネジメントは単に煩わしいだけでなく、極めて非効率的でもある。一字一句まですべて細かく命じることは、人々に自分はあまり重要ではないと感じさせるだけでなく、実際に彼らの効果を弱めることになる。どれほど細かく一連の指示を出しても、偶発的な出来事をすべてカバーすることはできない。何かが否応なく変わってしまえば、マイクロ・マネジメントは失敗する。

マイクロ・マネジメントを主張するCEOは必ずや手一杯になることを考えてみてほしい。覚えているだろうか。人間は規模化できない。その会社で働く人が増えるほど、そのCEOはすべてのことが進行するよう維持するために、より多くの指示を出さなくてはならない。従業員が一〇人いる場合、マイクロ・マネジメントは煩雑になる。何百人、何千人になればそれは悪夢となる。

司令官の意図を示すことは、はるかによい仕事の委託の仕方だ。誰かに仕事を割り振るときはいつでも、なぜそれをすべきかについて説明するとよい。自分の代理人が、自分の行動の背後にある目的をよく理解するほど、状況が変わっても、適切に対応できるようになる。

司令官の意図を伝えるやり方は、戦場で始まった。将軍が現場の指令官に「丘を占領する方法」について正確に話しても、状況が変わればその指令官は新しい命令を仰ぐために将軍のもとへと戻らなくてはならない。それでは遅く能率も悪い。将軍が現場の司令官に戦略を話して、その特定の丘がなぜ重要か、それがどのように全体の戦略に役立つかを説明しておけば、現場の司令官は目標に関する知識や新しい情報を自由に使い、当初の意図を汲み取って新しいやり方で行動することができる。

司令官の意図を伝えることで、コミュニケーション費用は軽減される。特定の計画の背後にある意図を伝えることで、チーム全体を成功させるために、リーダーが常にコミュニケーションをとらなくてはならない重要性を減らすことができる。みんなが計画の目的を理解していれば、常に注意しなくても、意図を汲んだ行動がとれるのだ。

計画の背後の意図を伝えれば、変化が起こったときに、一緒に働く人々が知的に対応できるようになる。

傍観者の無関心　Bystander Apathy

説明責任は、一人が責任を持つということだ。

二人の人が同じ意思決定に説明責任があるとすれば、本当に責任をとる人はいなくなる。

——グリン・ホルトン（投資リスク管理のコンサルタント）

子どもの頃、私はボーイスカウトで熱心に活動していた。ボーイスカウトの標準的なプログラムは、応急手当、人工呼吸、危機管理を網羅している。これは、最も起こりそうな一般的な緊急事態に対処できるようにするための基本トレーニングだ。

特定のテクニック以外に、私はこのトレーニングから二つの役立つ原則を学んだ。①経験豊富な専門家がいて安心できる状況にない限り、常に個人として頑張り責任をとること。②常に一度に一人に対して、非常に明確にかつ直接的に指示や依頼を行うこと。

混雑した店で、誰かが心臓発作を起こしたような場合、「誰か、救急車を」と叫んでも、実際には誰も電話をかけない可能性が高い。人が大勢いるほど、他の人が行動を起こすだろうと思う傾向がある。しかし、誰かを選び出したほうがはるかに効果的だ。目を合わせて、指を差し、はっきりと「あなたが救急車を呼んでください」と言えば、彼らは行動してくれる。

傍観者の無関心は、行動をとることができた人数と、実際に行動することを選んだ人数の間の逆相関を指す。応対できる人々が多いほど個々人はその状況で何かをすることへの責任感が薄れる。

一九六四年のキティ・ジェノベーゼの殺人事件と、二〇〇九年のペトゥル・バルラデアニュの銃撃事件は、傍観者の無関心を示す劇的で有名な例だ。両方の事件とも、多くの傍観者の面前で犠牲者は襲われたが、誰も助けようとしなかった。ジェノベーゼの殺人の目撃者数については議論の余地があるが、バルラデアニュの事件はビデオが撮られていたので間違いない。彼は地下鉄の駅で撃たれて出血多量で死亡したが、起こったことを明らかに見ていたはずの多数の人々は、ただ通り過ぎていった。

傍観者の無関心は、指名をしないと、委員会で何も行われない理由の説明となる。お互いに権力を持たない人々の集団と一緒に働いた経験があれば、私が言わんとすることがわかるだろう。実際に物事を行い、進捗の説明責任を個人が果たすように、誰かが進んで個人的に責任をとらない限り、委員会は何もしないまま何年も討議することになるかもしれない。委員会の各メンバーは他の誰かがそれに取り組んでいるだろうと、推測しているだけになる。

プロジェクト管理で傍観者の無関心を取り除く最高の方法は、すべての仕事に対して一人の明確な担当者と期限を確実に決めることだ。チームに所属する全ての人が、自分が何について責任があり、いつまでに終わらせないといけないかを正確に理解していなければ、彼らが実際にそれを行う可能性は非常に低い。責任を委譲するときには、常に明確な期限つきで、一人の担当者に仕事を割り振ろう。その後で初めて、人々は物事をやることに対して責任を感じるようになる。

紹介 Referrals

世の中で出世する方法は、あなたを助ければ自分のメリットになると思わせることだ。
――ジーン・デ・ラ・ブリエール（エッセイスト、倫理学者）

車が故障したら、誰のところに持っていくだろうか。友人の友人である整備士か、それとも電話帳を適当にめくって見つけたところか。

選択肢があるなら、人々は知り合いや好感を持てる人に連絡したがるものだ。**紹介**されれば、知らない人と一緒に働く決心がしやすくなる。

紹介が有効なのは、それが既知で好感が持てるという品質を伝えているからだ。友人が薦める整備士のもとに行く可能性が高くなる理由は、自分が知っていて好感を持っている友人が、その整備士を知っていて好感を持っているからだ。たとえ電話帳の競争相手が非常に高い能力を持っていたとしても、それは知り合いや好感を持たれていることほど重要ではない。紹介は、知ることや選好することの効果を受け手に移転する。危険で未知数のその他大勢から突然、一人の友人となるのだ。

勧誘電話がなかなかうまくいかないのは、知らない人からの電話だからである。思い出してみてほしい。私たちの心は未知の人々や状況を潜在的な脅威とみなす傾向があり、自然に防衛力が発動される。相手が自分のことをまだ知らず、好きでもない、とすれば自分の望むことをしてもらうように相手を説得するのは大変だ。

ごく曖昧な共通点があるだけでも、冷たい関係を大幅に温めることができる。同じ地域の出身である、同じ大学に行った、同じ人を知っていると誰かが言えば、自動的に彼らに好感を持ち始める。たとえその関係が非常に薄かったとしても、そうなのだ。

ケルシーがマンハッタンでウェディングドレスを販売していた最後の年には、彼女の売上高の七〇%以上は紹介によるものだった。デザイナー・ドレスに一万ドル以上をかけようと思うときには、既知で好感の持てる人に頼みたい、と思うものだ。そして、ケルシーの前の顧客は、彼女との協業に本当に好印象を持っていた。サロンに入ってくる前から、ケルシーの潜在顧客のほとんどが、既に彼女のことを知っていて好感を持っていた。その結果、ケルシーはより多くの売上高を獲得したのだ。

自分のことを知り、好感を持ち、信用する人が多くなるほど、より裕福になれる。紹介は、個人的な関係のネットワークを拡大する最高の方法となる。

仲間意識の形成 Clanning

「死ね。同類になれたはずなのに、育ちの違う奴らめ」よりも、
「死ね、悪人ども」と叫んだほうが、みんなを焚きつける鬨《とき》の声となる。
——エリーザー・ユドコウスキー（人工知能研究者、lesswrong.com の開設者）

一九五四年、オクラホマ州にあるロッベルス・ケーブ州立公園で特別なサマーキャンプが行われた。そのキャンプが特別だったのは、実はムザファー・シェリフとキャロライン・シェリフという二人の博士の指導下で行われた心理学の実験だったからだ。

キャンプに参加したのは、二二人の一二歳の男児だ。できるだけ知能面で同質的になるように、心理学者たちは確実に、知能指数、家庭環境、幼児体験が似た男児を選ぶようにした。実験を始める前に、二二人は二つのグループに分けられ、公園の両端に集められた。どちらのグループにも意図的に、他のグループの存在を知らせなかった。

当初の計画では、しばらくの間、それぞれのグループで結束を図ってから、他のグループの存在に気づかせ、何が起こるかを見ることになっていた。キャンプのカウンセラーは心理学者と大学院生が務め、個

人的に起こることを身近で観察していた。

実際に起こったことは、次の通りだ。両グループは偶然に、計画したよりも前に互いのことを発見し、敵対的な関係がすぐに始まった。男の子たちは「自分たちのキャンプ」に別のグループがいることを見つけるとすぐに、一緒に集まって準備と防御に当たった。

人は自然に異なったグループを作る傾向があり、これは「仲間意識の形成」と呼ばれるプロセスである。一つのグループが「イーグルス」と呼び始めると、別のグループは「ラトラーズ」と自認するようになった。「仲間」と「部外者」を特定するために、明確なグループのアイデンティティが形成された。イーグルスは、英雄的な善人という自己イメージを作ったのに対し、ラトラーズは、はみ出し者で反抗的な人格を採用した。

相手グループの旗を盗るなどの小さな挑発や嫌がらせが、驚くほどの速さで混沌状態へと発展し、キャンプ場は急襲され、食堂で殴り合いが起こった。スポーツのような競争行動が大惨事になってしまった。キャンプ参加者の安全のために、研究者は速やかに対立を解決する方法を見つけようとした。

心理学者たちは、両グループが協力する必要のある課題と目標を与えた。水不足を解消し、観る映画を決め、キャンプ場に故障したトラックを押していくことなどだ。キャンプ参加者がより大きなグループの一員であると感じ始めると、対立は収まった。

仲間意識の形成は人間の自然な傾向だ。私たちは周囲の人々から自動的に大いに影響を受ける。グループの一員として自分自身を認識したり、自分たちと他のグループを区別したりするのは本能であり、毎日、ニュースで取り上げられる進行中の戦争や紛争の多くの説明となる。

スポーツ・ファンのことを考えてほしい。選手やコーチ、さらにはスタジアム、ユニフォームまでもが頻繁に変わりすぎて、ファンはいったい何を応援しているか理解しがたい。チームの勝ち負けにかかわらず、過激なニューヨーク・ヤンキースのファンの生活は相変わらず続く。それが真実かもしれないがファンはそのようには感じない。ヤンキースが勝てばファンも勝者の気分を味わえる。

スポーツの競い合いは同じ理由から起こる。私はオハイオ州北部で育ったが、カレッジ・フットボールにおけるオハイオ州立大学とミシガン州立大学とのライバル関係は健在だ。一年の特定の期間中、私の出身地であるミシガン州は、オハイオ州のファンにとっての目の敵となる。遠くからその状況を見れば、完全にくだらないことだ。大学生がやや長方形の茶色のボールを奪い合い、その間に、何十万もの人々が声をからして叫ぶのだから。しかしその瞬間は、両グループにとって敵意がすべてなのだ。

重要な問題、位置、出来事をめぐって、グループは自然に形成される。グループのダイナミクスを理解しよう。そうしないと、それに巻き込まれてしまうだろう。

収束と発散 Convergence and Divergence

個人は常に部族に押しつぶされないように苦闘してきた。つぶされないように試みれば、しばしば孤独になり、時には恐ろしい思いをする。しかし、どんな価値も、自分自身を所有する価値ほど高くはない。

——フリードリヒ・ニーチェ（哲学者）

時間とともに、あなたは一緒に過ごす人々とますます似てくる一方で、他のグループの人々とは違いが出てくるものだ。

収束は、グループ・メンバーが時間とともに似てくる傾向をいう。ビジネスでは、一緒に働く人々が類似した特徴、言動、哲学を持つ傾向があるという意味で、よく企業「文化」と呼ばれる。

収束は、グループが自ら取り締まる傾向があることも意味している。そのグループの規範は重力のように作用する。それらに違反すれば、他の人々が調和を戻すために、違反者に影響力を行使する。ことわざにもあるように「出る杭は打たれる」のだ。

これまでに仕事中毒の文化の企業で働いたことがある人なら、収束がどれほど強力なものかがわかるだろう。労働者が朝六時に出社し夜の一〇時半までいるのが普通であれば、勤務時間を短く切り上げ続けることは難しいはずだ。なぜなら、規範を犯すことは、その人がそのグループになじまないことを示す社会的シグナルになるからだ。私の顧客の一人は、大手医療研究機関で働いていたが、午後七時半ではなく五時には帰宅してしまうので、たとえ素晴らしい仕事ぶりですべてをこなしていたとしても、彼のことを「自分の役割を十分に果たしていない」と思っている同僚としばしば対立することになった。適当な時間に帰宅することは、「要領よくテキパキ仕事している」のではなく、反逆罪とみなされてしまう。悲しいが、よくある話だ。

発散は、グループが時間とともに、他のグループと類似性が薄れていく傾向を指す。グループ行動はしばしば進化して、明らかに他のグループのメンバーとは区別されるようになるため、別のグループや模倣者と混同しないように、大半のグループの規範は絶えず変化する。

ニューヨーク市の社交界の人々のファッションが、あれほどすぐにガラリと変わる理由は、発散によって説明できる。特定の社交界で服装は富や地位を示す方法となる。最新の流行がターゲット層に現れ始めて、人々が外見を模倣できるようになると、ファッションが変わって釣り合いをとる。この一定の発散は、そのグループに所属している、という合図を有効に保つのだ。

あなたが自動的に時間をかけて深く関わるグループは、あなたの言動に影響を与える。『The Art of Exceptional Living（特別に暮らす技術）』の著者、故ジム・ローンによると、「最も多くの時間を一緒に過ごす人数は平均五人だ」という。毎日交流する人々の価値観と言動はあなたに対して、同じ価値観や言動を取り入れるようにというプレッシャーを絶えずかけてくる。

そのうちこの人のようになりたい、と思う相手となるべく一緒に時間を過ごそうとするなら、収束が役立つかもしれない。内気な部分を減らし、より外向的になりたいなら、社会的な状況で社交的な人々と一緒に過ごすことがあなたの言動に影響を及ぼすはずだ。一晩で社交家にはなれないが、一緒に過ごす人々の言動や規範を自然に取り入れるようになる。

このやり方は何にでも通用する。しばらくローフードの食生活を試したいなら、そうした食べ方をしている人々との交流に、もっと多くの時間を費やすことだ。意識的に用いれば、習慣の変化を容易にするために収束を用いることができる。

自分に役立たないグループから抜けるのには痛みを伴うが、成長のためには必要なことだ。多くの場合、喫煙または飲酒をやめたくてもやめにくいのは、社会的ネットワークの大部分がそうした言動に関係しているからだ。午後三時に喫煙休憩をとることや、午後六時のハッピーアワーに参加することは非常に重要な社会イベントだ。友人に期待されれば、その誘惑はさらに抵抗し難くなる。大幅な変化をもたらしたいなら、一つのグループを去って、行きたい地点へ向かう支えとなる別のグループを見つけたほうがよい場合が多い。アルコール中毒者更生会のような支援グループに加わることが、特定の言動を変えるのに非常に効果的な理由もそこにある。

収束と発散がどれほど強力かを一度理解すれば、自分のために有効活用できるようになる。自分が所属する社会集団が自分の目標の支えにならないときは、社会集団を変えてみよう。

社会的シグナル　Social Signals

唯一の規則は、退屈そうにしていないで、どこに行く時でも可愛い服装をすること。周囲に溶け込んでしまうには、人生は短すぎる。
――パリス・ヒルトン（著名人）

時間を知るという点で、ロレックスがタイメックスよりも優れているわけではない。そんなことはどうでもいい。

人々は**社会的シグナル**を送るために、膨大な金額とエネルギーを費やす。グッチのハンドバッグは、ジャンスポーツのバックパックよりも物を運ぶという点で優れているわけではない。ポルシェ９１９に乗れば、ホンダ・シビックよりも、A地点からB地点まで（法的に）速く行けるわけでもない。「贅沢品」

はもっと機能的な類似品の何倍もの値段がするが、機能が目的なのではない。その便益は、他の人にメッセージを送ることにある。

社会的シグナルは、その人の社会的地位やグループへの帰属意識を高める、目に見えないある資格を視覚的な形で示したものだ。人々がスポーツ用ジャージを着ない理由は、おしゃれではない、つまり、美的な基準で不格好だと思うからだ。人々がそういうジャージを着る理由は、明らかに贔屓するチームに自分も仲間入りしたいという、アイデンティティの表明と言える。

シグナルは、それが伝えるはずの現実とはほとんど関係ない。トマス・スタンリーとウィリアム・ダンコは『となりの億万長者』（早川書房、一九九七年）の中で、一〇〇万ドル以上の自己資本を持っている人々の生活や習慣を解説している。たいていの場合、彼らはほどほどの家に住み、中古車を運転し、安価な衣類を買う。考えてみればそれは理にかなっている。富を築く最良の方法は、出費をせずに多くのお金を稼ぐことだ。

その一方で、裕福だというシグナルを送りたい人々は、大きな家、高級車、ブランドの衣料品、高額をかけた休暇など、富と地位を伝えるアイテムにお金を使う傾向がある。こうした買い物のためにしばしば借金までする。一見すると裕福そうな人の銀行取引明細書を見てみると、彼らが不安定な財務状態にあることがわかる場合が多い。

社会的シグナルは実際に経済的価値を持つので、可能であれば、それを自分の提供するものに組み込むと得るものが大きい。シグナルの価値をどこかに少し取り入れるのは、人々が他の人々にシグナルを送りたいことを理解している、ということだ。シグナルは中核となる人間の欲動（獲得、結束、学習、防衛、感覚）に裏打ちされており、裕福で、魅力的で、知的で、高い地位で、興味深く、自信があることを人々は示したいのだ。連想を用いて、こうした品質と提供品を結び付けることは、人々にそれを強く望むようにさせる確実な方法だ。

社会的シグナルを自分のために効果的に使おう。そうすれば、人々はあなたの提供するものを求めるようになる。

社会的証明 Social Proof

五〇〇〇万人が愚かなことを言ったとしても、それは依然として愚かなことだ。
——アナトール・フランス（小説家、詩人）

横断歩道で信号が変わるのを待っていると、隣に立っていた人がいきなり渡り始めた、という経験があるだろうか。意志の力で反応を止めようとしない限り、おそらく、あなたも無意識のうちに渡り始めるはずだ。

ほとんどの場合、同じ状況にある他者の行動は、ある形での言動が許されるという、非常に強力なサインとなる。状況が曖昧な場合、私たちは他の人々の言動を見て学ぶ。ローマでどう振る舞えばよいかわからないなら、ローマ人がする通りにするのがまずまずの安全策となる。

社会的証明は、一つの形をとりうる。流行が形成されるのは多くの場合、一人がある行動をとり、他の人がそれを社会的シグナルとして受け止め、その後、同じ方法で行動し、社会的な「フィードバック・ループ」（後述）が生み出されるときだ。ペット・ロック（愛玩用の石）、癌と闘った自転車選手のランス・アームストロングの黄色の「リブストロング」ブレスレット、口コミ動画、株式市場のバブルはすべて、社会的証明を経て力を獲得した。つまり、それほど大勢の人々がやっているならおそらく自分もそうすべきだという結論になりやすいのだ。

証明は、販売を増やすためにビジネスでしばしば用いられる社会的証拠の効果的な形態だ。アマゾンをはじめとするオンライン小売業がユーザー・レビューを顕著な特徴としている理由もそこにある。購入して喜んでいる人々の話は、その商品は買っても安全だという明確なシグナルを送るので、より多くの人々が購入するようになる。

最高の証明は必ずしも誇張した表現を含んでいるわけではない。素晴らしい、最高の、人生が一変するような、革命的な、といった表現が過度に使われるので、人々はそれに応じて期待したり、割り引いて考えたりする。最も効果的な証明は、「私はこの提供品に興味を持っていたものの懐疑的でした。でも、結局購入を決意して、その結果に非常に満足しています」という形式をとる傾向がある。

長々と大げさに宣伝するよりも、この形式が有効な理由は、そのほうが潜在顧客の感覚に近いからだ。潜在顧客は、関心はあるものの確信を持てずにいる。証明は「その意思決定で大丈夫だ」というシグナルを送り、「買っても安全だ」と潜在顧客に告げている。

自分の提供品に社会的証明を少し加えてみよう。そうすれば、売上高は急増するだろう。

権威　Authority

すべての人に敬意を示せ。しかし、誰にも屈服してはいけない。
――テクムセ（アメリカインディアンのショーニー族の酋長）

一九七〇年代、大衆市場向けの人気コーヒー・ブランドの〈サンカ〉は、カフェイン抜きコーヒーの健康効果を宣伝するために俳優のロバート・ヤングを起用した。ヤングは人気テレビ番組「内科医マーカス・ウェルビー」の主役として、一般の人々によく知られていた。

ヤングはカフェインの医学的効果の専門家ではなかったが、人々は彼を**権威**的な存在とみなし、〈サンカ〉製品を購入した。このアプローチは非常に効果的だったので、〈サンカ〉は何十年も、自社製品の販売促進に「ウェルビー博士」を使った。

人は生まれつき権威的存在に従う傾向がある。この傾向は子ども時代に始まる。たいていの場合、両親に従わないと、私たちは長生きしないだろう。成長するにつれて、私たちは社交的になり、先生、警官、官僚、聖職者などの権威者に敬意を表して従う。その結果、権威者が私たちに何かをするように頼むと、私たちは応じる可能性が高い。たとえその要請が適切でなかったり、不合理であったりしても、そうなのだ。

人々は通常の状況下であれば拒否するはずの行動でさえ、権威的存在には従う傾向がある。

スタンレー・ミルグラムはよく知られている不穏な社会心理学の実験の中で、たとえその要求が道徳的に間違っていたとしても、ほとんどの個人が驚くべきレベルで権威者に従うことを実証した。

一九六一年から始まったその実験では、被験者に白衣を着た「科学者」ともう一人（二人とも役者）と一緒に部屋に入ってもらった。研究テーマは「学習に関する罰」の効果だと知らされた上で、役者の一人が「学習者」としてあたかも無作為な様子で選ばれた。学習者は隣の部屋に連れていかれ、椅子に縛り付けられ、電極をつけられた。

被験者の役割は「先生」であり、学習者に対して質問を読み上げ、誤って答えたときには学習者に「ショック」を与えることだった。そのショックは本物ではないが、役者である学習者は泣き叫び、その研究から解放してくれ、と求めた。二、三分ごとにもう一人の役者である白衣の「科学者」は被験者にショックの電圧を上げるよう命じた。その研究の意図は、被験者がどれだけ科学者の指示に従うかを見ることだった。

果たして結果は心乱されるものとなった。参加者の八〇％は、学習者がやめてほしいと頼んだ時点を過ぎても実験を続け、六五％の人が最大レベルの四五〇ボルトになるまでずっと続けた。これは、致命的レベルであることが明示されていた。調査の間中、被験者は明らかに不快で不確かな気持ちを持っていたが、科学者が続けるようにと言ったのでそれに従ったのだ。

権威的存在は自動的に、強い説得力を持っている。権威者を前にすると、人々は非難されるべきことや、そもそも考えもしなかったことをやってしまう。有名人や権力者が関係する数々のスキャンダルはこうして起こるのだ。

あなたが権威者の立場にあるなら、その権威によって他の人々はあなたへの対応を変える。ただあなたが意見を言うだけで、あなたの部下はそれを事実や命令として解釈する可能性がはるかに高い。その結果、あなたが望んでいると彼らが思っていることに基づいて、人々は情報を選別し始める。それは、あなたが聞く必要がないかもしれないというように。この選別行動は、権威者がしばしば「バブルの中で暮らす」結果につながる。権威者と確認バイアスが組み合わさると、その意見に否定的な情報から守られるようになる。その結果、権威者は過度の自己愛傾向を相殺しにくくなる。

特定領域で確固たる評判を形成することによって、権威は恩恵にもなる。権威のすべての部分がたちの悪いものというわけではない。人々があなたの知識や経験を尊敬しているなら、あなたが提案することに従う可能性はより高くなる。その結果、明確な専門性や強力な評判が形成されれば、それは恩恵となり、自分自身の影響力が増していく。自らを自分の提供するものの権威者として確立させよう。そうすれば、人々がそれを受け入れてくれる可能性が高まる。

誓約と一貫性 Commitment and Consistency

愚かな首尾一貫性は狭い心が化けたものだ。
——ラルフ・ウォルドー・エマソン（思想家、詩人）

二、三カ月前、ケルシーに母校から電話がかかってきて、寄付を頼まれた。意外な展開だったのは、彼らが即座に寄付を求めなかったことだ。その代わりに、彼らはケルシーに「将来、大学にお金を寄付してもよいと思っていますか」と尋ねた。彼女は気軽にそうしたいと答え、すぐにその電話のことなど忘れ去った。

それからしばらくして、私たちがニューヨークからコロラドへ移る前に、大学から一五〇ドルの「請求書」と思しきものが送付されてきた。「一五〇ドルの寄付をお願いします。同封の封筒で小切手を送ることができます」と、書かれてあった。

私たちは引っ越し費用を払い、車や家具を購入したばかりで、懐具合が厳しかった。しかし、ケルシーはとにかく小切手を送った。結局、彼女は約束したのだから。「約束破り」と思われたい人などいない。**誓約**は、グループを結束させる方法として歴史的に用いられてきた。約束や誓約を守らなければ、社会的地位と評判に悪影響を与えることが多いので、ほとんどの人々はそれまでの地位と約束とを一致させて行動するために、できることは何でもする。

たとえ小さな誓約であっても、個人が将来、そうした誓約と**一貫性**のある行動をとる可能性は高くなる。誓約について私が気に入っている話の一つは、『大富豪の起業術』（ダイレクト出版、二〇一一年）の著者、マイケル・マスターソンが書いたものだ。[★2] インドを旅したとき、マスターソンは敷物商人を訪ねた。彼は健全なレベルの懐疑心を持ち、絶対に何も買わないつもりで店に入った。彼の興味はただ店を見ることにあった。

その敷物商人は優れた営業手腕の持ち主で、主に二つの戦略を使った。マスターソンの懐疑心を打ち破るために、彼は過去の取引をめぐるエピソード（話術）を用いて、売り込みを始める前にマスターソンが自分に好意と信頼を抱くように促した。その後、彼は誓約のテクニックを用いた。マスターソンが少しでも敷物に興味を示すたびに、じっくりと見られるように棚から降ろしてくるよう店員に命じた。敷物は重く、店員が自分のために一生懸命なことは明白だった。小さな誓約をする、つまり、特定の敷物に関心を示したことで、マスターソンはにわかに行動しなくてはという気持ちにさせられた。

数分も経つと、マスターソンには、敷物を買わずに店を出ることはもう考えにくくなっていた。それでは、自分が興味を示したことと店員が自分のためにしてくれた仕事との間に矛盾が生じてしまう。せめて自分にできるのは好意に報いることだ。「いいえ、結構です」などと言えるはずがない。

最終的に、マスターソンは八二〇〇ドルで敷物を買い、幸せな顧客として去っていった。

小さな誓約をしてもらえば、その人が後でそれと一致した行動を選ぶ可能性が高くなる。販売員はしばしば、顧客にできるだけ早く「はい」と言わせるような打ち手について教え込まれる。「足掛かり」を得ることで、潜在顧客がさらなる措置をとる可能性が増える。

だから、あれほど多くの活動家が、テレマーケティングや嘆願書の署名活動のときに、「幼児の安全性について気になりますか」、「環境について気になりますか」といった質問から始めるのだ。大半の人々は気にしているので、すぐ自動的に回答する。しかし、自分で何かが気になると言ったとたんに、依頼を断るのが失礼なことのように思えてくる。それでは、自分がその前にした意見表明と矛盾してしまうからだ。

小さな誓約を勝ち取ろう。そうすれば、他の人々があなたの依頼に応じてくれる可能性がはるかに高くなる。

インセンティブ起因のバイアス Incentive-Caused Bias

自分にはあずかり知らぬことで自分の給料が決まるとき、その人にそのことを理解してもらうのは難しい。

——アプトン・シンクレア（小説家、『ジャングル』〔松柏社、二〇〇九年〕著者）

不動産業者や住宅ローンの仲介業者を相手にするとき、彼らの主な関心は、あなたが家を買うように説得することにある。したがって、ほとんどの仲介業者はたとえそれが真実だったとしても、あなたの最大の関心事が賃貸にある、とは告げようとしない。

インセンティブ（報酬）起因のバイアスは、何らかの既得権を持つ人々が、なぜ彼らの利害の方向へとあなたを導く傾向があるかという説明となる。成約した場合にコミッションを獲得する仲介業者の場合、購入するのはよい考えではないと顧客に話すことは彼らの最大の関心事ではない。ことわざにもあるように、「髪を切ったほうがいいかと床屋に聞いてはいけない」のだ。

インセンティブは、人々を報いるやり方に基づいており、人々の行動の仕方に自動的に影響を与える。その結果、人々が体験するインセンティブの構造は、言動に重要な影響を及ぼす。同じ状態を保つような管理方法をとっている場合、インセンティブを変えれば、人々の言動も変わる可能性がある。

ノーム・ブロートスキーとボー・バーリンガムは著書『経営の才覚』（アメリカン・ブック&シネマ、二〇〇九年）の中で、販売員への賃金体系について述べている。ほとんどの会社は販売員に対して歩合制の賃金体系をとっている。売上高が多いほど販売員はより多くのお金をもらえる。このようなインセンティブ構造では、販売員は売上高を稼ぐことに異常に集中する。たとえ、収益性が悪かったり、会社の長期的な利益につながらなかったりしてもそうなってしまうのだ。ブロートスキーとバーリンガムは、販売員に対して一定の給料を定め、長期的な業績に基づいて気前よくボーナスを出すことで、販売員がなりふり構わず売上高を達成するよりも、収益性の高い売上高に集中するように促した。

時には、インセンティブは予想外の二次効果（後述）をもたらすことがある。ストックオプションは、企業の株価に関心を持っている経営幹部が時間とともにその株式の価値を高めていくように行動し、それは株主の最大の関心事である、とする理論に基づいて生まれた。だが、それは真実の一面にすぎない。経営幹部の実際の関心事は、売ろうとする前に株価を右肩上がりにさせることにある。一度、オプションを売ってしまえばもはや気にかけず、短期的な増加のために長期の安定性を犠牲にする方針へと行き着く。

インセンティブは必然的に私たちの知覚制御システムと相互作用するので、一筋縄ではいかない部分がある。たとえば、よいことをしてもらうために従業員にボーナスを与えたり昇進させたりすると、奇妙な結果を招く。「自分に報酬をもたらした行動」をやめてしまうのだ。

不可思議かもしれないが、そこには常に報酬が絡んでくる。自分で望んでいるからそれを行ったのであれば、その報酬は内因的なものだ。ボーナスを払うことによって、その行動は仕事の一部となり、それを行う内因的な動機が薄れてしまう。対立が起こる場合、知覚制御は常にインセンティブに勝る。

インセンティブは、適切に使われれば役立つかもしれないが慎重に扱わなくてはならない。一緒に働く人々のインセンティブをこちらの利害に合わせて調整できなければ、必ず問題が起こるだろう。

様式バイアス Modal Bias

私たちは、賛同してくれる人々の間にいると心地よいが、賛同してくれない人々の間にいると成長する。
——フランク・A・クラーク（コラムニスト）

数年前に私は同僚と一緒に出張に行った。私が車輪付きスーツケースではなく、ショルダーバッグを持参していることに、同僚は驚いた。一泊だったので、着替え、コンピュータ、本一冊くらいしか必要なかった。必要なものをすべて入れても鞄は重くなかったので私のやり方でちょうどよかった。同僚はそれでは不合理だと考え、一〇分かけて、そのことを私に説いた。「車輪付きスーツケースのほうがはるかにいいですよ。快適さで勝るし、重くもありません。いつでも車輪付きスーツケースを持っていくべきです」

様式バイアスとは、自分の考え方やアプローチがベストだと自動的に思い込むことを言う。ほとんどの人々は、自分がすべてを兼ね備えていると思い込みたがる。自分が話していることも、行っていることもわかっていて、自分のやり方がベストだと思っていたいのだ。それは往々にして完全に間違っている。何かをするための方法は常に複数あり、よいアイデアは至る所からやってくる。

反証がない場合、「HiPPOルール」がある。これは、「最高額をもらっている人の意見」によって意思決定が行われる、というものだ。HiPPOは、アビナシュ・コーシックが『Webアナリスト養成講座』（翔泳社、二〇〇九年）の中で使った造語で、なぜ事業の提案や意思決定をデータで裏づけることが極めて重要になるかを説明するものだ。データがなければ、自分で証明できない限り、結局は上司のやり方で行うように強制される。様式バイアスによって、上司は確実に自分のやり方が最高だと考える。意見を戦わせればH・iPPOが常に勝つ。

様式バイアスを避ける最良の方法は、抑止を用いて、判断を一時的に止めることだ。認知バイアスを理解することが重要なのは、自分がそこから逃れられないと知ることにある。そういうものだと知っているだけでその影響力は軽減する。様式バイアスは自動的に働くので、私たちは意志の力で克服しなければならない。

あなたがリーダーやマネジャーなら、一緒に働く人々の見解や提案を十分に検討する時間をとるために、自分の判断を意識的に一時停止することは重要だ。そうしない限り、非常に重要な情報を見落とすことになりかねない。

広い心を持ち続けることを思い出そう。そうすれば、賢明な意思決定をする能力が向上するだろう。

ピグマリオン効果 Pygmalion Effect

高業績は常に、高い期待の枠内で起こる。

——チャールズ・ケッタリング（GM元研究部門責任者）

人は他の人々からの期待レベルに合わせようとする傾向がある。一般的に、その人がやるだろうと他の人々が思っているレベルまでやろうとする傾向があるのだ。一緒に働く人々にあまり期待をかけていないなら、彼らは能力の限界まで頑張ろうという気持ちにならないかもしれない。大いに期待していることを彼らに知らせれば、ほとんどの場合、彼らが非常によくやってくれるはずだ。

ピグマリオン効果は、ギリシア神話の主人公の名前にちなんだ傾向だ。才能ある彫刻家だったピグマリオンは、あるとき創った女性像があまりにも完璧だったため恋に落ちてしまった。ピグマリオンは愛の女神であるアフロディテに必死に懇願すると、憐れんだ女神は、その像に命を吹き込んだ。

すべての人間関係が事実上、自己成就予言［予言者や予言された人が、予言に沿った行動をとることで、的中するように導かれた予言］となってしまう理由は、ピグマリオン効果で説明できる。この効果が最初に確認されたのは、教師と学生の関係を調べた研究である。ある学生について「才能がある」「頭がよい」と思っている教師はその学生がその評価に当てはまるよう奨励する行動をとる。別の学生を「扱いにくい」「問題がある」と思っていれば、その学生は同じような支援は受けられず、同じような成果も出せない。こうして自己成就予言となるのだ。

デール・カーネギーは『人を動かす』の中で、「他の人々に高い評価を与えて、それに応えさせる」ことを勧めている。カーネギーは実に賢い人物だ。他の人々への期待を高めれば、人々はその期待に沿うように自然に最善を尽くすようになる。

ピグマリオン効果は、他の人々に非現実的な期待を持つことへの口実ではない。世界最高の建築業者でさえ午後中にエジプトのピラミッドを複製できるはずがなく、そのようなレベルで誰かの業績を期待すれば失望と欲求不満の原因となる。奇跡を期待するのは非現実的で、品質と業績を期待することとは別物である。

ピグマリオン効果には「逆説」という特徴もある。人々に高い期待を寄せることはよりよい結果を生むが、失望する可能性も増える。期待効果は、誰かの仕事の品質に対する私たちの認識が、最初の期待に左右されることを意味する。当初の期待が高いほど、人々の業績も一般的に高くなるが、期待外れとなるリスクもはるかに増える。誰かの業績を正式に評価するなら、できる限り客観的かつ定量的に業績を判断することを忘れてはいけない。

素晴らしい業績を期待していることを他の人々に知らせよう。そうすれば、彼らはその期待に応えるために最善を尽くすようになる。

帰属エラー Attribution Error

自分の親指を秤に置かずに、他の人々の過失を評価できる人はまれだ。
——バイロン・J・ランゲンフェルド（第一次世界大戦下の飛行士）

あなたは家を建てるために請負業者を雇い、完成時期を明確に指定していたとしよう。期限を過ぎても、家は完成しない。建築が完了するまでに三カ月が過ぎた。

特に慈悲深くもない限り、この請負業者にはプロ意識がなく怠け者で経験不足だ、とあなたは思うだろう。家を建てることに興味を持っている友人全員に、いろいろ約束しても守らないからあの請負業者は頼まないほうがよい、と触れまわるだろう。

ここで、請負業者の立場でその状況を想像してほしい。最初の計画では、いつもの信頼できる特定の供給元から材木を買うことになっていたが、その供給元のトラックが故障して出荷が遅れた。急遽、別の供給元を探したが、その材料の供給先が少なく、その作業は難航した。その請負業者は、できる限り早く仕事を終えようとして全力を尽くした。その請負業者の仲介がなければ、そのプロジェクトには三カ月どころか、六カ月の遅れが生じていただろう。

帰属エラーは、他の人々が行き詰まったときには彼らの性格を非難し、自分が行き詰まったときにはそれを周囲の状況のせいにすることを言う。請負業者の行動は当人の性格に問題があると考えることで、判断を誤ってしまう。実際には、その請負業者はその状況下で期待以上のことを行ったのに、そうした事情をまったく知らないので相手の人格を非難するのだ。

帰属エラーを避ければ、一緒に働く人々とうまくやっていくのが容易になる。期待通りの成果を常に出せない人や、期待されたことをできない人と一緒に働いているなら、それは解決が必要な正当な問題と言える。そうでない場合は、特定の言動が明らかにパターン化していない限り、疑わしきは罰せずとしたほうが有益だ。その言動の背後にある理由を理解すれば、通常は異なる観点からその人の言動を見られるようになる。

物事が期待通りに進んでいないときは、目に留った言動の周辺状況について、できる限り理解するようにしよう。ほとんどの場合、それは基本的に性格上の問題でなく、環境の問題だとわかるはずだ。

オプション志向 Option Orientation

世の中を前進させる重要な仕事は、完璧な人が実行するまで待っていることはない。
——ジョージ・エリオット（作家）

何かがうまくいかないとき、その危機にどう対処するかが重要になる。間違いや問題は常に起こるので、自分の反応を事前に計画できれば、予想外の事象による影響を最小に留めるのに大いに役立つ。うまくいかないときにその問題に執着することは最も非生産的だ。その問題に気づく頃には、防ごうとしてもコントロールの範囲を超えている。問題は既に発生しているので、それにどう対応しようとするかが唯一の問題となる。

仮に、あなたは電子レンジのメーカーのＣＥＯのもとで働いていたとしよう。たった今、電子レンジが何台か爆発して数軒の家が全焼した、という報告を受け取った。まさに大問題だ。ここで、あなたが「ボス、問題が起きました。どうしましょう。何をすべきか指示してください」というやり方をとったら、ＣＥＯはどう反応するだろうか。

そのＣＥＯがよほど忍耐強い精神の持ち主でもない限り、おそらく「〇〇〇という問題があるのはわかった。可能な選択肢（オプション）を探してくれ」と言うだろう。心配するだけで手をこまねいていれば、すぐに職を失うことになるだろう。

その問題でくよくよ悩むよりも、自分の選択肢に集中したほうがよい。問題について「どうしようか」

と思いを巡らしていても、何も解決しない。可能な対応を評価することにエネルギーを集中させれば、その状況を改善する方法が見つかる確率ははるかに高くなる。

そのCEOがおそらく役立つと考えそうな代替のアプローチは次の通りだ。

「当社の電子レンジに起因する火事の報告を数件受けました。私たちに可能な選択肢は、声明文を出してさらに問題が起こる前に技術者に総点検させるか、直ちにリコールを発表することです。現時点で入手できる情報では、当社の電子レンジに問題があり、顧客の安全性が大きな危険にあるようです。私がお薦めするのは即時にリコールするという選択肢で、その費用は四〇〇万ドルとなる見込みです」

可能な選択肢に集中すればはるかに建設的になる。このアプローチは、いくつかの行動方針と、それぞれに関連する費用やメリットを提示し、その後で、利用可能な情報に基づいて解決策を薦めている。CEO（あるいは顧客）はその後、あなたの推奨や提示した選択肢を見直し、さらに質問し、その上で可能な限り最善の意思決定を行うことができる。このようなやり方をなるべくうまく使うようにすれば、あなたに対して、危機の最中でも明晰に考えられる人だという評判が形成されるだろう。

問題ではなく、選択肢に集中しよう。そうすれば、人生があなたにどんな状況を投げかけてこようとも、対処できるようになる。

マネジメント　Management

マネジメントは物事を正しく行うことである。リーダーシップは正しいことをすることである。

――ピーター・ドラッカー（経営学者）

ビジネススクールではよく、「科学的な**マネジメント**」と高学歴の専門訓練を受けた経営者の必要性がクローズアップされる。現実はと言えば、有能な経営者になることは教室では学べない。それは少数のシンプルな原則を超えて、経験を通して最もよく学習できるスキルである。

マネジメントはシンプルだが、過度に単純化されたものではない。マネジメントは本質的に、常に存在する変化と「不確実性」（後述）を明らかにしながら、特定の目標を達成するために人々の集団を調整する活動だ。それは嵐の間船の舵とりをしているようなものだ。できるのは、舵を前後に動かすことだけ。シンプルだが、うまくやるには経験とスキルが必要になる。

ここまでに学んできたことに基づいて、効果的な現実のマネジメントの六つのシンプルな原則をまとめてみよう。

1　**すべきことを迅速に高品質で達成できる人を募集して、最小グループを作る。**比較優位は、一部の人々が他の人々よりも特定の仕事をうまく達成することを意味するので、その仕事に対して最高のチームを起用することには、時間と資源を投じる価値がある。ただし、チームを大きくしすぎてはいけない。三〜八人のコア人材を超えてメンバーを追加するたびに、コミュニケーション費用が業績の妨げになる。少数精鋭チームが最もよい。

2 **望ましい最終結果、責任の所在、現状について明確に伝える。**チームの全員がそのプロジェクトに関する司令官の意図、それが重要である理由を理解し、各人がそのプロジェクトのどの部分の責任を担うかを明確に知らなくてはならない。そうしないと、傍観者の無関心を招く恐れがある。

3 **敬意をもって人々を扱う。**ゴールデン・トリフェクタ（感謝、礼儀、尊敬）を常に用いるのが、チームメンバーに自分が重要な存在だと実感してもらう最良の方法だ。また、リーダーやマネジャーとして尊敬を勝ち取る確実な方法でもある。相互に支え合う状況で一緒に取り組むようになるほど、仲間意識が自然に芽生え、チームの結束力がより強くなる。

4 **全員ができる限り生産的になれるような環境を創り出し、自分の仕事に専念させる。**最もうまくいく環境は誘導構造を最大限に活用している。最高の機器や可能なツールを提供し、環境面からチームの仕事を確実に補強する。認知切替えペナルティでエネルギーが奪われるのを避けるため、必須ではない官僚制度や会議などの邪魔になるものからできるだけチームを保護する。

5 **確実性と予測に関して、非現実的な期待を慎む。**プロジェクトの達成に向けて意欲的な計画を策定するが、不確実性や計画の見積りの甘さにより、当初の計画はほぼ間違いなく、いくつかの重要な点で不完全や不正確になることをあらかじめ理解しておかなくてはならない。途中で学習したことを用いながら計画を更新し、必要なトレードオフが生じれば、常にパーキンソンの法則を再び適用して、その仕事の達成に向けて実現可能な最短ルートを見つけるようにする。

6

測定を通して実施内容の有効性を確かめ、あまり有効でないときには別のやり方を試す。よくある誤解の一つは、効果的なマネジメントをすれば学習が不要になる、というものだ。このマインドセットは、当初の計画は一〇〇％完璧で忠実に従うべきものとみなしている。真実はその反対だ。効果的なマネジメントは学習するための計画を意味し、常に途中で調整を図っていく必要がある。少数のＫＰＩ（重要業績評価指標）（後述）を用いて常に業績を測定し、やってみてうまくいかない場合は、別のやり方を実験してみる。

こうしたことを首尾よく行っていけば、チームは非常に生産的になるだろう。うまくやれなかったとしても、きっと何かしらの役に立つだろう。

UNDERSTANDING SYSTEMS

第10章 システムを理解する

理解できないことを称賛するのは良くないが、もっと悪いのは激しく非難することだ。
——レオナルド・ダ・ビンチ（発明家、芸術家）

企業は複雑なシステムであり、市場、産業、社会といったさらに複雑なシステムの中に存在する。複雑なシステムは自己永続的な形で相互に結び付き、全体として統合されている。

本章では、すべてのシステムの共通要素、環境要因がシステムの機能にどう影響するか、常につきまとう不確実性と変化の特質について学ぶ。

ゴールの法則　Gall's Law

正常に作動する複雑なシステムは常に、正常に作動する単純なシステムから進化してきたことがわかる。逆もまた真なり。複雑なシステムをゼロから設計しても決して正常に作動せず、修正することもできない。単純なシステムに戻って、ゼロからやり直す必要がある。

——ジョン・ゴール（システム理論家）

週末のプロジェクトとして、自動車をゼロから造ることにしたとする。予め製造された部品や計画を使うことは許されない。ただ金属の塊と、二、三のシンプルな道具、あなたの知識と想像力があるだけだ。さて、プロジェクトはどうなるだろうか。

たとえ一年がかりでこれに取り組んだとしても、大失敗するだろう。仮にその車が動いたとしても（とてもありえそうにないが）、市場に出回っている最悪な車よりも、効率性や信頼性ではるかに劣っているだろう。

他の人が既に発見したものに一切頼ることなく、最新のコンピュータ、がん治療法、クローン人間を、ゼロから創り出してみることを想像してみてほしい。必ず高い費用がかかり、やる気が失せるような混乱の連続に悩まされることになる。成功したとしても何十年もかかるだろう。

うまく機能する複雑なシステムをゼロから作ることは、なぜそれほど難しいのだろうか。複雑なシステムについて説いた初期の理論家の一人、ジョン・ゴールはその答えを提供している。

ゴールの法則とは、次の通りだ。正常に作動する複雑なシステムはすべて、正常に作動するもっと単純なシステムから進化してきた、というものだ。複雑なシステムは変数や相互依存関係だらけで、正常に作動させるためには、それらを適切に調整していかなくてはならない。複雑なシステムをゼロから設計した場合、設計中に環境選択の洗礼を受けてこなかったので、現実の世界では決して正確に作動しない。不確実性（後述）のせいで、こうした相互依存や変数をすべて事前に予想することはできない。そのため、複雑なシステムをゼロから構築すると、さまざまな予期せぬ形で失敗し続けることになる。

ゴールの法則は、環境選択テスト（後述）とシステム設計が交差するところにある。うまく機能するシステムを構築する最良のやり方は、初めに、現在の環境選択テストに耐えられる単純なシステムを作り、その後、時間をかけてそれを改善していくことだ。時間とともに、正常に作動する複雑なシステムとなっていく。

ゴールの法則は、価値創造の方法論として、プロトタイプと反復が有効な理由を示している。複雑なシステムをゼロから構築する代わりに、プロトタイプを作ったほうがはるかに簡単だ。それは、自分のシステムが重要な選択テストに耐えられることを確認するのに役立つ、最も単純で実現可能な創作物となる。

プロトタイプをＭＥＶＯ（経済的実現性のある最小提案）に拡大することで、決定的に重要な前提を確認することができ、その結果として最も単純な実現可能なシステムとなり、実買にもつながる可能性がある。反復とインクリメンタルな増加によって、時とともに、環境が変化しても実際に正常に作動する、極めて複雑なシステムが生み出される。

正常に作動するシステムをゼロから構築したいなら、危険を覚悟で、ゴールの法則を打ち破らなくてはならない。

フロー　Flow

プロセスを止めても、プロセスは理解できない。理解したければ、プロセスのフローに沿って動き、実際に参加して、それに従ってみなくてはならない。

――フランク・ハーバート（SF小説家、『デューン砂の惑星』シリーズ〔早川書房、一九八五年〕著者）

どのようなことを実行するシステムであれ、そこには、その中に資源が出入りする、**フロー（流れ）**と呼ばれる動きがある。たとえば、鋼、プラスチック、シリコン、ゴム、ガラスなどの原材料が投入されて、最終的に自動車となって出てくる。

流入（インフロー）は、資源がシステムの中に移動することだ。シンクの中に水を入れたり、銀行口座に入金したり、組立てラインに原材料を投入したり、会社に新しい人材が採用されたりする。

流出（アウトフロー）は、資源がシステムから出ていくことだ。シンクから水が抜かれたり、預金口座からお金を引き出したり、組立てラインから完製品が出てきたり、引退、解雇、転職により従業員が会社を去っていったりする。

フローをたどってみよう。そうすれば、そのシステムの仕組みへの理解を深めていける。

ストック Stock

どのような在庫品でも、誰かが取り出して、用途に沿って利用しない限り、役に立たない。
それは、人が脳の中に蓄えているものについても当てはまる。

——トーマス・J・ワトソン（IBM元社長）

そのシステムのフローに沿っていくと、資源が滞留しやすい場所が必ず見つかる。

英語の**ストック**（stock）には、事業の所有権を証明する株式の意味もあるが、ここで意味しているのは、資源を貯蔵するプールやタンクのことだ。預金口座はそのいい例で、お金を使うために貯めておくプールに相当する。在庫、顧客の待ち行列、ウェイティング・リストもストックの例と言える。

ストックを増やすためには、流入を増やすか、流出を減らすか、あるいは、その両方を行う。預金口座の規模を拡大したいなら、預けるお金を増やし、引き出すお金を減らす。車の製造中にエンジンが常に足りなくなるなら、ラインのスピードを落とすか、エンジンの在庫を追加しなくてはならない。

ストックを減らすためには、流入を減らすか、流出を増やすか、あるいは、その両方を行う。在庫が多すぎるなら、生産単位を減らすか、販売量を増やさなくてはならない。ウェイティング・リストが長すぎるなら、スループットを増やすか、列に並ぶ人々の数を減らさなくてはならない。

そのシステムのストックを見つけよう。そうすれば、利用を待っている状態の資源のプールが見つかるだろう。

スラック Slack

余剰がある人は状況を支配できるが、余剰のない人は状況によって支配され、往々にして判断を下す機会が持てない。

——ハービー・S・ファイアストーン（ファイアストーン創業者）

ストック（在庫）は資源のプールなので、どのくらい資源が使えるかを理解する上で大いに役立つ。**スラック（緩み）**は、ストックされている資源の量のことだ。ストックされている資源が増えるほど、スラックは増える。

システムを効率的に働かせるためには、ストックは多すぎも少なすぎもしない適正規模でなくてはならない。たとえば、自動車製造システムについて考えてみよう。それは、小さなシステムが多数組み合わさり、それぞれで部品のストックが生じるように設計されている。

組立てラインのある部分で、取り付けるはずのエンジンが在庫切れになっているとしたら、それは注意すべき箇所となる。エンジンが準備できるまで待たなくてはならないので、その後のライン作業はすべて延期されることになる。それを避けるためには、システムを動かし続けるのに必要な流出レベルまでストックを確保するのがベストである。ストックが減少すれば流入により補充する。

大きなストックは最も大きなスラックを持つが、そうした柔軟性には犠牲も伴う。取り付けを待っているエンジンが五〇〇個あれば在庫に多額の資金を割くことになり、キャッシュフローが減ってしまう。紛失や破損を防ぐためにエンジンの保管場所の代金も支払わなくてはならないが、その分の費用がかさみ、利益率は下がる。

小さなストックはより効率的だが、同時にスラックも少なくなる。エンジンの在庫が二、三個しかなければ、巨額の資産を在庫に当てなくてもよいが、組立ラインのスピードが上がったり、エンジンの製造システムで問題が生じたりすると、エンジンが在庫切れになる可能性が高まる。

スラックの管理には慎重を期そう。多すぎれば時間とお金が無駄になり、少なすぎればシステムを動かし続けるのに必要な資源が足りなくなるリスクに直面する。

制約条件 Constraint

一つめの問題が取り除かれるとすぐに、二つめの問題が浮上する。
——ジェラルド・ワインバーグ（コンサルタント、『コンサルタントの秘密』〔共立出版、一九九〇年〕著者）

システムの成果は常に、重要なインプットが利用可能かどうかで制限される。**制約条件**を取り除けば、そのシステムの成果は向上する。

エリヤフ・ゴールドラットは『ザ・ゴール』（ダイヤモンド社、二〇〇一年）の中で、「制約条件の理論」について説明している。それによると、どの管理可能なシステムでも、目標以上のことを達成しようとすると必ず少なくとも一つの制約条件によって制限される。制約条件を確認し、それを取り除くか、軽減することができれば、システムのスループットは増加する。

制約条件の前で在庫の規模を設定したり、増やしたりすることは、問題の軽減に役立つ。常にエンジンが不足するなら、エンジン在庫のスラックを増やすことは制約条件を軽減させる最高の方法となる。制約条件が確実に「欠乏しない」ようにすると、システム全体の成果の向上が図れる。

制約条件を見つけ、それを取り除くために、あらゆるシステムのスループットを向上させる手法として、ゴールドラットは「集中の五段階」を提案している。

一段階――特定。システムを調べて、制限要因を見つける。自動車組立てラインの進行において、エンジンが絶えず不足しているなら、エンジンが制約要因だ。

二段階――徹底活用。確実に、制約条件に関連する資源が無駄にならないようにする。エンジン製造の担当者がフロントガラスも造っていたり、昼食の間にエンジンの組立てが止まっていたりするとしよう。制約条件を徹底利用して、エンジンの担当者が使える時間とエネルギーを一〇〇%エンジン製造に費やし、休憩時にも交代で働くようにすれば、生産に遅れを出すことがなくなる。

三段階――従属。システム全体を再設計し、制約条件を支えるようにする。エンジン製造システムを最大限に活用するために、できることをすべて行っているが、それでも遅延が生じていると仮定しよう。従属によって工場を再編成し、特定の材料を工場の反対側から取ってくる必要性をなくし、エンジンの組立てに必要なものをすべて身近な所に揃えておく。他のサブシステムでは資源が移動したり、なくなったりするかもしれないが、それらは制約条件ではないので、それほど大きな問題ではない。

四段階――向上。制約条件の能力を恒久的に増やす。工場の場合、能力を向上させるために、もう一つエンジン製造用機械を購入し、その操作のために労働者を雇用する。このやり方は非常に効果的だがお金がかかる。必要がないのに、設備の増設に何百万ドルも費やしたくないだろう。だからこそ徹底活用と従属が先に来る。それによって、より多くのお金を使う手段を用いる前に制約条件を早く軽減できることが多い。

五段階――再評価。変化をもたらした後に、制約条件がどこにあるかを見るためにシステムを再評価する。惰性は敵となる。エンジンが常に制約条件であるとは限らず、少し変更を加えたらすぐに、フロントガラスが制約条件になるかもしれない。その場合、エンジンの増産に集中し続けても意味がない。フロントガラスの改善に注力するまで、そのシステムは良くはならない。

「集中の五段階」は反復サイクルが速く進むほど改善効果が高まるのと非常によく似ている。プロセスに沿ってより速く動き、サイクルを何度も経ていくほど、システムのスループットはより向上する。

フィードバック・ループ Feedback Loop

情報フィードバック管理システムは、すべての生命と人間の努力の基礎となる。（中略）個人として、産業として、社会として、私たちが行うすべてのことは、情報フィードバック・システムのコンテクストの中で行われる。
——ジェイ・W・フォレスター（システム理論家）

原因と結果を考察するのはとても簡単なことだが、結果が原因そのものになる場合には、何が起こるだろうか。

フィードバック・ループは、システムのアウトプットが次のサイクルのインプットの一つになるときには常に存在している。フィードバックはシステムの学習方法と言える。システムに環境を受容する能力があるなら、フィードバックはそのシステムが制御下にあり、要求される選択テストをクリアしているかどうかの理解に役立つ。ループのバランスを図ることで、システムに均衡状態と変化への抵抗力がもたらされ、サイクルを経るたびにアウトプットが抑制されていく。

たとえば、肩の高さからテニスボールを落としてみよう。ボールは上下にバウンドするが、そのたびにボールの高さは徐々に減退していく。摩擦と空気抵抗によって、サイクルを重ねるごとにシステムのエネルギーが均衡状態に達するまで抑制されていき、最終的にボールは地面に落ちて動かなくなる。

ループのバランスをとることで、システムは安定的になり、振動が抑えられて、特定の状態のまま保たれる。知覚制御システムは通常、ループのバランスをとることで成り立っている。再びサーモスタットの例を使うと、部屋の温度が参照レベルよりも高いなら、冷却装置が温度を下げるために作動し始める。温度が参照レベルよりも低ければ、暖房のスイッチが入り温度を上げる。その結果、同システムの目的である安定した温度が維持されるようになる。

ループを増強すれば、システムのアウトプットはサイクルを経るたびに増幅していく。ループの増強は拡大の一途をたどったり、あるいは、時間とともに衰退したりする傾向がある。

二社間の価格戦争で、それぞれが最安値を競っているとしよう。A社が価格を下げるとB社はそれに応酬してさらに価格を下げる。それぞれ「当社の価格は当社の競争者よりも低くなければならない」という参照レベルを持ち続ける限り、その提供品の利益率がなくなるまで両社の価格は下がり続けていく。

複利は、プラス方向にループを強化させる例だ。金利の支払いサイクルが来るたびに、次のサイクルの元本はより大きくなり、その結果、サイクルが続く間金利はさらに増えていく。時間とともに金利が蓄積され、大きな金額に積み上がっていく可能性がある。そして、それが同システムの狙いとなっている。

ほとんどの場合、どのストックの規模もいくつかのループの影響を受け、別々の方向に引っ張られる。預金口座の残高を考えてみてほしい。収入、賃貸料、住宅ローン、食費、その他の費用を制御するフィードバック・ループがある。サイクルごとに過剰や不足が生じていないかを常に評価して、フィードバック・ループのバランスを図っていく。流入や流出が多すぎたり不十分だったりすれば、直ちに行動をとり、それが次のサイクルに影響を及ぼす。

周囲を見回すと、至る所にフィードバック・ループがある。一度、気がつき始めると、私たちが暮らしているシステムにおける、刻々と変化する複雑さが手に取るようにわかるだろう。

自触媒作用 Autocatalysis

最も速く進化するシステムは中間に、もっと詳しく言えばカオスの縁に位置しなくてはならない。秩序はあるが、簡単に変更できるように緩く結ばれたパーツから成り立っている。

——E・O・ウィルソン（システム理論家、社会生物学者）

自触媒作用は化学分野の概念で、ある反応のアウトプットが、同一の反応をするために必要な原材料を生み出す状況を指す。

自触媒作用のシステムは、前のサイクルの副産物として、次のサイクルに必要なインプットを生み出す増幅サイクルだ。自触媒作用は複合的で、プラス型で、自己補強するフィードバック・ループと言える。アウトプットが減少へと転じるまで、システムは拡大を続けていく。

一九五〇〜九〇年代のテレビ広告は、自触媒作用のよい例だ。企業は広告に一ドル費やすと需要と流通が増加し、二ドル以上のリターンを得る。その二ドルを広告に再投資すると四ドルになり、それが八ドルになり、さらに一六ドルになる。P&G、GE、クラフト、ネスレなどの企業はこのサイクルを用いて、今日見られるような巨大企業となった。

現在では、テレビ広告に投資した一ドルから、一・二ドルのリターンが得られれば運がいい。チャンネル数が増え、広告費は上昇し、人々は欲しくない邪魔なものをふるい分ける技術を持つようになったからだ。ある状況では依然としてループが作用するが、かつてほどではない。

自触媒作用は、必ずしも金銭である必要はない。「ネットワーク効果」や「ウイルス・ループ」も自触媒作用の例だ。誰かがフェイスブックに登録するたびに、自然により多くのユーザーを同じネットワークに招待する。誰かがユーチューブ上で愉快なビデオを見るたびに、数人の友人に知らせる。そこでは自触媒作用が働いている。

何らかの自触媒作用の要素が自分の事業に含まれているなら、その事業は期待を上回るスピードで成長するだろう。

環境 Environment

現実は、信じるのをやめても、消え去らない。

——フィリップ・K・ディック（SF作家）

システムは独立したものではない。どのシステムでも必ず、周囲にある他のシステムの影響を受ける。

環境とは、その中でシステムが働く構造のことだ。環境は主にシステムのフローやプロセスに影響を及ぼし、そのシステムのアウトプットの量を変える。

たとえば、暑すぎたり寒すぎたりするとき、あなたの身体がどう反応するだろうか。体温は熱すぎても冷たすぎても命に関わる。身体は環境変化に反応して、過剰な熱を発散するために発汗したり、熱を逃さないように保護したりして働き続ける。

環境が変化すると、システムは動き続けるために、環境に合わせて変わらなければならない。ほとんどの主要な理論によると、恐竜が絶滅したのは、氷河期、もしくは、隕石が衝突して日光が遮られるほどの塵が巻き起こった環境変化のせいだとされている。温度が下がり、日照条件が悪化したため、大規模な食料不足が発生し、恐竜の大量絶滅へと至った。

現在の環境の状態は、その環境の中のシステムの働きに影響を与える。二〇〇五年、石油価格が急上昇し、プラスチック製造や商材の輸送など石油に依存している多くの企業が突然トラブルに見舞われた。変動費が増えたため、以前よりも収益性が低下する企業が相次ぎ、コストの増加分を吸収できなかった企業が多数倒産した。

恐竜と同じ道を歩みたくないならば、どのような環境状態が自分のシステムに影響を及ぼすかを常に考慮に入れておかなくてはならない。

選択テスト　Selection Test

宇宙への反応はいずれも、どれほど強力であっても、時間と変化によって不適切なものとなる。一つの専門技能に完全に依存するようになった人々は、自分が未来に対処できないことに気づくだろう。
――フランク・ハーバート（SF小説家、『デューン砂の惑星』シリーズ〔早川書房、一九八五年〕著者）

自己永続的なシステム（企業や有機体など）は、生存に必要な環境条件に合致するときに限って、自己永続が可能になる。

選択テストは、どのシステムが自己永続を保つか、どのシステムが「死」を迎えるかを決める環境制約だ。人間のような哺乳類にはいくつかの選択テストがある。十分に呼吸すること、食物を十分に摂ること、水を十分に飲むこと、体温を十分に保つことだ。企業にも選択テストがあり、顧客に提供するのに十分な価値があること、費用を賄うのに十分な売上高があること、財務的に十分なレベルの収益があることだ。

多くの人々は選択テストを「適者生存」だとみなしているが、「不適者の死」というのがより正確な説明である。選択テストに適合し損なった自己永続的なシステムは消滅する。十分に呼吸できなければ、人は死んでしまう。充足状態を維持するだけの売上高を生み出せなければ、その事業はおしまいだ。

環境変化に応じて、選択テストも変化する。特にテクノロジーの市場で見られる選択テストは興味深い。同市場では、「可能なこと」をめぐる環境が絶えず変わっていく。大きな技術変化をすぐに活用できない企業は、自社製品に対する顧客の新しい需要についていけないことに気づく。

環境と選択テストの変化は、起業家にとって最高の友となる。変化によって、小規模な企業が、実績のある大手競合他社を上回ることができるようになるからだ。市場における選択テストが実際にどんなものかを特定できれば、その市場ではるかに効果的に競争できるようになる。

選択テストは情け容赦ない。環境テストに耐えれば成功し、状況の変化に適応し損なえば、一巻の終わりである。

不確実性 Uncertainty

水晶玉に頼って生活する人はすぐに、ガラスの粉を食べることを学習する。
——エドガー・R・フィードラー（経済学者）

今から一〇年後に、金利はどうなっているだろうか。来年の石油価格はどこに向かうだろうか。会社の株式は安いのか、高すぎるのか。今、原材料を備蓄したほうがいいのか、二、三カ月待ったほうがいいのか。実業家はこうした日刊紙のような質問に対処している。

これらの質問の答えなど誰も知らない。私たちの世界はひどく不確実な場所で、幸いにも災いにも転じる。いいことであれ悪いことであれ、何でも起こりうる。私たちは曲がり角の向こうに何があるかを決して知ることはできない。

リスクと**不確実性**の間には大きな違いがある。元アメリカ国防長官のドナルド・ラムズフェルドの不滅の言葉を紹介しよう。

「既知の既知がある。自分がわかっているとわかっていることがある。未知の既知がある。つまり、私たちがわかっていないとわかっていることがある。しかし、未知の未知もある。私たちがわかっていないとわかっていないことがあるのだ」

リスクは「未知の既知」だ。友人を空港に迎えに行く予定になっているなら、彼らの航空機が数時間遅れて到着するというリスクがある。到着時間が変わることを事前に知っていれば、それに応じて計画を立てることができる。

不確実性は「未知の未知」だ。空港に向かう一時間前に、隕石が落ちてきて車が壊れたので、友人を迎えに行くのが遅れるかもしれない。そんなことを誰が予測できるだろうか。

不確実性の前では、過去の出来事に基づいて将来を確実に予測することはできない。想定外や不規則な出来事は突然起こり、目標や計画に大きな影響を及ぼすこともありうるのだ。

元ヘッジファンド・マネジャーのナーシム・ニコラス・タレブは『ブラック・スワン』（ダイヤモンド社、二〇〇九年）の中で、不確実性の危険性について解説している。どれほど安定的で予測可能に見えても、予測できない「ブラック・スワン」が瞬く間にすべてを変えてしまう可能性がある。

「ブラック・スワン」とは、不可能なものや存在しないものについての一般的な表現として一六世紀のロンドンで用いられていた。当時は誰もが白鳥はすべて白いと思っていた。この言葉が提起している問題は、一八世紀の哲学者デビッド・ヒュームが「帰納の問題」と呼ぶものだ。つまり、すべての生きている白鳥を見るまでは、「白鳥はすべて白い」ということが真実だとみなすことはできない。そして、その仮説を完全に無効にするためには、たった一羽の黒鳥がいればいい。一六九七年に、オランダ人船長のウィレム・デ・フラミングがオーストリアで黒鳥がいることを実証したときに、まさにそういうことが起こった。

基本的に発生する直前まで、「ブラック・スワン」が起こる可能性はゼロだ。ブラック・スワンの出来事を受けて、それが起こる確率が議論されるようになる。そうした出来事はシステムが働く環境を変え、時には、警告なしで選択テストを完全に変えてしまうこともある。もしかすると（あるいはどの）ブラック・スワンが起こるかは事前に把握できない。私たちにできるのはせいぜい柔軟性や回復力を養い準備を行い、起こったときに適切に反応できるようにしておくことだ。

過去の大量のデータを用いて詳細に分析しても、不確実性から逃れることはできない。ほとんどのMBAプログラムで教えている財務モデルの重大な欠点は、不確実性にある。NPV（正味現在価値）やCAPM（資本資産価格モデル）などの見積り計算は、自分の予測品質と同程度にすぎない。財務予測の間違いが判明したことにより、多くの企業が倒産した。一〇年間の財務予測が一〇〇％の精度になることがどれだけあるだろうか。明日も今日と同じようなことが起こると言える人がいるだろうか。

多くの人々は確実性を売り物にしてビジネスを行っているが、そんなものは存在しない。予測、予報、他の形で予言する事業は、将来を知ってコントロールできるという幻想を与えるので人気がある。予測を実践することはコストに見合わない。ガソリンの価格、金利、株価などを本当に確実に予測する方法があるなら、その魔法の知識を持った人々はとてつもなく裕福なはずであり、何かを売りつける必要はないはずだ。

絶えず存在する不確実性の本質を理解することは、そうあってほしいという願望を通してではなく、あるがままに世の中を見る訓練となる。とりわけ私たちには損失への嫌悪感や脅威の封じ込めといった傾向があるので、誰もが直観的に将来に起こることを知っているかのように感じたい、と思っている。起こっていることを知らないのは脅威であり、不確実性について熟考するのは心地よいことではない。見えない未知の脅威の予測に執着する代わりに、想定外のものに対処する能力を強化する方向にエネルギーを向けたほうがよい。

正確な予測をすることに頼ってはいけない。物事はいつでも変わる可能性がある。予言者のフリをするよりも、シナリオプランニングを用いて不確実性に対応するために柔軟な計画を立てたほうが、はるかに役に立つ。

取引先リスク Counterparty Risk

幸せへと導くすべてのものを、他人任せではなく、自分で決めてきた人が、幸せに暮らすための最善策を打ち出してきた。
——プラトン（古代ギリシアの哲学者）

他の人々に依存して自分のシステムを動かしている場合、それはシステムの活動に大きなリスクをもたらす。

取引先リスクは、他の人々が約束したものを届けてくれない可能性のことだ。家が全焼した場合、加入している保険会社がまだ業務を続けているならその家の所有者は保険金を請求するだけでよい。保険会社がつぶれていたら困ったことになる。第三者であるベンダーに特定パーツの供給を依存している製造システムの場合、そのベンダーが約束を守れなければ、製造ラインは止まってしまう。請負業者に仕事を外注している場合、その業者が約束通りの成果を出さなければ、プロジェクトに遅れが生じる。

取引先リスクが多すぎると、システムが破滅的な失敗を起こすリスクが増大する。

二〇〇八年のウォール街の崩壊では、問題が生じたときに、全員が互いに依存し合っていたため、世界最大の投資銀行が債務超過の寸前に追い込まれることになった。ゴールドマン・サックス、JPモルガン・チェース、リーマン・ブラザーズのような投資銀行や金融機関は他の大企業から、金融商品化された保険の一種である「クレジット・デフォルト・スワップ」を買うようにしていた。これらの投資銀行は高レバレッジの取引が暴落した場合、購入した保険商品が数百万ドルの損失から保護してくれると考えていたので、ますます多くのレバレッジを引き受け、リスクの影響度を高めていった。住宅市場は崩壊し、銀行は保有していた不動産担保証券で損失が出始めると、クレジット・デフォルト・スワップを回収しようとした。驚いたことに、スワップを買った他の銀行も、不動産担保証券について巨額の損失を出しており、約束を守ることができなかった。すべての大手投資銀行がそのシステム内で他行のリスクに対する取引先となっていた。みんなが互いに依存し合っていたため、一つの銀行が倒産すると共倒れになった。

取引先リスクは、計画の誤りによって拡大していく。パートナーはあなた同様、将来を予測することはできない上、誰もが計画や納期に関して楽観的になる傾向がある。計画や約束においては、プロジェクトが予想通りに進まなかった場合の計画を常に持っておくとよい。

自分のシステムが自分のコントロールの範囲外で誰かの能力に依存するときには、想定通りに実行されない場合に備えて、可能な手はすべて打っておこう。

二次効果 Second-Order Effects

私たちは行動を自由に選べるが、その一方で、その行動の結果を自由に選ぶことはできない。

——スティーブン・コヴィー（経営コンサルタント、『7つの習慣』〔キングベアー出版、一九九六年〕著者）

ケルシーと私は数年前、サウジアラビア東岸から二～三マイル離れたところにある小さな島国、バーレーン王国を訪問する機会に恵まれた。今では国際金融センター、真珠採りダイビング、国際的なＦ１レースのサーキットで有名だが、バーレーンがその独自の生態系で知られるようになったのは最近のことだ。

ほんの二、三〇年前に、バーレーンの内陸部は自然の緑で覆われ、このオアシスの島にエデンの園があったと言われていた。現在、島の内部は殺風景な砂漠となっており、原生植物は滝漑でなんとか維持されている。いったい何が変わったのだろうか。

バーレーンは地下湧水網で囲まれ、その水が島の植物と、素晴らしい品質の真珠がとれる地元産カキの養殖を支えていた。やがて国内でマナーマが大都市に発展し、都心部の土地が不足するようになったので、開発者は「埋め立て」と呼ばれるプロセスを採用した。それは、島の内部から土を掘り出し沿岸部に運び、海を埋め立てて土地を「開拓」する、というものだった。この方法により、新しい土地を作ることには成功したが、それは期待していたよりもはるかに高くつくことになった。島の湧水網が枯渇し、国土が砂漠に変わってしまったのだ。

あらゆる行動は結果を伴い、その結果は**二次効果**と呼ばれる結果を伴う。ドミノの列を考えてみてほしい。ひと押しすると、連鎖的に出来事が起こっていく。ひとたびその連鎖が始まれば、次々に起こる原因と結果を止めたり逆行させたりすることは（不可能でないにせよ）難しい。

もう一つの考えさせられる例として、第二次世界大戦後のニューヨーク市の家賃の規制を挙げてみよう。この規制も予想外の結果をもたらした。当初は、帰還した退役兵に手の届く価格で住宅を供給することを目的として、同市の特定地域で賃貸料（及び、値上げする家主の能力）の上限を決める規制が策定された。退役兵のために手頃な価格で住宅を供給しようというのは、崇高な考えではないか。

ここで、都市計画者が想定していなかった事態が起こった。毎年、ニューヨーク市の所有地の維持コストは上がり続けたが、家主は増加したコストを補てんするために賃貸料を値上げすることができなかった。法律によって、最初の借り手が引っ越すか建物が使用禁止にならない限り、家賃の規制は解かれなかったので家主は所有地の維持を拒むようになった。それはお金の浪費になるからだ。また、居住者がいたとしても財務的には建物の手入れをしないほうがよかった。

この規制の効果により、まもなく所有地の品質は急低下していき、最終的に使用禁止となる建物が増え、賃貸料が前よりも高くなることさえあった。住居を手頃な価格にすることを目指していた規制が、実際には住宅供給を破壊し、賃貸料の上昇を招き、当初の意図とは反対の結果となったのだ。

複雑なシステムのある側面に変更を加えれば、必ず二次効果を誘発し、その一部は当初意図した変化とは正反対になる可能性がある。複雑なシステムの構成要素は、無数の異なる方法で、相互に関連し、依存し合っているかもしれない。不確実性のために、それが正確にどのようなものかを知る術はおそらくないだろう。あらゆる行動には結果があり、その結果は絶えず新たな結果を生む。たとえ、それが何であるかを知らなかったり起こってほしくないことだったりしても、そういうものなのだ。

複雑なシステムの変更には細心の注意を払って臨もう。得られるものは、期待とは正反対のものかもしれない。

ノーマル・アクシデント Normal Accidents

問題は、問題があることではない。そうではないことを期待したり、問題があるのは問題だと考えたりすることが、問題なのだ。

――セオドア・ルービン（精神科医、コラムニスト）

地球の重力圏外に出て人間が旅に出られる乗り物、スペースシャトルは明らかに、極めて複雑なシステムで構成されている。何百万立方フィートもの起爆性の水素ガスを積んだ三台のロケットが固定された、高度な設計の飛行機は高度な相互依存システムの典型例だ。どんなエラーでも、大惨事を次々に引き起こす可能性があり、シャトルを発進させるたびに潜在的にうまくいかないことが何百件も起こりうる。

一九八六年、チャレンジャー号が大惨事を引き起こした。一台のロケットのシール部品が凍りつき、非常に脆くなっていた。離陸する間にシール部品が過熱されると、うまく機能しなくなった。チャレンジャー号は離陸の七三秒後に爆発し、乗組員全員が死亡した。

問題を一切起こさないシステムを生み出すことは可能だとつい信じたくなるものだが、現実のシステムは常にそうではないことを証明している。本当にそうなのだ。

ノーマル・アクシデント理論は、よくないことが起こったときによく使われる言い回し、「そんな日もあるさ」をより正式に表現したものだ。固く連結されたシステムの中で、小さなリスクが蓄積されていき、エラーや事故が避けられないポイントに達する。システムがより大きく、より複雑になるほど、最終的に破滅的な方向に進む可能性が高くなる。

ノーマル・アクシデントに過剰反応するのは、実は逆効果となる。何かがうまくいかないとき、私たちの本能的な反応は過敏になることで、物事を固定し、コントロールを強めて、不運な出来事の再発を防ごうとする。この反応が、実際には事態を悪化させてしまう。物事を固定して、システムにより多くのものを追加していけば、そのシステムをより固く連結させるだけであり、将来の事故の危険性は増していく。

チャレンジャー号の悲劇に対するNASA(アメリカ航空宇宙局)の反応は、とても有益なものだった。完全停止や問題の悪化を引き起こしかねないシステムをさらに追加する代わりに、NASAのエンジニアは固有のリスクを認識し、問題再発のリスクを最小化する他の解決策を探すことに専念したのだ。

ノーマル・アクシデントを避ける最善策は、それらが起こったときに、機能停止や「危機一髪」で免れた状況を分析することだ。システムを脅威の封じ込めと同じような状態にして、長期的にさらに大きな問題を生じさせる代わりに、ニアミスを見ることで、隠れた相互依存関係について重要な洞察がもたらされるはずだ。問題を分析することで、将来、似たような状況が起こったときに備えて非常事態計画を作ることができる。

二〇〇三年に、スペースシャトル・コロンビア号は異なるタイプの大災害に見舞われた。大気圏に再突入するときに、シャトルを保護するために設計された耐熱シールドが機能しなかったことから、シャトルは空中分解した。再び、NASAはシステムを一層固く組立てるのではなく、再発防止策に集中した。数年後に、ディスカバリー号の打ち上げ時に耐熱シールドが損傷したが、NASAのエンジニアには備えがあり、乗組員は無事に帰還した。

ノーマル・アクシデントは、自分が依拠するシステムを可能な限り緩く保つことの理由として説得力がある。システムについてあれこれとよい部分が指摘されるが、まったく失敗しないことを期待するのは、甚だしく非現実的だと言える。緩いシステムはそれほど効率的でないかもしれないが、より長持ちし、破滅的な失敗は少なくなる。

システムが複雑になり、その運用期間が長くなるほど、大きな失敗が起こる可能性が高まる。それは「もしも」ではなく時間の問題だ。システムの機能不全に注意して、速やかにそれに対応する準備をしておこう。

ANALYZING SYSTEMS

第11章 システムを分析する

理解できないものは、変えられない。
——エリック・エヴァンス（科学技術者）

システムが改善できるようになる前に、それが現時点でどの程度、機能しているかを理解しなくてはならない。残念ながら、それは難しい問題だ。注意深く測定するためにたっぷり時間をかけたくても、世界は止められない。システムの分析は、それが動いている状態で行わなくてはならない。作動中のシステムを分析するのは難しいが、何を調べるべきかがわかっていれば、もちろん可能である。

本章では、理解しやすい小さなパーツにシステムを分解して、重要なものを測定し、パーツ間の相互関係や依存状況について見つける方法を学んでいく。

デコンストラクション Deconstruction

完璧なものからは、何も作れない。プロセスごとに分解していくことが必要だ。
――ジョゼフ・キャンベル（神話学者、『千の顔をもつ英雄』〔人文書院、二〇〇四年〕著者）

既に述べてきたように、複雑なシステムは互いに依存し合う多くのフロー、ストック、プロセス、パーツから成り立っている。全体的なシステムはあまりにも複雑すぎて、一度に捉えきれないかもしれない。変数や依存関係が七～八つ以上ある場合、認知できる範囲に制約が生じ、混乱をきたす。

そのような場合には、どうやって極めて複雑なシステムを分析すればよいのだろうか。

デコンストラクション（分解）は、どんな仕組みになっているかを理解するために、複雑なシステムを最小の可能なサブシステムに分けていくプロセスのことだ。いきなりシステムを理解しようとする代わりにそれをパーツに分けて、サブシステムとその相互作用の理解に取り組んでいく。

デコンストラクションには、ゴールの法則のリバース・エンジニアリングという側面がある。覚えているだろうか。うまく機能している複雑なシステムは必ず、うまく機能する単純なシステムから進化してきた。もっと単純なサブシステムを確認し、それがどう機能し、どう組み合わさっているかを理解することに重点をおけば、最終的にそのシステム全体の仕組みを理解できるようになる。

自動車の仕組みを全く知らないとすれば、車のボンネットを開けて中身を調べようとしても、戸惑うことだろう。あまりにもパーツが多すぎて、どこから始めればいいかまるでわからない。しかし、システムを理解することは不可能ではない。エンジン、トランスミッション、ラジエーターのような、重要なサブシステムを確認すれば、システム全体の仕組みについて貴重な洞察が得られるかもしれない。

ひとたび重要なサブシステムを確認したら、心の中で一時的にそれらを単独のものとして考えてみると、その働きが理解しやすくなる。車全体の仕組みに集中する代わりに、しばらくエンジンに注意を向けるのだ。そのサブシステムはどこから始まるのか。どんなフローが関係しているのか。システム内でどのようなプロセスが起こるのか。関係するフィードバック・ループはあるか。流入（インフロー）が行われないと、何が起こるのか。どこでそのシステムは終わるのか。流出（アウトフロー）はどんなものか。

各サブシステムはより大きなシステムの一部なので、あるシステムを分解して単独のものとして考える際には、相互依存の観点を見失わないことが重要になる。そのシステムのパーツが他のサブシステムと相互作用するときの起動点と終了点を確認することも同じく大切になる。起動点は何によってサブシステムが作動し始めるかを、終了点は何によってそのシステムが止まるかを示している。

さらに、システムの現在の条件を理解することも重要だ。「もしも○○なら……」あるいは、「○○の場合に……」という関係は、そのシステムのオペレーションに影響を与える。

たとえば、エンジンを動かすためには、ガソリン蒸気という流入が必要になる。その流入があれば、点火プラグが発火してピストンを押すエネルギーを供給し、それが残りのシステムの原動力となる。その流入がない場合、あるいは、発火が起こらなかった場合はエネルギーがないので、そのシステムは止まる。

ガソリン蒸気という流入と点火プラグの発火の両方が、そうした状態をもたらすのだ。

図とフローチャートを作成すると、それぞれの流入、プロセス、起動点、条件、終了点、流出がどのように関係しながら生じるかを理解するのに役立つ。複雑なシステムを言葉だけで説明することには限界がある。最高の結果を得るためには、関係するフロー、ストック、条件、プロセスを図示してみるとよい。きちんとした構成のフローチャートがあれば、あるシステムがうまく機能する場合のフローが理解できるようになり、そのシステムのどこかで故障が生じたときに、修正するのに大いに役立つ。

あるシステムを分析するために、複雑なシステムをより理解しやすいサブシステムに分解してみよう。そうすれば、そのシステムを基礎から一歩ずつ理解を深めていくことができる。

測定 Measurement

我々は神を信じている……ほかのことについてはすべて、データを持ってこい。

——W・エドワーズ・デミング（経営学者）

いったんシステムのパーツとその相互作用の仕方を理解したら、「そのシステムはどれくらい機能しているか」と問いかけてみるとよい。そのためには、そのシステムの作動状況を測定する必要がある。
測定は、そのシステムが機能しているときにデータを集めるプロセスのことだ。コア機能に関連した情報を集めれば、そのシステム自体がどれくらい機能しているかを正確に把握するのが容易になる。

測定によってシステムを互いに比較できるようにもなる。たとえば、コンピュータの組立てに、いくつかの異なる種類のマイクロプロセッサーが使えるとすればどれを使うべきか。サイクルタイム、電力消費、発熱など、各プロセッサーのさまざまな特徴を測定すれば、自分のコンピュータに最適なプロセッサーを選び、よりよい成果が出せるようになる。

測定は、システムを分析する際に、欠如の不認知を避けるのに役立つ。覚えているだろうか。私たちは、存在しないものを見ることを苦手としている。作動中のシステムの異なるパーツを測れば、発生する前に潜在的な問題を特定することができる。

たとえば、糖尿病は、身体の血糖値を制御するフィードバック・ループの欠陥を意味する状態だ。血糖値が多すぎても少なすぎても命に関わるので、身体は血糖値を安定的に保つために、インスリンの生産量を増やしたり、減らしたりするが、それが大きな問題となる。たとえ糖尿病患者にとってインスリン濃度が非常に重要だったとしても、ただその人を見ているだけでは、インスリン濃度や血糖値は把握できない。測定しない限り、目に見えるほど状態が悪化するまでは、欠如の不認知のせいで問題に気づかない。状態が悪化すれば、その人は通常気を失ったり、ショック状態に陥ったりする。こうした事態を避けるために、糖尿病患者は日中の血糖値とインスリン濃度を測定することを習慣にしている。

何かを測定することは、改善への第一歩となる。経営学者のピーター・ドラッカーは「測定するものは管理の対象となる」という有名な見解を述べている。これは本当にそうだ。自分の事業において、どのくらいの入金があり、どのくらい出費しているかを把握していなければ、ビジネス・システムの改善のために、どのような変更を加えればよいかを知るのは難しい。痩せたいのであれば、まずは現時点の体重を知る必要がある。その後で、どのような変更が体重に影響を及ぼすかを追跡していく。データがなければ、何も見えない。何かを改善したいならば、最初にそれを測定しなくてはならない。

ＫＰＩ（重要業績評価指標） Key Performance Indicator

適切な質問にほぼ正しく答えるほうが、間違った質問に正しく答えるよりもマシだ。
――ジョン・テューキー（統計学者）

測定に関する主な問題は次の通りだ。一〇〇万個の異なるものを測定することは可能だが、対象が多すぎれば、必ず認知範囲の制限に苦しめられ、意味のないデータの海で溺れることになる。

一部の測定値はほかのものよりも重要性が高い。**ＫＰＩ（重要業績評価指標）**は、あるシステムの重要なパーツの測定値のことだ。システムの改善に役立たない測定は、自分の限られた注意とエネルギーを浪費することになるので、価値がない以上に始末が悪い。調査対象とするシステムを改善しようとするなら、すべてのことに注意を向ける必要はない。実際に重要なのは、二つか三つの主要な測定値のみだ。

残念ながら、実際には、重要ではないが測定しやすいものに注意を向けやすい。たとえば、事業の売上高はかなり重要そうに見える。実際にそうだが、それはある程度までだ。売上高が重要なのは、それが利益の重要な構成要素となっているからだ。一〇〇万ドルの売上高を獲得するために二〇〇万ドルの経費を使っているとしたら、売上高は重要とは言えない。

一連の起業家で、イギリスの放送局BBCのヒット番組「ドラゴンズ・デン」のホストを務めたテオ・パフィティスは、「利益は健全さであり、売上高は虚栄にすぎない」という忘れられない言葉を残している。売上高は単独ではKPIとはならない。

同じことが、他の製造過程の測定値にも当てはまる。たとえば、プログラマーのチームを管理しているなら、目に見えて集計しやすい「コードの行数」を個人の成果として測定したくなる。そこには問題がある。コードの行数が多くても必ずしもよいとは限らない。優秀なプログラマーはもっと少ないコードで書き直して、そのプログラムを改善することができる。量にこだわっていれば、実際には大きな改善につながるのに、一万行を省くことが弊害に見えてしまう。

コード行数に基づいてプログラマーに報酬を与える場合、状況はさらに悪くなる。インセンティブ起因のバイアスによって、コードはプログラミングの「戦争と平和」のように不条理なものに見えるだろう。

一般的に、ビジネス関連のKPIは、ビジネス全体の五つのパーツかスループットに直接関係している。私がビジネス関連のKPIを確認するために使う質問は次の通りだ。

価値創造。どのくらい早く、そのシステムは価値を生み出しているか。現在の流入レベルはどのくらいか。
マーケティング。提供品に注意を向けている人はどのくらいいるか。どれくらいの潜在顧客が詳細な情報の提供に対して許可を与えているか。
売上高。どれくらいの潜在顧客が、実際の顧客になっているか。平均的な顧客の生涯価値はどのくらいか。
価値の配送。どれくらい速く個々の顧客に対応できるか。現在の返品状況や不満足度はどのくらいか。

財務。利益率はどのくらいか。購買力はどのくらいあるか。財政的に十分な状態か。

こうした質問に直接関係する測定値であれば、おそらくKPIとなる。コア・ビジネス・プロセスやシステムのスループットに直接関係しない測定値はおそらくKPIではない。

KPIはシステムごとに三〜五つに限定したほうがよい。測定値を集めるときに、見たい情報がすべて含まれている「ダッシュボード」を手作りしたくなるだろう。あまりに多くのデータで自分に負荷をかければ、非常に重要な変化を把握し損なう恐れがあるので、そうした誘惑には抵抗すべきだろう。必要があれば、いつでも意のままにデータを深く堀下げればよい。

自分のシステムのKPIを見つけよう。そうすれば、データに圧倒されることなくシステムを管理することができるようになる。

ガーベージ・イン、ガーベージ・アウト Garbage In, Garbage Out

始めが肝心だ。結果はおのずと知れている。
——アレキサンダー・クラーク（人権活動家）

質の悪いデータを分析した結果は、よくても役に立たないばかりか、悪くすると誤解を招いたり有害だったりする。

定常的に使うインプットの品質は、アウトプットの品質に影響を及ぼす。質の悪い原材料から製品を作れば魅力に乏しく、信頼性を欠くことになる。ジャンクフードばかり食べて、ほとんど身体を動かさずにニュースやテレビのリアリティー番組にばかり注意を向けていると、あなたは活力を感じなくなり、無関心になってしまう。プロジェクトに取り組む人々が能力不足で、冷めた態度であれば、最終結果は必ず惨憺たるものとなる。

ガーベージ・イン、ガーベージ・アウト（ゴミを入れれば、ゴミが出てくる）は単純明快な原則だ。システムの中に役に立たないインプットを投入すれば役に立たないアウトプットが出てくる。あるシステムに対する理解力はそのシステムで起こっていることの観察力に直結する。そのシステムについて集めたデータの質や量が作動中の状況を理解する際の上限となる。

終わったときにはゴミばかりという状況を望まないなら、始めるときにゴミを使ってはいけない。始めに用いたものを心に留めておけば、確実に予想に即したプロセスの結果が得られやすくなる。結果を改善するためには、最初の品質を改善しよう。

コンテクスト　Context

理解していないのは、そのコンテクストを知らないからだ。

――リチャード・ラブキン（精神科医）

今月の売上高は二〇万ドルだった。これはよいのだろうか、よくないのだろうか。それは、場合によりけりだ。先月の売上高が一〇万ドルだったとすればよいが、今月の費用が四〇万ドルだったとすればよくない、ということになる。

コンテクスト（前後関係、文脈）は、関連した測定値を使って調査対象のデータに関するさらなる情報を得ることだ。先ほどの例では、売上高がわかっていても、追加情報がなければほとんど役に立たない。先月の売上高と今月の費用が必要なコンテクストであり、それを知っていることでより鮮明に状況がつかめるようになる。

測定値を集めてみても、有益なことはほとんど伝えてくれない。具体的な改善を行おうとしても、コンテクストが不足しているため、そうした測定値には価値がない。今月のウェブサイトの訪問者が二〇〇万人だったとわかっても何の役にも立たない。コンテクストなしには、変化をもたらすための意思決定も、効果の見極めもできず、システムを改善する能力は制限されることになる。

結果を追跡するとき、一つの「魔法の数字」に集中したくなる誘惑は避けたほうがよい。一つの数値に頼ることは有効な単純化をしているようだが、そうではない。コンテクストを切り離してしまうと、そのデータの重要な変化が見えなくなってしまう。「総合品質スコア」あるいは、売上高が二、三ポイント上下したことを知っているだけでは、なぜそうなったのか、それは重要か否か、不規則な変動か、システムや環境における重要な変化か、といったことは教えてくれない。

一般原則として、どの測定値も単独で調べてはいけない。常に、他の測定値と一緒にコンテクストの中でそれらを見よう。

サンプリング　Sampling

サンプリング理論を信じないのなら、次に病院に行って医者が少し採血したいと言ってきたら、「すべての血液を採ってくれ」と言うべきだ。
——ギアン・フルゴーニ（コムスコア創業者）

自分のシステムがあまりにも大きすぎたり、複雑すぎたりして、プロセスごとにデータを集められない場合にはどうすればよいだろうか。

システム全体のフローの測定は、時には現実的ではないことがある。拡張可能なシステムを管理しているなら、すべての単位をテストしたり、すべてのエラーを見つけたりすることができない場合が多い。そのシステムが何百万単位も量産したり、何百万件もの業務を遂行したりしているときには、どうすれば潜在的な問題を速やかに確認できるだろうか。

サンプリング（標本抽出）は、すべてのアウトプットの少数比率を無作為に取り出し、その後、システム全体の代理として使うプロセスを言う。これまで診療所で採血したことがあるなら、サンプリングがどのようなものかの見当がつくだろう。医者や看護婦は少量の血液を採り、分析するために研究所に送る。検査でそのサンプル（標本）の異常が明らかになれば、一般的に、血流全体に同じ問題が起こっている可能性が高い。

システムのアウトプットを全部テストすると、時間がかかり高くつくことが多いが、サンプリングを用いれば、そうしたテストをしなくても、システム全体のエラーを速やかに特定することができる。携帯電話を製造しているなら、そのラインから出てきた電話を一つ一つテストする必要はない。二〇台に一台テストすれば、素早くエラーを特定し、システムを修正することは十分に可能だ。どれだけ速く正確にエラーに気づく必要があるかどうかで、サンプリング率を増減させることができる。

不規則な「抜き取り検査」もサンプリングの一形態だ。多くの小売店は「覆面調査員」を起用して、カスタマー・サービスや営業部員のスキルを定期的にテストしている。こうした調査員は、特定項目に関心を示したり、特定の質問をしたり、返品をしたりと、総じて嫌な顧客となる。どの顧客が本物で、どの顧客がそうではないかはスタッフにはわからないので、毎回常に細かい調査をしなくても、スタッフをテストすることができ、効果的な店舗運営手法となっている。

抽出したサンプルが実際には無作為でなかったり、均一でなかったりすると、サンプリングによるバイアスが生じやすい。

たとえば、アメリカの平均世帯収入を測定する際に、ニューヨークのマンハッタンで調査するならば、山間のウエスト・バージニアで調査したときよりもデータが相当大きく歪んでしまう。最高の結果を得るためには、可能な限り、無作為に抽出した最大数のサンプルを使ったほうがよい。

品質テストをする必要があるなら、サンプリングを用いると、巨大な費用を発生させずに、よいデータが得られ、データを歪めかねない潜在的な偏りを監視し続けることができる。

比率 Ratio

算数を拒絶する人は、くだらないことしか話さなくなる。
――ジョン・マッカーシー（人工知能研究者）

比率（レシオ）は、二つの測定値を互いに比較する方法だ。結果を入力値で割れば、システムの異なる部分について、さまざまな有用な関係を測定することができる。

たとえば、来店する顧客の三〇人中一〇人が実際に購入するとしよう。「購入率」は一〇を三〇で割った数で、三分一となる。

販売員に販売テクニックを訓練し、来店客三〇人のうち一五人がお金を払ってくれたとしよう。新たな購入率は一五を三〇で割った数で、二分の一となる。

百分率（％）は一〇〇を基準に表したものだ。最初の購入率を百分率で表すと三三％、訓練した後の購入率は五〇％となる。

投下資本利益率（ＲＯＩ）などの測定値は、獲得した金額を使った金額で割って、そこから一・〇〇を引けばよい。それを百分率に直したものが、収益率である。

たとえば、二〇〇万ドルを投じて四〇〇万ドルが生じた場合、収益率は一〇〇％となる。

四〇〇万ドル（収入）÷二〇〇万ドル（費用）＝二・〇〇

二・〇〇－一・〇〇＝一・〇〇＝一〇〇％（ＲＯＩ）

実務では、次のような比率を追いかけていくと、役立つだろう。

●**総資産利益率**──設備投資一ドルにつき、どのくらい利益を獲得したか。
●**資本収益率**──借入金や投資を募った調達資金一ドルにつき、どのくらい利益を獲得したか。
●**（対利益）販売促進費率**──広告費一ドルにつき、どのくらい利益を獲得したか。
●**従業員一人当たり利益率**──従業員一人につき、その事業がどのくらい利益を生み出したか。
●**購買比率**──接客した顧客のうち、何人が実際に購入したか。
●**（対利益）不満足度**──全売上高に対して、どのくらい返品や苦情があったか。

時間をかけて比率の追跡調査をすることにより、システムがどのように変化しているか、方向性を示すことできる。購入率やＲＯＩが上昇し続けていれば非常によい状態だ。時間とともに下がっていれば、その理由を見つけるための調査をしたほうがよい。

想像的になって、自分の事業をよく調べた後に、システムの最も重要な部分をよく表す比率を組立てていこう。

平均値、中央値、モード、ミッドレンジ

Mean, Median, Mode, and Midrange

傷つくのは、自分が知らないことではない。そうではないと、自分が知っていることだ。
——ウィル・ロジャーズ（カウボーイ、コメディアン）

ウォールストリート・ジャーナル紙の読者の平均世帯正味資産は、一七〇万ドルだ。同紙の読者はかなり裕福なようだが、それは正しいのだろうか。

マイクロソフトを創設したビル・ゲイツや投資家のウォーレン・バフェットも同紙の読者で、その富は何十億ドル単位にもなる。彼らは明らかに、実業界のプロフェッショナルの上位〇・〇一％以上に属している。ゲイツやバフェットのような資産家が含まれているだけで、彼らがいない場合と比べて、平均値が大きく歪んでしまう。典型的なウォールストリート・ジャーナル紙の読者の資産規模を知るために、平均値を当てにするのであれば、それは間違っている。

平均値を出すには、すべてのデータの数値を合計し、それをデータ総数で割ればよい。平均は計算しやすいが、ゲイツやバフェット症候群、つまり、その集合の代表させる平均値を過度に高く、あるいは過度に低く歪めてしまう異常値の影響を受けやすい（ただし、異常値を除けば平均はより正確になる）。

中央値は、高い値から低い値へと順番に分類して、その中央にあるデータのことだ。実際には、パーセンタイルと呼ばれる特殊な分析法で、五〇パーセンタイルに相当する。定義上、そのデータ集合の値の半分は中央値を下回ることになる。平均値を計算し、それを中央値と比較してみるとその平均値が少数の大

きな値によって影響を受けているかどうかがわかる。

モードはそのデータ集合の中で、最も頻繁に起こる値だ。モードは、データのクラスターを見つけるのに役立つ。クラスターとは、複数のモードを持つ集合であり、そのデータを生み出すシステムの中に、潜在的に興味深い相互依存関係があることを知らせる。

ミッドレンジは、ある集合の最高値と最低値の間の半分のところの値だ。ミッドレンジを計算するときは、最高値と最低値を加えて二で割る。素早く見積るときにはミッドレンジが最も役立つ。二つのデータだけでよいので素早く把握できるものの、ビル・ゲイツの銀行預金残高のように甚だしく高かったり低かったりする異常値によって歪められやすい。

その仕事に適したものを使うように十分に注意すれば、平均値、中央値、モード、ミッドレンジは一般的な結果を示す上で有用な分析ツールとなる。

相関関係と因果関係 Correlation and Causation

相関関係は因果関係ではないが、確かにヒントになる。
——エドワード・タフティ（統計学者）

ビリヤード台があって、その上にあるすべての玉の正確な位置と、突き玉に加わる力の詳細（衝突ベクトル、慣性前進力、推進力や台の摩擦力や空気抵抗の起こる場所）を知っているとしよう。その場合、突き玉の動き方や、それが途中で他の玉に当たってどのような影響を及ぼすかを正確に計算することができる。プロのビリヤード・プレイヤーはこうした関係を頭の中でシミュレーションするのが得意なので、速く台上から玉を片付けられる。

これは因果関係というもので、原因と結果の完全な連鎖である。因果関係の完全な連鎖は計算可能なので、突き玉を打ったことが、角のポケットに玉が落ちる原因になったと言うことができる。まったく同じ状況で、まったく同じ方法で、突き玉を再び打てば、いつでも同じ結果になる。

ここでもう一つ、仮のデータを使って思考実験をしてみよう。心臓発作にかかる人々は平均して、一年に五七個のベーコン・ダブル・チーズバーガーを食べている。ベーコン・ダブル・チーズバーガーを食べれば、心臓発作が起こるのだろうか。

必ずしも起こるとは限らない。一般的に、心臓発作にかかる人々は一年に三六五回、シャワーを浴び、一年に五六〇万回、まばたきをする。シャワーを浴びて、まばたきをしても、心臓発作を引き起こすだろうか。

相関関係は因果関係ではない。たとえ一つの測定値が、もう一つの測定値と非常に関係があることに気づいたとしても、一方が他方を引き起こしたことの証明にはならない。

たとえば、あなたはピザ・パーラーのオーナーで、三〇秒のテレビCMを作成して地方局で流したとしよう。CMを放映した直後に売上高が三〇%増えたことに気づく。CMがこの増加を引き起こしたのだろうか。

必ずしもそうとは言えない。売上増は、多くの要因によって起こりうる。その日、町で大きな会議が開かれたのでいつもより多くの訪問客がいて、すぐに食べられる場所が必要だったのかもしれない。学校が終わり、家族がお祝いのために外食したのかもしれない。一枚分の価格で二枚買える特別キャンペーンが同時に行われていて、それで実際に来店客が増えたのかもしれない。非常に多くのことが同時に起こっていたとすれば、確かめるのは難しい。実際のところ、そのCMは売上高の低下を招いているかもしれない。そのCMはつまらない、不快だと人々は感じたが、別の要因が売上高の大幅向上をもたらし、低下した部分を押し隠した可能性もある。

因果関係は常に相関関係よりも証明しにくい。多くの変数と相互依存の関係にある複雑なシステムを分析するときには、真の因果関係を見つけるのは極めて困難な場合が多い。長年にわたって、そのシステムに起こった変化が多くなるほど、結果分析をするときにはある効果が一つ以上の変化によってもたらされている可能性が高くなる。

既知の変数を調整することは、そのシステムに変化をもたらす可能性のある因果関係を分離するのに役立つ。たとえば、家族が学校の終わりを祝って出かけたことや、年次総会が開催されていることを知っていれば、過去のデータを用いてそうした季節要因を調整することができる。

システム内の変化を他の要因から分離できるようになるほど、意図的に実施した変化が、把握された結果を実際に引き起こしたかどうかについて、より確信が持てるようになる。

基準 Norms

過去のことを覚えていられない人は、それを繰り返す定めにある。
——ジョージ・サンタヤーナ（哲学者、詩人）

現時点で何らかの効果を比較したいなら、過去から学ぶことがしばしば役立つ。

基準とは、過去のデータをツールとして使い、現在の測定結果に意味をもたらす測定結果のことだ。仮に過去のデータを見て、販売データの傾向が日付と直接、関連性があること（季節変動と呼ばれる現象）に気づいたとすれば、基準が有益である理由を示すよい例と言えるだろう。クリスマスの装飾品を売っていたとして、第４四半期（一〇～一二月）の売上高と、第３四半期の売上高（七～九月）とを比較しても、おそらく役に立たない。八月にクリスマスの装飾品を買う人はいないからだ。成績がよかったかどうか見るためには、今年の第４四半期の売上高を前年同期の売上高と比較したほうがはるかによい。

測定方法を変えると、従来の測定結果をもとにした基準はもはや有効ではなくなる。P&Gでは、個々の広告効果を評価する方法があった。数年分のデータをもとに、新しい広告を、成功した古い広告と比較することができた。新しい広告をテストしてその基準を超えなければ、その広告は使用されなかった。

同社が急に異なるテスト方法を使うことに決めたとすれば、その基準はもはや有効でなくなる。リンゴとオレンジを比較するようなものなので、測定方法を変えたらすぐに元の基準は無効にしたほうがよい。それでも基準を使いたいなら、もう一度、過去情報のデータベースを構築しなければならない。

過去の実績は、将来の成果を保証するものではない。私たちが、時間とともに物事が変化していく複雑なシステムを扱っていることを思い出してほしい。過去に何かが有用だったからといって、それが永久に同じ成果を出し続けるとは限らない。最高の結果を得るためには、自分の基準を定期的に見直して、有効かどうかを確認しよう。

代理変数 Proxy

尻尾を「足」と呼ぶとしたら、犬には何本の足があるだろうか。四本だ。たとえ足と呼ぼうとも、尻尾が足になるわけではない。
——エイブラハム・リンカーン（アメリカ第一六代大統領）

何かを直接的に測定できない場合、皆さんはどうするだろうか。

代理変数は、他のものを測定することによって、ある量を測定することだ。たとえば、民主主義の政治制度では、得票が「民意」を測る代理変数として使われる。国内の全市民の脳スキャンを行い、詳細な選好を明らかにするのは不可能なので、得票数が次善の選択肢として用いられる。

代理変数は、科学的な測定では常に使われている。科学者たちはどうやって太陽の温度や特定の岩石の年齢を知るのかと、疑問に思ったことはないだろうか。彼らは、電磁波の波長や既知の放射性同位元素の減衰のような代理変数を測定し、実証された関係や公式に当てはめて答えを導き出している。

有用な代理変数は、主要テーマと密接に関係している。密接であればあるほどよい。ウェブサイトの分析を例にとると、ウェブのページのどの部分にどれだけ長く人々が注意を向けたか、正確に知りたいかもしれない。ここでも、サイト訪問者一人ひとりの脳スキャンを行うことはできない。しかし、マウスのカーソルの位置を追跡することが、注意の代理変数となりうる。カーネギー・メロン大学で研究者たちが行った研究によると次の結果が出ている。

マウスのカーソルがある箇所を指した回数の八四％において、（ユーザーの）凝視が起こっている。さらに、凝視されなかった箇所の八八％には、マウス・カーソルも動いていかなかった。★1

マウスの動きと目の固定（すなわち、注意）の相関性は高いので、マウスの動きは訪問客の注意に関するよい代理変数となる。相関性が高いほど、よりよい代理変数と言える。

最高の結果を得るために、代理変数が意図したテーマに実際に関係していることを確認しなくてはならない。特定の対象を測定しているように見える代理変数が、実際には別の対象を測定しているときには注意が必要で、これは誤解の元になりかねない。先述したコードの行数をＫＰＩとしてプログラマーの生産性を測定する場合、コードの行数は確かにプログラミングの効果の代理変数だが、コードが多すぎることは生産性と逆行するシグナルになることが多く、設定した目標には役立たない測定となってしまう。

代理変数を注意深く用いれば、測定できないものの測定に役立つ。ただし、その代理変数は必ず、そのテーマと直接的に関係し、相関性が高くなければならない。

セグメンテーション Segmentation

分析天国の原則――セグメンテーションを行わずに、ある測定基準（たとえ神様が愛好するＫＰＩであっても）を報告してはならない。（中略）たとえトレンドに乗っていようと、予測に反していようとも、単独で洞察力に富むＫＰＩはない。セグメンテーションを適用する以上の効果は出せない。
――アビナッシュ・コーシック（『Ｗｅｂアナリスト養成講座』〔翔泳社、二〇〇九年〕著者）

見つかるときには、一連の総合データの中から、隠れた金塊が非常によく見つかるものだ。

セグメンテーションは、データ集合を明確に定義されたサブグループに分けることで、さらなる意味合いを加えるテクニックを指す。あらかじめ定義されたグループにデータを分類することで、今まで知らなかった関係を見つけることができる。たとえば、今月注文が八七％増えたことがわかるのもよいことだが、その新しい注文の九〇％がシアトルの女性からだとわかれば、もっとよい。彼女たちが注文した理由を突き止めれば、その情報を活用してさらなる成功へとつなげられる。

セグメンテーションの一般的な方法は三つある。過去の行動、デモグラフィックス（人口統計学的属性）、サイコグラフィックス（心理学的属性）だ。

●**過去の行動**……過去の既知の行動によって顧客のセグメンテーションを行う。たとえば、過去の販売データを使って顧客をセグメントに分け、新規顧客からの売上高と、購入経験のある顧客からの売上高を比較することができる。生涯価値の算出は、過去の行動によるセグメンテーションの一つだ。

●**デモグラフィックス**……外面的な属性によって顧客のセグメンテーションを行う。年齢、性別、収入、国籍、場所などの個人情報は、どの顧客が有望そうかを判断するのに役立つ。最良の顧客は二三～三二歳の男性で、主な大都市圏に住み、可処分所得が月二〇〇〇ドル以上だとわかれば、マーケティング活動をそうした属性を持つ潜在顧客に届くように集中させることができる。

●**サイコグラフィックス**……内面の心理的な属性によって顧客のセグメンテーションを行う。サイコグラフィックスは、人々が自分自身や世の中を把握するやり方に影響を及ぼす態度や世界観である。それは一般的に、調査、評価、フォーカスグループなどで明らかにされる。

サイコグラフィックスは、価値提供、マーケティング、販売戦略の立案や調整に非常に有効になりうる。たとえば、家庭用セキュリティ・システムを販売している場合、潜在顧客となるのは「世界は危険な場所だ」と信じており、在宅中でさえどこか危険だと感じている人々である可能性が高い。生存主義者《サバイバリスト》や自己防衛の雑誌やウェブサイトなど、同様の考え方を持った顧客の市場で、自社製品の宣伝をテスト的に行ってみるのは、悪くない考えかもしれない。

セグメンテーションをしてみよう。そうすれば、調査に値する、多くの有用な隠れた関係が見つかるだろう。

ヒューマン化 Humanization

人は宇宙の中心だ。モノではない。
——ストウ・ボイド（社会人類学者）

データ解析は定量志向の人には居心地のよいものだが、本当にデータを適切に扱おうとするのであれば、数字をこねくり回すのを超えて、そのデータが示している内容を理解しなくてはならない。

システムからデータを分析するとき、それがしばしば本物の人間の行為に関連していることを忘れがちになる。たとえば、顧客の苦情に電話で答えるカスタマー・サービス部門を想像してほしい。数字上では、待ち時間が一〇分から八分に減っていれば素晴らしいことのように見える。なにしろ、二〇％も改善しているのだから。

だが、シャンパンを開けて浮かれている場合ではない。そのデータ中心の視点で見過ごされているのは、八分間電話で待たされることに不満を持っている顧客がまだいる、という事実だ。保留状態が長びくにつれ、その顧客は怒りを募らせ、その会社に対する彼らの見方に影響を与える。その顧客が毎回、友人や関係者に「ひどい扱いをする会社だ」と告げて、会社の評判を損なうことに比べれば、二〇％の改善などだいしたことではない。

ヒューマン化は、データを用いて、実在の人間の経験や言動についてストーリーを語るプロセスのことだ。定量化できる測定値は集計に役立つが、その測定値を実際の言動に再構成して、起こっていることを本当に理解する必要がある場合が多い。

多くの企業は一連の「ペルソナ」を開発して、ヒューマン化を行っている。ペルソナとは、データから架空の人物のプロファイルを作り出す手法のことだ。

私がＰ＆Ｇで家庭用掃除用品を開発したとき、市場調査データから、二つの広範なセグメントがあることがわかった。定期的に念入りに掃除することを重視する人々（「自分の手と膝を使って漂白剤を使って一生懸命に掃除しないと、満足できないわ」）と、手早く便利な掃除を望んでいる人々（「忙しすぎて掃除なんてできないわ。見た目がきれいならいいじゃない」）だ。

私たちはこの情報を用いて、世帯収入、家族構成、趣味など他のデータと、これらの属性とを合わせて、架空の人物のプロファイルを作成した。ひとたびプロファイルができ上がると、そのデータを使って意思決定が楽にできるようになった。統計学に頼ってあるアイデアを評価する代わりに、架空ペルソナの「ウェンディ」がそれを欲しがるかと自問することで、直観を働かせられるようになったのだ。

単にデータを提示するだけではいけない。ストーリーを語ってみれば、起こっている事柄が理解しやすくなり、自分が取り組んだ分析結果をもっと有効に活用できることがわかるだろう。

IMPROVING SYSTEMS

第12章 システムを改善する

理論的には、理論と実践の間に差はないが、現実には差がある。
——ジャン・L・A・ヴァン・デ・シュネップショイト（コンピュータ科学者）

システムを作って改善することは、ビジネス成功の鍵だ。

システムの理解や分析を行う目的は改善にあるが、注意しなくてはならない場合が多い。システムの変更はしばしば、予想外の結果をもたらしかねない。

本章では、最適化の秘訣、重要なプロセスから不要な摩擦を取り除く方法、不確実性と変化に対処できるシステムの構築方法について学んでいく。

最適化 Optimization

性急な最適化は、諸悪の根源である。
——ドナルド・クヌース（数学者、情報工学者）

最適化とは、システムのアウトプットを最大化するプロセス、あるいは、システムを動かすために必要な特定のインプットを最小化するプロセスのことだ。最適化は通常、システムを中心に展開され、そのシステムの重要な要素を全体的に測定する指標、ＫＰＩの背後で実施されていく。ＫＰＩが改善されると、そのシステムの性能は向上する。

最大化の対象は一般的に、システムのスループットだ。もっと多くのお金を稼ぎたい、販売する製品をもっと多く作りたい、もっと多くの顧客にサービスをしたい場合、スループットを最適化していく。システムを変更してスループットが増えれば、そのシステムが特定の測定可能な形でよりよく機能しているということだ。

最小化の対象は通常、システムを動かすために必要な製造過程のインプットだ。利益率を改善しようとする場合、重要なインプットの一つが経費だ。経費を最小化していけば、利益率が高くなる。

定義上、複数のものの最大化や最小化を試みる場合は、最適化していることにはならない。それはトレードオフを生み出しているだけだ。多くの人々は最適化という言葉を「すべてのことをよりよくする」

という意味で使っているが、その定義では実際に何かをする助けにはならない。

実用面では、多くの変数を一度に最適化しようとしてもうまくいかない。しばらくの間、一つの変数に専念する必要があり、それによって、変わった部分がシステム全体にどう影響するかを理解できるようになる。その変化の因果関係（相関関係ではない）を探そうとしているときに、隠れた相互依存の関係があると、どの変化がどの結果を生み出しているかの理解が難しくなる。

忘れてはいけないのが、一度に複数の変数にまたがって、システム改善を確実に最適化できない点だ。最も重要な変数を選び、それに注力しよう。

リファクタリング　Refactoring

エレガントさは必ずしも自然なものではなく、莫大な費用をかけないと達成できない。ただ何かをするだけなら、エレガントではないかもしれないが、それを行った後によりエレガントになる要素を把握し、もう一度行い、それを何度も繰り返していけば、非常にエレガントなものになる。

——エリック・ナグム（コンピュータ・プログラマー）

システムに対して行った変更のすべてが、アウトプットに影響を及ぼすとは限らない。時には、最終結果をまったく変えずに、プロセスを再設計するほうが効果的なこともある。

リファクタリングは、アウトプットを変えずに、システムを変更し、効率性を高めるプロセスである。

リファクタリングは、コンピュータ・プログラミングの用語だ。プログラマーは何時間もかけてプログラムを書き直す。すべてがうまく機能すれば、プログラムの完了後に、それ以前と全く同じ結果になる。その狙いは何だろうか。

リファクタリングの主な長所は、アウトプットを改善しないことにある。それよりも、システムそのものをより速くより効率的にする。結果を導き出すためのプロセスを再構成することで、プログラムをより速く動かしたり、必要な資源を減らしたりできるようにする。

リファクタリングは、プロセスやシステムの分解から始まり、その後、パターンを探していく。望ましい目的を達成するために、完全に正しく実施しなくてはならない重要なプロセスはどれか。それらのプロセスは必ずその順序で完了しなければならないか。現在の制約条件は何か。特に重要そうに見えるものは何か。そのシステムの仕組みについて、できる限り多くの情報を収集した後、しばらく時間を置く。

ほとんどの場合、そのシステムにとって意味のない箇所が見つかる。その時点ではよい考えだと思っている方法を用いたものの、今はその作業にとって最良の方法ではない、というような箇所だ。

ひとたびパターンが把握できたら、類似したプロセスやインプットをまとめて、システムを再構成することができる。組立ラインを再構成する場合、常に作業を中断して、工場内の遠い場所まで必要な部品を取りに行かなくてはならないとすれば、おそらく再配置してその部品を身近に置くのがよい考えだろう。同じものの生産を続けつつも、生産性の重大なロスにつながっていた小さな非効率的な部分がシステムから取り除かれる。

システムの速さと効率性を高めるのが目標であれば、リファクタリングは極めて重要だ。

重要な少数派 The Critical Few

一般的に、原因とインプットと努力は二つに分類できる。
ほとんど影響力を持たない多数派と、重大で主要な影響を及ぼす少数派である。
――リチャード・コッチ（『新版 人生を変える80対20の法則』〔阪急コミュニケーションズ、二〇一一年〕著者）

一九世紀の経済学者で社会学者でもある、ヴィルフレド・パレートは、土地所有と社会における富の分配というテーマに非常に関心を持っていた。多くのデータを集めて分析した後に、パレートは奇妙なパターンを見つけ出した。イタリアの土地の八〇％以上を人口の二〇％未満が所有していたのだ。イタリア経済は均一に分配されておらず、多くの人々が思っていたようなベル型の正規分布曲線にならなかった。富は比較的少数の人々に極度に集中していた。

他の生活分野も研究してみたところ、一貫して同じパターンが認められた。たとえばパレートの庭では、二〇％のエンドウのさやから全体の八〇％の豆が実っていた。これは一体、どういうことだろうか。どの複雑なシステムにおいても、少数派のインプットから、大多数のアウトプットが生じている。持続する非線形的なこのパターンは現在、「パレートの法則」や「八〇対二〇の法則」と呼ばれている。私が個人的に好んで使うのは、**重要な少数派**という呼び方だ。

この一般的なパターンをいったん理解すると、同じパターンが日常の様々な分野で見つかる。

●多くの企業では、顧客の二〇％未満が売上高の八〇％以上を占めている。
●概して、従業員の二〇％未満が非常に重要な仕事の八〇％以上を行っている。
●クローゼットの中の衣類のうち、よく着るのは二〇％未満である。
●連絡をとった人々のうち、二〇％未満がコミュニケーション時間の八〇％以上を費やしている。

重要な少数派は、非線形的に極端な現れ方をすることが多い。たとえば、世界人口の三％未満が世界全体の富の九七％以上を所有している。時間とともに、（国家および企業の）政治力も少数の人々に集中する傾向があり、その結果、ごく少数の人々が数億人の生命に直接的な影響を及ぼす意思決定を行っている。これまでに制作された映画のうち大ヒットしたのはたかだか一％未満で、これまでに書かれた本でベストセラーになったのは〇・一％未満である。

最高の結果を得るためには、望ましい結果の大部分を生み出す重要なインプットに集中しなくてはならない。ティモシー・フェリスは著書『なぜ、週四時間働くだけでお金持ちになれるのか?』（青志社、二〇〇七年）の中で、重要な少数派を用いて、最高の成果を出す顧客を特定している。自分の顧客一二〇社のうち五社が、売上高の九五％を占めていた。成績上位の卸売業者に重点を置き、残りを「自動操縦」で対応することによって、フェリスは毎月の売上高を二倍にし、週八〇時間から一五時間に就労時間を短縮させた。

同じやり方は、望ましくない結果を取り除くときにも役立つことが多い。フェリスはビジネス分析を行っている間、欲求不満や「消火活動」の大部分が二人の特定顧客に起因することがわかった。こうしたエネルギーを吸いとる顧客については、たとえ量的に重要な収益源だったとしても、お引き取り願うことで自分の時間やエネルギーを解放させた。その結果フェリスは、いつも悩まされていた頭痛の種がなくなり、最終利益を押し上げてくれる別の三社の大規模顧客とともに流通を確保することができた。

重要ではないインプットは重要な機会費用と言える。たとえば、非生産的な会議に大部分の時間を費やしているなら、実際に重要なことをするために使えたはずの時間を無駄にした、ということだ。同じことは重要ではない費用にも当てはまる。そうした費用は、はるかに大きな効果を出すために使えたはずのお金を表している。

望ましいアウトプットを生み出すインプットを見つけて、それらに、時間とエネルギーの大部分を集中させよう。そして、残りはきっぱりと取り除こう。

収穫逓減 Diminishing Returns

成果の一〇%だけで、費用の三分の一と問題の三分の二を生み出している。

——ノーマン・R・オーグスチン（航空宇宙顧問）

銀行口座に一〇ドルの預金があり、新しく洗濯したパンツのポケットから五ドルが出てきたらお祝いをする理由となる。預金が一〇〇〇万ドルであれば、同じ状況は余興にすぎない。

同じように、クッキーを一枚食べるのは素晴らしい。クッキーが二枚ならもっと嬉しいが、一〇〇枚になると害悪になる。量が増えることは必ずしもよいことではないのだ（同じ関係はビールを飲んだりビタミンを摂ったりする場合にもあてはまる）。

よいものはすべて**収穫逓減**の影響下にある。ある時点をすぎると、増えることが実際に弊害になりかねない。私がP&Gでマーケティングを担当していたとき、広告の結果分析に多くの時間と労力をかけていた。テレビCMを流して最初の数週間は、予想通りに成果を出していることを確認するのは簡単だった。そのCMが好調であればもっと予算が割り当てられるが、それはかなり長続きする場合のみだった。

そのCMの好感度がどれほど高くても、ある時点で「摩耗」が生じ、企業はその広告放映に費やしたお金で、それと同額の売上高を生み出せなくなる。それが「収穫逓減の時点」だ。私たちが同じCMの放映にもっとお金をかければ、その企業は資金を失い始める。その分の資金は、異なるやり方での販売促進に使ったほうがはるかによい。

思わぬ幸運を得るためには、何もしないよりも、時間とエネルギーを少しかけたほうが常によい。ラミット・セシは『I Will Teach You to Be Rich（お金持ちになる方法を教えよう）』の中で、「八五%の解決策」と名付けた方法を使うことを勧めている。非常に多くの人々が完璧な意思決定をしようと懸命になるあまり、自ら目一杯の状態に陥り、何もせずに終わっている。求めている結果の大部分を生み出す二、三の簡単な事柄を行うことに集中して、それだけで切り上げたほうがよい。

何もかもを完璧に行うためには、完全な最適化が必須だと思ってはいけない。最適化とリファクタリングも重要な少数派の影響を受ける。少数の小さな変化が、多大な結果をもたらす可能性がある。「低い場所に実っている果実（簡単に達成できる目標）」を選んだ後でさらに最適化しようとすると、見返りとして収穫よりも労力が増えたりする。それが止め時というものだ。完璧主義は不注意な人が陥る落とし穴なのである。

収穫逓減を経験して始める時点まで、最適化やリファクタリングを行い、その後は、ほかのことに集中しよう。

摩擦 Friction

世界は広い。私はもう摩擦で自分の人生を無駄にすまい。そうすれば運が開けてくるかもしれない。
——フランセス・ウィラード（教育者、女性参政権運動家）

目の前の地面にホッケーのパックがあったとしよう。あなたは十分な装備でホッケー・スティックを持ち、一マイル離れたところにあるゴールまでパックを運ぶことを目指している。

最初に、風になびくほど丈の高い草むらにパックがあったとしよう。ホッケー・スティックで打つたびに、パックは二、三フィート程しか進まない。丈の高い草が、パックに伝わったエネルギーを奪ってしまうからだ。この調子で行くと、ゴールに着くまでに何千回も打つことになり、すぐにエネルギーを消耗してしまう。ゴールに達するまで何時間もイライラしながら過ごすことになるだろう。

さて、目の前の草がごく短くなるまでフィールド内の草を刈ることにしよう。パックを打つたびに二〇フィート以上飛ぶようになり、大きな改善が見られる。パックが草にあまり接触しなくなったので、打つたびに長い距離を進むようになったのだ。それでも、ゴールにパックを運ぶまで頑張らなくてはならないが、より速くより少ない労力で達成できるだろう。

最後に、フィールドに水を張って凍らせ、周囲の光景が滑らかな氷の平面になったとしよう。今や、パックを打つたびに数百フィート進む。氷がパックからエネルギーが奪われないからだ。パックは難なく表面を滑っていく。これなら、ゴールまでには二、三回パックを打てばよいだけで、疲れることもない。

摩擦は、時間とともに、システムからエネルギーを奪ってしまう何らかの力やプロセスのことだ。摩擦が存在すると、時間が経っても同じ割合でシステムを動かし続けようとすると、システムにエネルギーを加え続けなくてはならない。さらにエネルギーを加えない限り、システムが止まるまで、摩擦によってシステムの速度は低下していく。摩擦を取り除けば、システムの効率性は高まる。

どのビジネス・プロセスにも多少の摩擦が含まれている。重要なのは、摩擦が今、存在する箇所を特定し、システム中の摩擦の量を減らすために小さな改善を試してみることだ。摩擦を少量でも取り除き続ければ、やがて品質と効率性の両面で大きな改善へと積み上がっていく。

時には、意図的に摩擦を持ちこみ、人々に特定の言動や意思決定を促すことができる。たとえば、返品プロセスに少し摩擦を加えて、顧客にレシートの提示や返品理由の説明を求めれば、返品者数を減らすことができる。ただし、評判にはマイナスの影響を与える（払戻しで苦労を強いられると、顧客は立腹する）ので、摩擦を加え過ぎてはいけない。しかし、適切な場所で少し摩擦を加える程度であれば、根拠のない返品を防ぐのに役立つ。

必要に応じて、ビジネス・システムから摩擦を減らすように取り組んでみよう。そうすれば、より少ない労力でよりよい結果を生み出せる。

自動化 Automation

ビジネスで用いられるどの技術であれ、第一法則は効果的な活動に自動化を適用すれば、効率性が拡大することだ。第二法則は、能率が悪い活動に自動化を適用すれば、非効率性が拡大することだ。
——ビル・ゲイツ（マイクロソフト創業者）

摩擦を十分に取り除けば、人間がプロセスに関与する必要が完全になくなるかもしれない。

自動化（オートメーション）は、人間が関与せずに働くシステムやプロセスのことだ。工場の生産ライン、公共サービスのネットワーク、コンピュータ・プログラムは、仕事を完了するのに必要な人の関与の量を最小化するために、自動化を活用している。そのシステムを動かすために必要な人的努力が少なくなるほど、より効率的な形の自動化になる。

自動化の対象として、明確に定義された反復的な仕事が最も適している。たとえば、私の推奨するビジネス書を誰かが読みたいと思うたびに、手紙や電子メールで毎回、手書きで返事を出さなければならないとしたら、正気の沙汰ではない。幸いにも、ウェブサイトにただリストをアップしておけば誰かがリストを請求するたびに自動的に届けてくれるので、私は何の苦労もしないで済む。私の読書リストは世界中の何十万人もの読者が見ているが、それを可能にしたのは自動化だ。

システムを自動化する方法を見つけよう。そうすれば、複製と掛け算の効果で、規模化への扉が開かれ、より大勢のお金を払ってくれる顧客に価値を創造し、提供する能力が増していくだろう。

自動化のパラドックス The Paradox of Automation

一台の機械で、普通の人間の五〇人分の仕事がこなせる。だが、一人の非凡な人間の仕事ができる機械はない。

——エルバート・ハバード（教育者、『ガルシアへの手紙』〔総合法令出版、二〇〇一年〕著者）

自動化は偉大だが、非常に重要な欠点があることを理解しておいても損はない。

完全に自動化された製造ラインがあり、一単位あたり二〇〇ドルで販売されるコンピュータのプロセッサーを造っているとしよう。人間のオペレーターの仕事はただボタンを押すだけ。それで、その製造システムは毎分二四〇〇個の完成品を量産し始める。なんとも楽勝ではないか。

非常に重要な警告を念頭に置いているなら、それはその通りだ。だが、シリコンウェハーに穴を開けるためのドリルがきちんと並んでいない状態で、プロセッサーの中心に微細な穴を開け始めた場合を想像してほしい。そのシステムが動き続けている限り、毎秒四〇枚のチップが台無しになる。

プロセッサーの原材料費が一個当たり二〇ドルとすると、その工場はエラーが見つかるまで、毎秒八〇〇ドルの損失を出し始める。そのシステムが動き続ける限り、その会社は毎分四万八〇〇〇ドルを失っていく。プロセッサーを一個二〇〇ドルで売るつもりなら、毎分五二万八〇〇〇ドルの損失を出すことになる。直接の経費が四万八〇〇〇ドル、機会費用が四八万ドルかかるからだ。

現実離れした話に聞こえるだろうか。二〇〇九年後半に、トヨタはいくつかの人気車種でアクセル・ペダルに重大な問題があることを確認した。それは長年、最も売れている車種だった。そのエラーは、トヨタが製造した全車種にわたって増幅され、五〇億ドル以上のリコール費用が発生した。

リコール前に、トヨタは世界最高の自動車メーカーだと考えられていた。トヨタは依然として多くの面でそうだが、評判と財政状況において大打撃を食らった。高くつく間違いが増幅されれば、最高のものでさえ地に堕ちてしまう恐れがある。

ここに、**自動化のパラドックス**がある。自動化されたシステムが効率的であるほど、そのシステムを運用する人間の貢献がより重要になってくる。エラーが起こったときに、オペレーターが素早く状況を確認して修正するかシステムを停止させる必要がある。そうしないと、自動化されたシステムはエラーを増幅し続ける。

ロンドン大学の心理学者、リザン・ベインブリッジ博士は、効率的で信頼性の高いシステムの悪影響を徹底的に研究した最初の研究者の一人だ。[★1] 自動化されたシステムの「パラドックス」を彼女が最初に見つけて発表した。効率的な自動化システムによって、人間の努力の必要性は減るが、人間の関与はより重要になる。

効率的な自動化は、人間の重要性を減らすのではなく、より増やすものなのだ。

標準作業手順書（SOP） Standard Operating Procedure

成功の尺度は、対応が難しい問題を抱えているかどうかではなく、前年と同じ問題を抱えているかどうかだ。
——ジョン・F・ダレス（元アメリカ国務長官）

顧客が不満を言ったり、払戻しを求めてきたりしたら、どうするだろうか。レーザープリンタ用トナーが切れたら、何が起こるだろうか。マネジャーが町を離れているときに緊急事態が起こったら、誰が指揮をとるのだろうか。

標準作業手順書（SOP）は、ある仕事を完了させる、あるいは、一般的な問題を解決するために用いられる、あらかじめ定義されたプロセスだ。ビジネス・システムには、しばしば反復的な仕事が含まれている。適切な部分について標準的なプロセスを設定しておけば、わかりきったことをやり直す時間が減り、生産的な仕事にかける時間を増やせるようになる。

明確に定義されたSOPは、摩擦を減らし、意志力の喪失を最小に留めるのに役立つ。それまでに既に何度も解決したことのある問題に対処するのに、貴重な時間やエネルギーを浪費する代わりに、SOPがあれば、確実にトラブルシューティングの時間が減り、価値を付加する作業に多くの時間を割くことができる。

SOPは、新規採用者やパートナーに素早く必要な情報を説明する上でも効果的な方法となる。SOPの主要情報ソースを作っておけば、非公式なトレーニングを行うよりも、はるかに効果的な働き方を新規採用者やパートナーに学んでもらえる。ＳＯＰは、中心となる電子データベースに保管しておくと最もよいだろう。そうすれば確実に、誰でも利用可能な最新の手続きをすぐに参照することができる。

ＳＯＰを官僚主義に陥らせてはいけない。ＳＯＰの目的は、仕事の完了や効果的な問題解決に求められる時間や労力の最小化にあることを忘れてはいけない。そのＳＯＰが価値を提供せずに手間ばかりかかるとすれば、それは摩擦にほかならない。

最高の結果を得るためには、定期的にＳＯＰを見直すことだ。二、三カ月に一度見直すのが理想的だろう。ＳＯＰの中に時代遅れのもの、無駄なもの、不要なものを見つけたら、変更しなくてはならない。必要のない官僚主義は、自分のためにも顧客のためにもならない。

繰り返し起こる重要な業務についてＳＯＰを作成しよう。そうすれば、生産性が急上昇することがわかるだろう。

チェックリスト　Checklist

どれほどの専門性があったとしても、明確に定義されたチェックリストは結果の改善につながる。
——スティーヴン・レヴィット（経済学者、『ヤバい経済学〔増補改訂版〕』〔東洋経済新報社、二〇〇七年〕共著者）

重要な仕事が毎回正しく行われているかどうかを確認したいなら、**チェックリスト**を作成するとよい。

チェックリストは、特定の仕事を完了するために、外部化されて事前に定義された標準実施要領（ＳＯ

P）だ。チェックリストの作成は二つの理由で非常に重要となる。第一に、チェックリストがあると、まだ公式化されていないプロセス向けにシステムを定義しやすくなる。チェックリストを一度作成すれば、システムの改善や自動化の方法がわかりやすくなる。第二に、チェックリストを通常業務の一部として使うことで、忙しくなると見落とされやすい重要なステップを忘れずに対処できるようになる。

航空機のパイロット向けに、非常に詳細な離着陸用チェックリストがあるが、これには理由がある。あるステップを抜かすことは容易だが、そのせいで搭乗客全員に重大な結果が及ぶ恐れがある。何十年も飛行経験のあるパイロットでさえ、常にチェックリストを使って、すべてが正しく、適切な順序で行われているることを確認する。その結果、飛行機の墜落事故は極端に少ない。統計的には、自動車を運転するよりも商業用飛行機に乗ったほうが安全なのだ。

単純なプロセスでさえ、システム化とチェックリストを使用すると有益な場合がある。

二〇〇一年に、ピーター・プロノボスト博士が、チェックリストの効果に関する研究を行っており、その詳細はアトゥール・ガワンデの『アナタはなぜチェックリストを使わないのか？』（晋遊舎、二〇一一年）と、彼がニューヨーカー誌で発表した記事に書かれている。[★2] 点滴の際に潜伏期一〇日の感染症（生命に関わる病状）の発生率が国内最高となったデトロイトの病院でその調査は行われた。プロノボストの目的は、チェックリストの使用によって発生率が低下しているかどうかを確認することだった。

医師たちは、静脈ラインを挿入するときには常に次のチェックリストを使用するようにと、指示されていた。

ステップ1　石鹸で手を洗ってください。
ステップ2　クロルヘキシジン消毒剤で患者の皮膚をきれいにしてください。
ステップ3　患者の全身を消毒した布で覆ってください。
ステップ4　消毒した帽子、マスク、手袋、白衣を着用してください。
ステップ5　静脈ラインを挿入したら、カテーテル・サイト上に滅菌包帯を置いてください。

どのステップも特に難しいことではない。実際に、多くの医師はその調査に抵抗を示した。高度な訓練を受けた専門医という立場上、そんなに簡単な手順のためにチェックリストを使うように強いられるのは屈辱的に感じられたからだ。さらに屈辱的なことに、チェックリストを使っていない医師に注意する権限が看護師長に与えられた。普通ではありえない役割の逆転だが、そのせいで多くの医師が怒りを募らせた。

にもかかわらず、二年に及んだ同研究の結果は驚くものとなった。静脈ラインによる感染症の発生率は一一％から〇％に落ち、病院は関連する経費を二〇〇万ドル以上浮かせることができた。結局のところ、忙しくストレスの多い環境では、基本的で常識的な手順でさえも忘れがちになるのだ。

チェックリストは、効果的に仕事を任せる能力だけでなく、品質の高い仕事をする能力においても、大きな改善をもたらす可能性がある。時間をかけて進歩を明確に記述し追跡していくことで、重大なエラーや見落としの可能性が減っていき、同じ作業を何度も繰り返すときに関連してくる意志力の喪失を防ぐことができる。そのうえ、チェックリストが一度完成すれば、そのシステムの完全自動化、あるいは部分的な自動化の基礎としてそれを使うことができる。それにより、もっと重要な仕事に時間がかけられるようになる。

最高の結果を得るためには、自分のビジネスの五つの構成要素（第二章参照）について、明確なチェックリストを作成して、毎回確実にそれに従うようにしよう。

停止 Cessation

やる必要のないことを効率的に行うことほど、無益なことはない。

——ピーター・ドラッカー（経営学者）

システムを改善する最高の方法は、作業を完全に止めることである場合が多い。

停止は、逆効果なことを行うのを意図的に止める選択だ。欠如の不認知のせいで、私たちは何らかの見える行為によって、システムを改善しようとする傾向がある。何もしないと「間違っている気分」になってしまうのだ。それは悪い戦略を意味するわけではない。往々にしてそのほうがより効果的だったりする。

福岡正信は『自然農法わら一本の革命』（春秋社、一九八三年）の中で、主に自然に任せ、できるだけ介入してはならない自然農法の実験について書いている。ほとんどの農場では、化学薬品と機械を用いて農業を行っているが、福岡は意識的に何もせずに、高い収穫高と豊かさを増し続ける土壌という見返りを得た。停止の美徳についての彼の見解は次の通りだ。

不正行為をする人間は、何か間違ったことをして、損失を修復しないまま放置し、悪い結果が蓄積されると、誤りを正すために全力で働く。是正行為が成功しているように見えれば、こうした措置は素晴らしい成果とみなされる。

人々は何度もこういうことを繰り返している。まるで愚か者が自宅の屋根瓦を踏みつけて壊しているようなものだ。その後、雨が降り始めると、急いで屋根に登って損傷した部分を直し、最終的に、奇跡的な解決を果たしたと言って喜んでいる。

何でもかんでも手を出す代わりに、福岡は絶対的に必要なことのみを行った。その結果、彼の畑はその地域で最も生産的であり続けた。

停止するには勇気がいる。たとえそれが実際に正しい解決策だったとしても、何もしないでいることは嫌がられ、不愉快な場合が多い。たとえば、「価格バブル」が起こると、政府が特定市場に介入することが多いが、ある行動のコストを人為的に減らすことの二次効果によって、過剰な投機を引き起こしてしまう。二〇〇〇年のドット・コム企業と二〇〇八年の住宅市場で起こったように、現実に直面してバブルが弾けると、たとえ何らかの行為のせいで、そういう状況がもともと起こっていたとしても、何もしない政府は政治的に支持を失ってしまう。ほとんどの場合、政府は行動に出て、そのことが数年後に別の大きなバブルの原因となっている。

顧客との取引を止める、会社を辞める、製品を中止する、成功していない市場から退出することは、すべて難しい意思決定だが、長い目で見れば、これらの決定のおかげで地位が向上するかもしれない。

何かをすることが必ずしも最高の行動方針とは限らない。それよりも、何もしないことを検討してみよう。

回復力 Resilience

恒久性という拘束衣でシステムを覆えば、進化を危うくしかねない。
——C・S・ホリング（生態学者）

カメは動物界で最も魅力的な生物ではない。速く走ることも、飛ぶこともできない。大きな鋭い歯も爪もない。身体を膨らませて威嚇したり、致命的な猛毒で敵を殺したりすることもできない。トラやタカの実力と比べると、カメはどちらかというと不自由な生き物だ。

カメが持っているのは、さまざまな防御戦略だ。速く泳いだり、カモフラージュをしたり、あごを鳴らしたりすることができ、他のすべての策が失敗すれば、甲羅に引きこもって、脅威が去るのを待つ。

捕食者に追い詰められると、動物王国の生き物たちには大きな問題となるが、カメにとってそれは戦う機会だ——自然の装甲車なので勝てる。厳しい時期には、多様なものを食べ、冬眠もできる。それが、カメが非常に長生きである理由だ。

その一方で、トラは自分の強さ、力、スピードに頼って獲物を追いつめていく。幸運に恵まれれば、トラはジャングルの王として君臨する。獲物が不足してきたり、老化や怪我で優れた狩猟の能力が失われたりすると、死が速やかに容赦なくトラを連れ去っていく。セカンドチャンスは巡ってこない。

ビジネスの世界で必要なのは、多数のカメと少数のトラだ。

世界は基本的に不確実性に満ちた場所である。思いもしなかったことが起こり、いいこともあれば、悪いこともある。母なる自然、幸運の女神、空腹な略奪者がいつ、今日はついていない日だと決めるかは知る由もない。

回復力は、ビジネスでは非常に過小評価されている品質だ。人生が自分に投げかけるものに対処する強さや柔軟性を持つことは、自分の身を守るための重要な資産となる。これは、文字通りの意味でも、比喩的な意味でもそうだ。状況の変化に応じて戦略や戦術を調節する能力は、生存と災難の分かれ目になるかもしれない。

スループットのみでシステムを評価するなら、回復力は決して「最適なもの」ではない。柔軟性は常に高くつく。カメの甲羅は重たい。確かに、甲羅がなければもっと速く動くことができただろう。しかしそれを諦めたら、少し速く動くだけでは間に合わない瞬間にカメは弱いままとなる。短期的なお金をもう少し獲得しようと努力する際に、多くの企業は回復力を引き換えに短期的な結果を得ようとする。そして、大きな対価を払うことになる。

大きな投資銀行はその古典的な例と言える。予想外のことに備えて、手元に現金準備金を保持することは、「極めて保守的」で「非効率」となった。四半期ごとに一株当たり利益をもっと絞り出そうと、銀行全体の何倍ものレバレッジをかけることが「ベストプラクティス」となり、売上高の些細な減少にも非常に脆弱な事業になってしまった。二〜三カ月や何四半期かであれば、準備金や保険なしに、高い負債レベルで事業を運営することで収益は向上するかもしれない。しかし、売上高が少しでも落ちたり、誰かがその事業を訴えようと決意したりした瞬間に一巻の終わりとなる。

レバレッジは、ちょうどロケット燃料のような働きをする。使い方次第では、めまいを起こすほどの高さにまで事業を打ち上げることも、すべての事業を爆発させることもある。残念ながら、ビジネススクールで教わる多くの高度な財務操作術は、暗黙のうちに回復力を書類上の利益に替えてしまう。時代が厳しくなると、かつて成功していた企業が倒産し、対価を支払うことになる。

予想外のことに備えることで、回復力は増していく。個人的なレベルで、家庭用の救急箱、自動車部品、食料や水などの予備の資源に投資することは偏執狂の症状ではない。こうした補給品は、知的な人にとっての安い保険だ。同じことは、保険を購入して予想外の出来事に備えておくことにもあてはまる。保険は別に必要ではないかもしれないが、何かあったときには有難いものだ。

ビジネスに回復力をつけるものは、以下の通りだ。

- 低い未払負債（望ましくはゼロにする）
- 低い総経費、固定費、営業費用
- 予想外の偶発のための相当な現金準備
- 複数の独立した製品、産業、事業ライン
- 多くの任務をうまくこなせる柔軟な労働者や従業員
- 致命的な失敗箇所が全くないこと

●全コアプロセスにおける安全装備やバックアップ・システム

業績と同様に回復力をつける計画を策定することがよいマネジメントだ。欠如の不認知のせいでその恩恵がほとんど実感できないため、回復力はさほど魅力的ではない。しかし、厳しい時代には身を守る上で役立つはずだ。

トラよりもカメのように考えよう。そうすれば、何が起きても持ち堪えられるビジネスになるだろう。

安全装備 Fail-safe

「常に」と「決して」の二語は、決して使うまいと思ったことを常に忘れてしまう言葉だ。
——ヴェンデル・ジョンソン（心理学者、言語病理学の先駆者）

毎週水曜日の正午になると、私の実家では屋外に設置した発電機が作動を始める。万事順調であれば一〇分間動いた後、次のテストのときまで自動的に切れる。そして、停電時にすぐ再稼働できるよう静かに待機している。

父はかつて消防士と救急医療士として働いており、高度な技術に「対応できる」よう磨きをかけてきた。その発電機は、家の主要電源が落ちた瞬間に自動的にスイッチが入り、途切れることなく電力需要に対応できるように設計されている。発電機の燃料は、ガレージの裏にあるプロパンガスのタンクから供給される。タンクには、発電機を一週間動かし続けられる量の燃料が入っている。その地域に嵐が来て停電になっても対応できるよう、父は準備をしている。

そんな父の用意周到さに、私は刺激を受けた。コロラドの山岳部に住んでいる今、私たちはどこか遠くの場所や寒い場所で車が故障した場合に備えておかなくてはならない。助けを求めるために、AAA〔全米自動車連盟。日本のJAFのように、車のトラブル対応サービスを提供している〕や、携帯電話の接続圏内を当てにしてはいけない。

私は余分の衣類、寝袋、スノーシューズ、衛星位置情報発信機を車に積み込んでいることについてケルシーによくからかわれるが、気にしない。何かが起これば、準備しておいてよかったと思うことだろう。器材への投資は安価で長続きする保険だと考えている。

安全装備（フェイルセーフ）は、主要なシステムの故障を防止したり、回復できるように設計されたバックアップ・システムだ。よく設計された安全装備であれば、主要なシステムが何らかの形で故障しても、予想外の壊れ方をしないようにする。どこでも一貫した性能を発揮するバックアップ・システムの重要性は明らかだ。

注目のブロードウェイ公演に出演する役者には代役が置かれている。「最後までショーを続けなくてはならない」場合に、その役者が演じられなくなっても、常に代役がいるとわかっていたほうがよい。ほとんどの公演で、即座にどんな役でも代わりを務められる「スイング」役者まで二、三人用意している。

外部ハードディスクは、重要なコンピュータ・データをバックアップする。コンピュータのハードディスクが壊れてもバックアップ・ドライブを通してデータにアクセスできるので、すべてを失うことはない。

企業の中には、火災や天災に備えて現場から離れた所にバックアップ・ドライブを保存する予防措置までとっているところがある。

飛行機には、客室与圧の不具合を感じるシステムがあり、酸素マスクが自動的に下りてくるようになっている。何らかの理由で与圧された客室に不具合が生じれば乗客は意識を失ってしまうので、重要なことだ。

絶対に使いたくないシステムに時間と資源を投資する、という意味では安全装備は効率的ではない。見方によっては、バックアップ・システムと保険はお金の無駄遣いとみなされる可能性がある。決して必要としたくないものに、どうして貴重な資源を費やさなくてはならないのだろうか。

その理由は、安全装備が必要になってから開発したのでは、手遅れになるからだ。効果的であるためには、事前に安全装備を開発しておかなくてはならない。必要になるまでバックアップ・システムの開発を待っていたなら、変化を起こすのには間に合わない。自宅が焼け落ちるまでは、住宅保険への支払いはお金の無駄だと感じられるかもしれない。悪いことが起こるまで保険契約を待っていては、もはや手遅れだ。

安全装備と主要なシステムとはできる限り切り離したほうがよい。人々が銀行の金庫サービスを利用する理由の一つは、火災や盗難などの出来事の際に損失から守るためだ。離れた場所にあるデータ・センターにデータをバックアップする習慣も同じ目的を果たす。会社の主要なコンピュータに何か起こっても、データが別の場所にあれば安全だ。

主要なシステムと相互依存の度合いが高い安全装備は、実はさらなるリスクを引き起こしかねない。やってしまいがちな最悪のパターンは、バックアップのシステムを、保護対象のシステムの一部としてしまうことだ。たとえば、発電機が故障して、それが家じゅうの主要な電気システムにも次々と波及し、予期せぬ停電を招いたとすれば、私の父にはあまり意味がないことになる。自動化されたコンピュータのバックアップ・システムは、オリジナル・ファイルがすべて削除されてしまえば、何の役にも立たない。

できる限り、決定的な単一障害点を持たないようにすることだ。システムの運用において重要なインプットやプロセスに頼っているなら、どこでそのインプットが利用できなくなるか、どのプロセスが中断するかを把握して、そうなったときに備えて計画を立てておくとよい。主要なシステムが故障したら、どうすればよいだろうか。

重要なシステムはすべて安全装備の開発を考えておこう。そうすれば、可能な限り回復力のあるシステムになるだろう。

ストレステスト Stress Testing

一切の間違いを犯さないことは、人智を超えている。しかし、賢明で善良な人は、犯したミスや間違いから将来役立つ知恵を学びとる。

——プルターク（古代ギリシアの著述家）

自分が開発したシステムは堅牢で回復力があると確信しているとしよう。そして、準備したものが実際に機能するかどうかを確かめたいとも思っている。そのテストはどのように行えばよいだろうか。

ストレステストは、特定の環境条件をシミュレーションして、システムの限界を確認するプロセスだ。ストレステストでは、システムエンジニア・モードではなく「悪魔モード」のマインドセットに逆転させる。造ったものを壊すためには何が必要だろうか、と考えるのだ。

パーソナルＭＢＡのサイトは初期の頃、私が読書リストを更新するたびにサーバーが落ちて輝かしい栄光に影を落とした。サイトにアクセスしようとする訪問者の全員には対応しきれなくなるのだ。私はいくつかの異なるシステムにアップグレードしたが、それでも毎回間に合わなかった。

ストレステストについて私が真剣に考えるようになるまで、サーバーの問題はずっと解消されなかった。サイトがダウンする原因となるトラフィック（ユーザーがウェブを訪問した回数や量）の出現を待つ代わりに、私は意図的にシステムを「壊し」、その後、ストレス下での回復力を高めるために異なるアプローチを試していった。

同時に、自動化されたツール[★3]を用いて、自分のウェブに膨大な数の訪問者が殺到するシミュレーションを行った。そのツールは、アクセスしようとする訪問者数を増やし続け、私のサイトの反応時間を追跡していった。アクセスが増えるにつれて、サイトのパフォーマンスは低下していき、最終的にサーバーがダウンした。

ストレステストで集めたデータを使って、私はサイトの基盤とシステムに重要な改善をいくつか施した。現在、パフォーマンスに顕著な影響を及ぼすことなく、数千人がまったく同時にサイトに訪問できるようになった。これは大きな進歩である。

ストレステストによって、システムの仕組みをよく学ぶことができる。製造業に従事しているなら、急に何千単位もの注文があった場合のシミュレーションができる。カスタマー・サポートに従事しているなら問い合わせや苦情が大量に殺到した状況のシミュレーションができる。

そうなったときに、うまく対処できるだろうか。そうしたテストをする能力を制限するのは、利用可能な時間や想像力でしかない。心の中の悪魔に好き放題にさせた後で、本物の顧客に影響を及ぼす前に、見つかった重大な問題を解決していこう。

シナリオ・プランニング Scenario Planning

思慮深い人は危険を察知して予防策をとる。浅はかな人はやみくもに突き進んで痛い目に合う。
——旧約聖書の箴言27章12節

本書で何度も論じてきたように、今から一〇年はもちろんのこと、明日起こることさえ、誰も予測することはできない。自分の計画と目標が完全にコントロール範囲外のものに依存しているなら、それは問題だ。不確実な将来に備えるために、何ができるのだろうか。

シナリオ・プランニングは、一連の仮定的状況を体系的に作り、それが起こったときの行動を頭の中でシミュレーションするプロセスだ。あなたは予言者ではないかもしれないが、反事実シミュレーションは強い能力を与えてくれる。事実ではないが起こりそうなことを想像し、その後、それが起こったら、自分がどうするかを明らかにする。シナリオ・プランニングは、基本的に詳細でかつ全体的、体系的な反事実シミュレーションで、大きな意思決定に適用される。

シナリオ・プランニングは常に、「もしも○○だとしたら、何をするか」という簡単な質問から始まる。「もしも」の部分が反事実で、計画を司る脳にギアを入れ、可能な反応を想像しやすくする。その状況でとりうる行動をすべて書き出してみることで、想像できる状況すべてにいくつかの対策を練っておくことができる。

シナリオ・プランニングは効果的な戦略の本質だ。金利、石油価格、株価の予測に基づいて行動しようとするのは愚か者のゲームだ。一〇〇％の精度で将来を予測しようとする代わりに、シナリオ・プランニングは多様な起こりうる将来に備えやすくする。一つの選択肢のみに徹底的に集中する代わりに、事業がより柔軟になり、回復力が増し、変化を起こす能力や変化する世の中への適応能力を向上させられる。

ほとんどの大企業は、様々な形態の保険を購入して、望ましくない将来の出来事のリスクを軽減させているが、この「ヘッジ」と呼ばれる実務の基礎となっているのがシナリオ・プランニングだ。

たとえば、メーカーは石油価格を気にしている。原材料を輸入する費用や、顧客に完成品を出荷する費用の増加につながり、それによって利益率が突然大幅に減少する可能性があるからだ。「先物」と呼ばれる金融商品を購入すれば、石油価格が上昇しても企業は儲けを出し、石油価格の上昇で生じる損失を相殺することができる。

シナリオ・プランニングは省略されやすい。特にやるべき仕事が多すぎる場合はそうだ。だが、事業の構築に当てる最も貴重な時間をシナリオ・プランニングに割かなくてはならないとしても、常に生き延びるだけで精一杯なら甘んじて受け入れられるだろう。一歩離れて物事を捉え、将来の計画を立てるための時間を定期的に確保し、絶対に他の予定を入れないようにすることは有意義な時間の使い方であり、スキップすべきではない。

知りようもない将来の予測で時間を無駄にしてはいけない。最も起こりそうなシナリオを設定し、それが起こったときにどうするかを考えておけば実際に何が起ころうとも準備ができているだろう。

学習に「終わり」はない Not "The End"

人の目的地は決してある場所ではなく、新しいものの見方である。
——ヘンリ・ミラー（小説家）

読者や顧客の多くは「このビジネス教育の内容は素晴らしいが、いつになったら終わるのか」と私に聞いてくる。

それは間違った質問だ。ビジネスでも、ほかのことでも、独学は決して終わらないプロセスだ。「よし、これで終わりだ。もう学ぶのはおしまいだ」という瞬間は決してやってこない。新しいコンセプトに出会うたびに、それは何千もの他の探索機会への入り口となる。

だからこそ、独学は楽しくやりがいがある。常に新しく学ぶべきものはあるのだ。

東洋哲学の「道」、そして、皆さんが進み始めている旅には、始まりも終わりもない。ただそこにあるのだ。何かを独学することは「道」である。そのプロセスには終わりはない。旅そのものが実りとなる。

ウォーレン・バフェットのような金儲けに長けた人でさえ、新たに学ぶべきことを常に探している。ネブラスカ・リンカーン大学の学生とのあるインタビューで、「超能力が持てるとしたら、どんな力が欲しいか」と聞かれたバフェットは、「速読の能力」と答えた。バフェットは一日の大半を財務報告書を読み、新しい概念を学び、自社の価値を高める新しい方法を探すことに費やしている。

この世で最も裕福な人でさえ、向上すべきものや、もっと探究すべきものがある。そもそも、そうした継続的な好奇心が彼らを成功へと導いたのだ。

確かに道沿いにマイルストーンがあるだろう。本を完成させ、新しいスキルを習得し、事業を立ち上げ、売上高を出すというように。しかし最終的に、自分がとるべき新たな道があり、旅は続いていくのだとわかるだろう。成長には限界などない。

最後に、フォーブズ誌を創設したB・C・フォーブズの名言をいくつか紹介しておこう。彼は一九一七年に、「Keys to Success（成功への鍵）」と呼ばれるエッセイを書いている。私はよくそこから引用するが、ビジネスや人生が何であるかを非常によく思い出させてくれる。

あなたの成功は、あなた次第である。
あなたの幸せは、あなた次第である。
あなたは自分自身の道を進まなければならない。
あなたは自分自身の財産を築かなくてはならない。

あなたは独学しなければならない。

あなたは自分自身の考えを実行しなければならない。

あなたは自分の良心に恥じることなく暮らさなければならない。

心はあなたのものであり、あなただけが使うことができる。

あなたはこの世に、一人で生まれてくる。

あなたは一人で墓に入る。

それまでの旅の間、あなたには内なる自分しかいない。

あなたは自分自身で意思決定する。

あなたは自分の行動の結果を甘受しなければならない。

あなたは自分の習慣を管理し、健康を促進することも損なうこともできる。

あなただけが精神的なものや物理的なものを吸収できる。

あなたは生涯を通じて自己統合を図っていかなくてはならない。

あなたは教師に教わることはできても、自分でその知識を吸収しなければならない。あなたの頭の中に、教師が知識を詰め込むことはできない。

あなただけが心や脳の細胞をコントロールできる。

目の前に昔からの知恵が広がっていたとしても、吸収しない限り、そこから利益は得られない。誰もあなたの頭の中に無理やり詰め込むことはできない。

あなたは自分の足を動かすことができる。

あなたは自分の腕を動かすことができる。

あなただけが自分の手を利用できる。

あなただけが自分の筋肉をコントロールできる。

あなたは身体的に、比喩的に、自分の足で立たなくてはならない。

あなたは自分自身で進んでいかなくてはならない。

あなたの両親は、あなたの皮膚の一部となることも、あなたという精神的、身体的な機械をコントロールすることも、あなたを活かすこともできない。

あなたは、自分の子供のけんかに加わることはできない。それは本人がしなければならないことだ。

あなたは自分の運命のリーダーでなければならない。

あなたは自分の目を通して見なければならない。

あなたは自分の耳を使わなければならない。

あなたは自分の能力に熟達しなければならない。

あなたは自分の問題を解決しなければならない。

あなたは自分の理想を形成しなければならない。

あなたは自分の考えを生み出さなければならない。

あなたは話すことを選ばなければならない。

あなたは自分の言葉を支配しなければならない。

あなたの実生活はあなたの思考である。

あなたの思考があなた自身を作っていく。

あなたの人格はあなた自身の手で作ったものだ。

あなただけがその一部となる材料を選ぶことができる。

あなただけがその一部としてふさわしくないものを拒絶できる。

あなたは自分の個性の創作者である。

あなたは自分以外のいかなる人の手によっても、恥をかかされることはない。

あなたの気持ちを高め、元気づけられるのは、ほかでもないあなた自身である。

あなたは自分自身の記録をつけなければならない。

あなたは自分自身の業績を達成しなくてはならない。あるいは、自ら墓穴を掘るまでだ。

あなたはどれを実践しているだろうか。


皆さんが本書を楽しみ、役に立ったと思っていただければ幸いである。そう感じられたなら、ぜひ口コミを広げてほしい。

質問やコメントがあれば、遠慮なく私宛に直接メールを送っていただきたい（josh@personalmba.com）。

読んでくださってありがとう。ビジネスという魅力的で絶えず変わりゆく世界の中で、皆さんの旅が成功しますように。ぜひ楽しんでください！

訳者あとがき

まずは本書に興味を持っていただき、ありがとうございます。かなりのボリュームなので一気に読み通すのは難しいかもしれませんが、著者が厳選した重要コンセプトのエッセンスが凝縮されています。辞書代わりに活用して、ぜひ実務の友にしていただければと思います。

それにしても、著者の読書量や学習態度には脱帽！　と言うしかありません。本書の構成を見ただけでも、かなりユニークな切り口でビジネスを捉え、先人たちの研究成果やビジネスの知見を幅広く網羅していることがおわかりいただけるでしょう。各項目の説明は（人間の特性を念頭に置いた奥深い意図によって）かなり短く、すらすら読めてしまいますが、何冊も本が書けるほど奥深いコンセプトもあります。私自身も興味を持ったテーマについて引用書を何冊か読んでみましたが、この本を入り口として、さらに深く学習してみるのも楽しみ方の一つだと思います。

ところで、本のタイトルからも推察されるように、本書では「ＭＢＡなんかに行かなくても、独学で間に合う」という挑発的なメッセージが掲げられています。そのような本をＭＢＡホルダーが翻訳するのはどういう心境なのかと、知り合いから突っ込まれるなと思いつつ、今回の翻訳に取り組みました。

ＭＢＡに対する世間一般の受け止め方として、医者や弁護士ほどの知名度もステータスはなく、何となく偉そうだけどよくわからない、というところではないでしょうか。実際に仕事をバリバリでやっている友人から、「ＭＢＡって何？」と聞かれることがよくあります。個人的に、ＭＢＡだからといっておいしい思いをした（例えば、就職活動で優遇された、仕事の評価が高くなった）ことも特にありません。同級生の中にはさっさと途中退学して、その後ビジネスで成功された方もいます。そんなわけで、ＭＢＡはビジネスでの成功にあまり関係ない、という著者の指摘はごもっともだと思います。

その一方で、ＭＢＡは私にとって一つの転換点となりました。様々な人々との交流や切磋琢磨を通してビジネス観が大きく変わり、仕事の守備範囲も広がりました。成功かどうかはさておき、ＭＢＡでの経験が今の仕事につながっていることを実感しています。したがって、著者のメッセージに対する個人的な見解は賛否半々で、中立の立場でしょうか。同じ経験をしても受け止め方や活かし方は人それぞれなので、賛否が分かれたほうが面白いかなとも思っています。

ちなみに、アメリカでのＭＢＡの位置づけは日本のそれとはかなり違っていて、会社でいち速く頭角を現すための優先チケットだったり、エリートとして優遇されたりする傾向が強くなります。一方で、「マーケティングを学びたいなら、ビジネススクールよりもＰ＆Ｇに行け」という話もよく聞きます。特にマーケティング分野では、Ｐ＆Ｇで働いた経験は誇りであり、尊敬の対象となります。それらを考え合わせると、著者の文章の端々に、コンプレックスとプライドが入り混じっていることがわかるのではないでしょうか。

著者も指摘していますが、知識があったとしても、それを活用しなければ何の役にも立ちません。この本で紹介されている知識も、経験と結び付けて初めて、その真価が発揮されます。本書から役立つメッセージを見つけて、ぜひ実際の場面で活用していただければ幸いです。

なお、日本の読者にとっての関心という観点から、著者の了解を得て、原書からいくつかの箇所を割愛いたしました。

最後になりましたが、P&Gの奥深さを教えてくださった監訳者の三ツ松新さん、翻訳のきっかけをくださり、丁寧にサポートしてくださった英治出版株式会社の杉崎真名さん、山下智也さんに深く感謝を申し上げます。チームの一員として本作りに参加できて光栄でした。

二〇一二年六月　渡部典子

Consulting　コンサルティング

Alan Weiss , *Getting Started in Consulting*, Wiley, 3rd edition, 2009
『コンサルタントの秘密――技術アドバイスの人間学』（ジェラルド・ワインバーグ著、共立出版、1990 年）

Personal Finance　財務テクニック

Joe Dominguez, Vicki Robin, *Your Money or Your Life*, Penguin, 1999
Ramit Sethi, *I Will Teach You to Be Rich*, Workman Pub Co, 2009
『となりの億万長者――成功を生む 7 つの法則』（トマス・スタンリー／ウィリアム・ダンコ著、早川書房、1997 年）
Harry Browne ,*Fail-Safe Investing*, St Martins Pr, 1999
Brent Kessel, *It's Not About the Money*, HarperOne , 2008
Bob Clyatt, *Work Less, Live More*, Nolo, 2nd edition, 2007

Personal Development　自己啓発

David L. Watson and Roland G. Tharp, *Self-Directed Behavior*, Wadsworth Pub Co, 9th Edition, 2006
Steve Pavlina , *Personal Development for Smart People*, Hay House Inc, 2008
Morty Lefkoe, *Re-Create Your Life*, Andrews Mcmeel Pub, 1997
『人間は自分が考えているような人間になる !!』（アール・ナイチンゲール著、田中孝顕訳、きこ書房、2002 年）
Jim Rohn , *The Art of Exceptional Living*, Nightingale Conant , 1994

Analysis　分析

Jonathan Koomey, *Turning Numbers into Knowledge*, Analytics Pr, 2nd edition, 2008
『マーケティング・メトリクス――マーケティング成果の測定方法』（ポール・W・ファリス／ネイル・T・ベンドル／フィリップ・E・ファイファー／ディビッド・J・レイブシュタイン著、小野晃典／久保知一監訳、ピアソン桐原、2011 年）
『Web アナリスト養成講座』（アビナッシュ・コーシック著、衣袋宏美監訳、内藤貴志訳、翔泳社、2009 年）
Richard Stutely, *The Economist Numbers Guide*, Random House Business Books, 1991

Statistics　統計学

『統計でウソをつく法――数式を使わない統計学入門』（ダレル・ハフ著、高木秀玄訳、講談社、1968 年）
M. G. Bulmer, *Principles of Statistics*, Dover Publications,1979

Corporate Skills　企業の能力

『アメリカで 60 年にわたって成功者を生み続けている「仕事力」』（W・J・キング／ジェームズ・G・スカクーン著、小西紀嗣訳、三笠書房、2007 年）
『経営者の条件』（ピーター・F・ドラッカー著、上田惇生訳、ダイヤモンド社、2006 年）
『シンプリシティ――「過剰」な時代の新競争戦略』（ビル・ジェンセン著、吉川明希訳、日本経済新聞社、2000 年）

Corporate Strategy　企業戦略

Nikos Mourkogiannis, *Purpose: The Starting Point of Great Companies*, Palgrave Macmillan, 2006
『競争優位の戦略――いかに高業績を持続させるか』（M・E・ポーター著、土岐坤他訳、ダイヤモンド社、2000 年）
『ブルー・オーシャン戦略――競争のない世界を創造する』（チャン・キム／レネ・モボルニュ著、有賀裕子訳、ランダムハウス講談社、2005 年）
『グリーン・トゥ・ゴールド――企業に高収益をもたらす「環境マネジメント」戦略』（ダニエル・C・エスティ／アンドリュー・S・ウインストン著、村井章子訳、アスペクト、2008 年）
『明日は誰のものか――イノベーションの最終解』（クレイトン・M・クリステンセン／スコット・D・アンソニー／エリック・A・ロス著、宮本喜一訳、ランダムハウス講談社、2005 年）

Management　マネジメント

『まず、ルールを破れ――すぐれたマネジャーはここが違う』（マーカス・バッキンガム／カート・コフマン著、宮本喜一訳、日本経済新聞社、2000年）
Rodd Wagner, James K. Harter, *12: The Elements of Great Managing*, Gallup Pr, 2006
Erika Andersen, *Growing Great Employees*, Portfolio Hardcover, 2006
Pierre Mornell, *Hiring Smart*, Ten Speed Press, 2003
『プロフェッショナルの条件――いかに成果をあげ、成長するか』（ピーター・F・ドラッカー著、上田惇生編訳、ダイヤモンド社、2000年）

Leadership　リーダーシップ

『トライブ――新しい"組織"の未来形』（セス・ゴーディン著、勝間和代訳、講談社、2012年）
Stewart Friedman, *Total Leadership : Be a Better Leader, Have a Richer Life*, Harvard Business School Pr, 2008
『コーチングの神様が教える「できる人」の法則』（マーシャル・ゴールドスミス／マーク・ライター著、斎藤聖美訳、日本経済新聞出版社、2007年）
George Bradt, Jayme A. Check, Jorge E. Pedraza, *The New Leader's 100-Day Action Plan*, Wiley, 2009
『なぜビジネス書は間違うのか――ハロー効果という妄想』（フィル・ローゼンツワイグ著、桃井緑美子訳、日経BP社、2008年）

Finance and Accounting　財務と会計

Mike Piper *Accounting Made Simple* Simple Subjects, 2008
『アンソニー英文会計の基礎 エッセンシャルズ・オブ・アカウンティング』（ロバート・アンソニー／レスリー・ブライトナー著、西山茂監訳、ピアソン・エデュケーション、2008年）
Robert A. Cooke, *The McGraw-Hill 36-Hour Course in Finance for Nonfinancial Managers*, McGraw-Hill, 1993
John A. Tracy *How to Read a Financial Report*, Wiley, 7th edition, 2009

Systemes　システム

Donella Meadows, *Thinking in Systems*, Chelsea Green Pub Co, 2008
Sam Carpenter, *Work the System*, Greenleaf Book Group Llc, 2009
Liam Fahey, Robert Randall, *Learning from the Future*, Wiley, 1997

Marketing マーケティング

『マーケティングは「嘘」を語れ！——顧客の心をつかむストーリーテリングの極意』（セス・ゴーディン著、沢崎冬日訳、ダイヤモンド社、2006年）
『パーミッション・マーケティング』（セス・ゴーディン著、谷川漣訳、海と月社、2011年）
『売れるもマーケ 当たるもマーケ——マーケティング22の法則』（アル・ライズ／ジャック・トラウト著、新井喜美夫訳、東急エージェンシー出版部、1994年）
『ハイパワー・マーケティング』（ジェイ・エイブラハム著、金森重樹監訳、インデックス・コミュニケーションズ、2005年）

Sales セールス

『究極のセールスマシン——市場支配のための12の戦略』（チェット・ホームズ著、中山宥訳、海と月社、2010年）
Alan Weiss , *Value-Based Fees*, Pfeiffer; 2nd Edition, 2008
『大型商談を成約に導く「SPIN」営業術』（ニール・ラッカム著、岩木貴子訳、海と月社、2009年）
『セールスバイブル 日本語版——活躍する営業マンに生まれかわる方法』（ジェフリー・ギトマー著、和田裕美監訳・解説、佐藤和香子訳、イースト・プレス、2007年）

Value Delivery 価値提供

Joe Calloway, *Indispensable: How To Become The Company That Your Customers Can't Live Without*, Wiley, 2005
『ザ・ゴール——企業の究極の目的とは何か』（エリヤフ・ゴールドラット著、三本木亮訳、ダイヤモンド社、2001年）
『リーン・シンキング［改訂増補版］』（ジェームス・ウォーマック／ダニエル・ジョーンズ著、稲垣公夫訳、日経BP社、2003年）

Negotiation 交渉術

『無理せずに勝てる交渉術』（G・リチャード・シェル著、青島淑子訳、TBSブリタニカ、2000年）
『最新ハーバード流3D交渉術——交渉術は「戦術」と考えれば失敗する！』（デービッド・A. ラックス／ジェームズ・K・セベニウス著、斉藤裕一訳、阪急コミュニケーションズ、2007年）
David Gage, *The Partnership Charter*, Basic Books, 2004

Project Managemenet　プロジェクト・マネジメント

Scott Berkun, *Making Things Happen: Mastering Project Management* Oreilly & Associates Inc, 2008

Tom Kendrick, *Results Without Authority*, Amacom Books, 2nd Edition, 2012

Opportunity Identification　機会の発見

『ビジネスロードテスト——新規事業を成功に導く 7 つの条件』（ジョン・W・ムリンズ著、英治出版、2007 年）

『億万長者のビジネスプラン——ちょっとした思いつきとシンプルな商品があればいい』（ダン・ケンディ著、牧野真監訳、ダイヤモンド社、2009 年）

Entrepreneurship　アントレプレナーシップ

『大富豪の起業術——毎年 700 億円を稼ぎ出す〈ダイレクトマーケティング起業家〉が明かした』（マイケル・マスターソン著、小川忠洋監訳、ダイレクト出版、2011 年）

『完全網羅 起業成功マニュアル』（ガイ・カワサキ著、三木俊哉訳、海と月社、2009 年）

『経営の才覚——創業期に必ず直面する試練と解決』（ノーム・ブロドスキー／ボー・バーリンガム著、上原裕美子訳、アメリカン・ブック & シネマ、2009 年）

『なぜ、週４時間働くだけでお金持ちになれるのか ?』（ティモシー・フェリス著、田中じゅん訳、青志社、2007 年）

Pamela Slim, *Escape from Cubicle Nation*, Portfolio Hardcover, 2009

Edward Rogoff, *Bankable Business Plans*, Rowhouse Publishing, 2nd Edition, 2007

Value Creation and Design　価値創造とデザイン

『小さなチーム、大きな仕事〔完全版〕——37 シグナルズ成功の法則』（ジェイソン・フリード／デイヴィッド・ハイネマイヤー・ハンソン著、黒沢健二／松永肇一／美谷広海／祐佳ヤング訳、早川書房、2012 年）

『アントレプレナーの教科書——新規事業を成功させる 4 つのステップ』（スティーブン・G・ブランク著、堤孝志／渡邊哲訳、翔泳社、2009 年）

『誰のためのデザイン ?——認知科学者のデザイン原論』（ドナルド・A・ノーマン著、野島久雄訳、新曜社、1990 年）

『Design Rule Index［第 2 版］——デザイン、新・25+100 の法則』（William Lidwell, Kritina Holden, Jill Butler 著、小竹由加里／バベル／郷司陽子訳、ビー・エヌ・エヌ新社、2010 年）

Communication　コミュニケーション

William Zinsser , *On Writing Well*, Harper Resource, 2001
ガー・レイノルズ著、『プレゼンテーション zen』（ガー・レイノルズ著、熊谷小百合訳、ピアソン桐原、2009 年）
『アイデアのちから』（チップ・ハース、ダン・ハース著、飯岡美紀訳、日経 BP 社、2008 年）
『セールスライティング・ハンドブック――「売れる」コピーの書き方から仕事の取り方まで』（ロバート・W・ブライ著、鬼塚俊宏監訳、南沢篤花訳、翔泳社、2011 年）
Stephen Few, *Show Me the Numbers: Designing Tables And Graphs To Enlighten*, Analytics Pr, 2004

Infuluence　影響力

『人を動かす』（デール・カーネギー著、山口博訳、創元社、1998 年）
『影響力の武器［第二版］――なぜ、人は動かされるのか』（ロバート・B・チャルディーニ著、社会行動研究会訳、誠信書房、2007 年）
『ダイアローグスマート――肝心なときに本音で話し合える対話の技術』（ケリー・パターソン／ジョセフ・グレニー／ロン・マクミラン／アル・スウィツラー著、本多佳苗／千田彰訳幻冬舎ルネッサンス、2010 年）
『権力（パワー）に翻弄されないための 48 の法則』（ロバート・グリーン／ユースト・エルファーズ著、鈴木主税訳、角川書店、2001 年）

Decision Making　意志決定

『決断の法則――人はどのようにして意志決定するのか ?』（ゲーリー・クライン著、佐藤洋一訳、トッパン、1998 年）
『意志決定アプローチ――「分析と決断」』（ジョン・S・ハモンド、ハワード・ライファ、ラルフ・L・キーニー著、小林 龍司訳、ダイヤモンド社、1999 年）
Robert Fritz, *The Path of Least Resistance*, Ballantine Books, 1989
Ronald Howard, Clinton Korver, *Ethics for the Real World*, Harvard Business School Pr, 2008

Creativity and Innovation　想像力とイノベーション

『クリエイティブな習慣――右脳を鍛える 32 のエクササイズ』（トワイラ・サープ著、杉田晶子訳、白水社、2007 年）
『イノベーションの神話』（Scott Berkun 著、村上雅章訳、オライリー・ジャパン、2007 年）
『イノベーションと企業家精神』（ピーター・F・ドラッカー著、上田惇生訳、ダイヤモンド社、2007 年）

学び続ける人の厳選ビジネス書99

私たちは、これまでに読んだすべての本に導かれて執筆する。
――リチャード・ペック（作家）

何かを知っていることの次に良いことは、どこでそれが見つかるかを知っていることだ。

――サミュエル・ジョンソン（文学者）

学び続けることに関心を持っている方は、次に挙げる本のどれでも構わないので、ぜひ読み始めてほしい。

Productivity and Effectiveness　生産性と効率性

The Princeton Language Institute, Abby Marks-Beale, *10 Days to Faster Reading*, Grand Central Publishing, 2001

Tom Rath, *StrengthsFinder 2.0*, Gallup Pr, 2012

『はじめての GTD ストレスフリーの整理術』（デビッド・アレン著、田口元監修、二見書房、2008 年）

『減らす技術』（レオ・バボータ著、有枝春訳、ディスカヴァー・トゥエンティワン、2009 年）

『新版 人生を変える 80 対 20 の法則』（リチャード・コッチ著、仁平和夫／高遠裕子訳、阪急コミュニケーションズ、2011 年）

Mark Hurst, *Bit Literacy: Productivity in the Age of Information and E-mail Overload*, Good Experience, 2007

『成功と幸せのための 4 つのエネルギー管理術』（ジム・レーヤー／トニー・シュワルツ著、青島淑子訳、阪急コミュニケーションズ、2004 年）

The Human Mind　人間の心

『ブレイン・ルール――脳の力を 100% 活用する』（ジョン・メディナ著、小野木明恵訳、日本放送出版協会、2009 年）

William T. Power, *Making Sense of Behavior: The Meaning of Control*, Benchmark Pubns Inc , 1998

Paul Lawrence, Nitin Nohria, *Driven: How Human Nature Shapes Our Choices*, John Wiley & Sons, 2002

『緊急時サバイバル読本――生き延びる人間と死ぬ人間の科学』（ローレンス・ゴンサレス著、中谷和男訳、アスペクト、2004 年）

9 http://en.wikipedia.org/wiki/Tulip_mania.
10 http://en.wikipedia.org/wiki/Dot-com_bubble.
11 http://en.wikipedia.org/wiki/United_States_housing_bubble.

第8章　自分と上手につきあう

1 http://www.pomodorotechnique.com/.
2 http://www.pnas.org/content/103/31/11778.abstract.
3 http://www.ingentaconnect.com/content/hfes/hf/2006/00000048/00000002/art00014.
4 http://www.paulgraham.com/makersschedule.html.
5 http://crashcourse.personalmba.com.
6 個人的に、私が一緒に仕事をするのはTimesvr.comの人々だ。彼らは優秀で、早く、親しみやすく、費用対効果の面でも優れている。
7 http://davidseah.com/pceo/etp.
8 私が個人的に生産性を高めるために使っているシステムを完全に知りたいときには、以下を参照。visit http://book.personalmba.com/bonus-training/.
9 http://www.markforster.net/autofocus-system/.
10 参考までに私のやり方は下記を参照。http://book.personalmba.com/bonus-training/.

第9章　他の人々とうまく協業する

1 http://blog.zacharyvoase.com/2009-06-20-bureaucratic-breakdown.
2 全ストーリーを読みたい場合は下記を参照。http://www.earlytorise.com/2007/11/30/lessons-from-a-persian-rug-merchant-in-jaipur/.

第11章　システムを分析する

1 http://portal.acm.org/citation.cfm?id=634067.634234.

第12章　システムを改善する

1 http://www.bainbrdg.demon.co.uk/Papers/Ironies.html.
2 http://www.newyorker.com/reporting/2007/12/10/071210fa_fact_gawande.
3 LoadImpact.com.

原注

第１章　本書を読む理由

1 http://sethgodin.typepad.com/seths_blog/2005/03/good_news_and_b.html.
2 http://personalmba.com/best-business-books/.
3 http://personalmba.com/manifesto/.
4 http://www.businessweek.com/bschools/content/apr2006/bs2006042_3490_bs001.htm.
5 http://community.personalmba.com.

第２章　価値創造

1 参考までに私のやり方は下記を参照。http://book.personalmba.com/bonus-training/.
2 http://www.kifaru.net/radio.htm.
3 http://www.youtube.com/user/miguelcaballerousa.

第４章　販売

1 http://www.petradiamonds.com/im/press_display.php?Id=2010/26feb10.
2 公式は下記を参照。http://en.wikipedia.org/wiki/Discounted_cash_flow.

第５章　価値提供

1 参考までに、私のやり方は下記を参照。http://book.personalmba.com/bonus-training/.
2 トヨタに降りかかったリコール問題については「自動化のパラドックス」で触れる。
3 "Inside the Box," Wired, March 2010.

第７章　人の心を理解する

1 大型ハンマーを使ったエクササイズの詳細は以下を参照。http://www.shovelglove.com/.
2 私はフィリップス製の〈ゴーライトブルー〉という光照射装置を使っていて、非常にお薦めだ。小型で、明るく、持ち運びが楽で、効果も抜群だ。
3 多くの人々がそうだが、不足していると思うなら、ビタミンＤ３のサプリメントを摂るのもよい考えだ。病院で簡単な血液検査をすれば、様々な重要な栄養素のレベルを確かめることができる。自分の食生活やサプリメントの摂取を大きく変える前には、常に医者に相談したほうがよい。
4 脳の神経生理学の詳細については下記を参照。Kluge: The Haphazard Construction of the Human Mind by Gary F. Marcus (Faber & Faber, 2008).
5 http://macfreedom.com.
6 http://www.proginosko.com/leechblock.html.
7 http://www.timessquarenyc.org/facts/PedestrianCounts.html.
8 http://en.wikipedia.org/wiki/Austrian_business_cycle_theory.

● 著者

ジョシュ・カウフマン
Josh Kaufman

オンライン学習プログラム「Personal MBA」創設者。P&G にて主要製品の市場投入・開発、グローバル・オンラインサイト評価測定戦略などに関わる。2005 年に個人で開設した「Personal MBA」が、セス・ゴーディンの紹介を契機に話題を集め、公開から 1 週間で 3 万人のアクセスを集める人気サイトに。同サイトのコンセプトを綴ったエッセイは現在までに数十万回閲覧され、推薦書のリストはビジネスウィーク誌で紹介。本書は同サイトの内容をもとにまとめられている。現在は独立し、「Personal MBA」を用いたトレーニングのほか、個人のビジネススキル開発、起業、事業拡大の支援などを行っている。コロラド在住。

＊英語版「Personal MBA」公式サイト
http://www.personalmba.com

● 監訳者

三ツ松 新
Arata Mitsumatsu

イノベーション・コンサルタント。1967年神戸生まれ。幼少期をニューヨークで過ごす。神戸大学大学院農学研究科修了後、P&G入社。プロダクトマネジャーとして多くの新規商品、ブランドの立ち上げに携わる。グローバルプロジェクトにも参画、極東地域における特許出願件数歴代トップを記録した。独立後はイノヴェティカ・コンサルティング代表として、大手上場企業とベンチャー企業向けに創造的思考法と新規事業開発のコンサルティング及び研修を行う。英国国立ウェールズ大学経営大学院MBA（日本語）プログラム准教授も歴任。現在シンガポールと日本に拠点を置く。『20歳のときに知っておきたかったこと』、『未来を発明するためにいまできること』（以上、阪急コミュニケーションズ）の解説者。

● 訳者

渡部 典子
Noriko Watanabe

ビジネス書の翻訳、執筆、編集等に従事。慶應義塾大学大学院経営管理研究科修了。研修サービス会社等を経て独立。翻訳『グローバルビジネスの隠れたチャンピオン企業』（中央経済社）、共訳『グラミンフォンという奇跡』（英治出版）、共著『改訂3版 グロービスMBAマーケティング』（ダイヤモンド社）などがある。

Personal MBA （パーソナル MBA）

学び続けるプロフェッショナルの必携書

発行日　2012 年　7 月　31 日　第 1 版　第 1 刷
　　　　2024 年　10 月　4 日　第 1 版　第 6 刷

著者　ジョシュ・カウフマン
監訳者　三ツ松 新（みつまつ・あらた）
訳者　渡部典子（わたなべ・のりこ）
発行人　高野達成
発行　英治出版株式会社
〒 150-0022 東京都渋谷区恵比寿南 1-9-12 ピトレスクビル 4F
電話　03-5773-0193　FAX　03-5773-0194
www.eijipress.co.jp
プロデューサー　山下智也
スタッフ　原田英治　藤竹賢一郎　鈴木美穂　下田理　田中三枝　平野貴裕
上村悠也　桑江リリー　石﨑優木　渡邉吏佐子　中西さおり
関紀子　齋藤さくら　荒金真美　廣畑達也　太田英里
印刷・製本　中央精版印刷株式会社
装丁　遠藤陽一（DESIGN WORKSHOP JIN, inc.）

ISBN978-4-86276-135-4　C0034　Printed in Japan